U0553837

本书获中国社科基金青年项目"中国农村互助型社会养老模式与运行机制研究"（项目批准号：19CRK013）资助

互助型社会养老
Mutual-aid Elderly Service

乡土模式的理论与实践

A Native Model in Rural China

刘妮娜 著

社会科学文献出版社
SOCIAL SCIENCES ACADEMIC PRESS (CHINA)

前　言

人口老龄化已经成为21世纪全球最重要的社会变革之一。联合国的统计数据显示，2015年，全球60岁及以上的老年人口数量为9.01亿，在全球总人口中所占比重约为1/8。到2030年，全球老年人口预计增长到14亿，增长56%，在全球总人口中所占比重达到1/6。到2050年，全球老年人口的规模预计将比现在翻一番，达到近21亿，在全球总人口中所占比例进一步提高到1/5。虽然发达国家的人口老龄化程度更深，但很多发展中国家的人口老龄化速度要快于发达国家。因此，与发达国家相比，发展中国家面临的与人口老龄化有关的经济和社会变化会更快，所需要的制度、政策和环境创新反应速度也要更快。只有这样，才能保障经济社会的可持续发展，同时促进老年人的健康与福祉。

中国正处于快速进入老龄社会的发展中国家之列。根据全国老龄办发布的《国家应对人口老龄化战略研究总报告》，从2022年开始，至2035年左右，中国将进入急速人口老龄化阶段，60岁及以上的老年人口数量从2.7亿人增加至4.2亿人，人口老龄化水平从18.5%上升至29.1%，随后在深度和重度人口老龄化阶段，人口老龄化水平一直保持在30%以上。农村更是如此，根据全国老龄办预测，21世纪农村人口老龄化程度将始终高于城镇，差值最高的2033年达到13.4个百分点。

故而，新时代乡村治理实际已经转变为乡村老龄社会的治理，需要通过文化、政治、经济、社会等多个领域的适应性改革，以积极应对农村人口老龄化挑战，实现乡村振兴和构建理想老龄社会。而农村的养老现状是：孝道文化约束力降低、家庭规模缩小、居住安排和生活方式变化等，对农村传统的家庭养老体系造成严重冲击，老年人无人照护情况日益增加，精神无所依托。那么，在乡村振兴战略视野下，应该如何构建与农村现实情况相适应，低成本、可持续、优循环、宜推广且有较强外溢效应的乡村老龄生态？笔者认为，研讨这一议题于理论层面，将有助于指导顶层设计，形成乡村振兴、农村社会养老的制度框架和政策体系；于实践层面，将有助于指导农村实践，防止行政命令过度解读下的运动式设施建设。

本书将此作为主旨问题，依循互助的逻辑考察互助养老，提出互助型社会养老这一概念、框架，并尝试解读之、证明之、分析之、归纳之。

从现实层面来看，面对农村老年人养老困境，基于血缘、亲缘、自治的乡土特色，很多地区一直在探索与村情、乡情相适应的多种形式的农村互助养老，取得了很好的效果，形成了一些稳定模式。但是，也有更多的农村新建互助养老设施正在一天一天的荒废和浪费，房舍灰尘满布，用具锈迹斑斑。自2014年开始，笔者就一直关注农村互助养老，在调研的过程中，也在不断思考这种模式的概念、特点以及如何发展等，确立了"互助型社会养老应该是具有中国特色的低成本农村养老之路""理论上的不清晰导致实践走弯路""应当将农村互助型社会养老提高到国家积极应对人口老龄化战略的层次"的判断。经过前后5年（2014～2018年）、8省（区、市）（北京市、河北省、上海市、浙江省、河南省、四川省、吉林省、广西壮族自治区）的调研，笔者认为"互助养老"不足以体现这一概念的内涵和特点，故提出互助型社会养老这一概念，提出它不是家庭养老和社会养老之间的过渡模式，而是社会养老的一种实现形式，是中国实践、中国经验、中国智慧、中国方案、中国道路。它的关键在于资金、组织和动员以老年人为主的全体人员自助－互助，而非简单的硬件设施建设。在此基础上，通过继续研究学习中西方互助和互助养老的相关理论、实践，笔者进一步深化了对互助和互助型社会养老的认识：从宏观层面来看，要构建社区互助共同体或圈层化的互助型社会养老服务体系；从中观层面来看，涉及互助组织的发展，涉及多个层次、多项内容、多方维度的社会经济系统。只有构建出系统模型，从组织系统的角度去看待、分析互助型社会养老，才能更加全面、立体地理解这一新理念、新战略、新模式、新道路。举例来讲，人与人之间的相互帮助是广泛存在的，老年人之间亦是如此。但互助型社会养老并非指这些泛化的相互帮助，而是通过互助型社会组织（互助组织）的组织和发动，或建立互助志愿者队伍，或一对一结对子，提供服务，同时这一组织也可以通过经济互助等手段扩大服务范围，维持可持续运转。其间，笔者也发表了《欠发达地区农村互助型社会养老服务的发展》《互助与合作：中国农村互助型社会养老模式研究》《农村互助型社会养老：中国特色与发展路径》《中国农村互助型社会养老的类型与运行机制探析》等文章，来阐述诸多思考、观点和论断。

本书即依循互助的逻辑考察互助养老，建立了农村互助型社会养老的分析框架。具体而言，多个层次包括微观的个体层次，中观的市场/组织（网络）/政府层次，以及宏观的地区政治、经济、社会、文化层次；多项内容包括非正式互助（如家庭互助）-正式互助，经济互助-服务互助-文化互助（互助经济-互助社会-互助文化），居家互助-社区互助-机构互助；多方维度包括推动互助型社会养老顺利运行的动力机制、运作主体、运作资金等。

从历史层面来看，互助型社会养老是具有中国特色的，探寻历史与现实，可以发现互助型社会养老在中国的发展必然。在历史上，中国乡土社会一直以家庭供养为主，非正式互助保障网络是对家庭养老的重要补充。除了亲属邻里之间的生活互助以外，宗族作为一个有着政治、经济、社会等多方面功能的组织，发挥了相对稳定的互助保障功能，包括对宗族贫困成员的临时物质救济，通过宗族的约束和统治能力加强道德教化，要求族人敬宗守节、赡养老人、体恤孤寡等。进入现代社会，伴随工业化和城镇化进程，一方面，家庭养老趋向弱化和缺位——子女数量减少、人口流迁、家庭结构小型化、传统道德伦理与宗族约束弱化、老年人家庭地位下降；另一方面，非正式互助网络可靠性降低——宗族等传统非正式互助组织/保障解体或消失，乡土社会基于人情伦理指导下的亲邻互助圈子受到市场经济的蚕食和影响。而人口老龄化急速转变过程、社会主义初级阶段的现实国情、家庭养老传统思想和专业服务购买能力不足又导致中国（尤其是农村）很难快速建立像西方国家一样的专业化、规范化、整合化的社会照护体系。因此，扎根于传统非正式互助网络，创新性地发展互助型社会养老——建立互助组织、重构互助网络和志愿者（互助）团队，发展和运营互助型社会养老，进而影响和约束家庭养老、家庭互助，与家庭养老一道构建基础性的养老服务保障网络，是发展农村社会养老的中国道路和中国模式。其重大外溢效应还在于通过弘扬互助互援、淳朴帮助的精神，与诚信体系建设、孝文化、善文化、美德伦理、志愿公益等相辅相成，可以达到净化心灵、净化社会，增强国家和民族的向心力、凝聚力，助力乡村治理、乡村经济和乡村振兴的目的。

互助型社会养老与中国特色社会主义乡村振兴道路相契合，与中国农村传统家庭养老弱化以及激增的老年人福祉需求相适应，与中国农村的传统乡土本色和现代转型相协调，是从中国现实国情和实际出发，在地方实践探索和制度创新中总结得到的中国经验和中国模式。互助文化应该与孝道文化一道成为农村德治和文化兴盛的主导文化。换言之，在（准）老年人口居多、人口外流、孝道约束力降低、家庭养老可靠性降低的情况下，应以孝道文化和互助文化为共同指引，以社会互助补充家庭互助，以社会交换补充代际交换，从依靠家庭保障走向依靠社会保障，同时以社会互助/交换/保障为助力，反向推动家庭互助/保障/交换的复兴，构建农村尊老敬老和守望相助的理想老龄社会。

总的来讲，农村互助型社会养老是应对农村人口老龄化的中国道路和中国模式，是新时代的中国特色社会主义乡村振兴道路的重要理论和实践组成，也是低成本积极应对人口老龄化、激发乡村经济社会活力、提高农村居民福祉的关键。要推动其可持续发展，就需要将其纳入乡村振兴战略中，通过建设互助组织，发展经济互助、服务互助、文化互助，提高农村老年人健康、参与和保障福祉，同时，以互助文化和互助社会驱动文化兴盛、凝聚乡村善治，以互助经济助力绿色发展、共同富裕，进而共同促进城乡融合、质量兴农、特色减贫，实现乡村振兴，构筑中国农村互助型老龄社会。

目　录

第一章　导论：乡村振兴背景下的中国农村老龄社会 ………… 1
　第一节　乡村振兴将深刻影响中国农村经济社会发展 ………… 1
　第二节　中国农村老龄社会将面临新的挑战和机遇 …………… 6
　第三节　中国特色农村互助型社会养老逐步兴起和推广 ……… 9

第二章　回顾：互助与互助养老的相关研究 …………………… 14
　第一节　互助的主要研究视角 …………………………………… 14
　第二节　互助养老的实践与学术探讨 …………………………… 31
　第三节　对互助与互助养老研究的述评 ………………………… 41

第三章　机制：中国农村互助型社会养老系统的建立 ………… 45
　第一节　互助与互助养老的概念群 ……………………………… 45
　第二节　中观：互助型社会养老的运行机制 …………………… 54
　第三节　微观：互助型社会养老的影响机制 …………………… 60

第四章　需求：中国农村老年人互助需求及影响因素 ………… 64
　第一节　数据与方法 ……………………………………………… 64
　第二节　中国农村老年人的照护方式及影响因素 ……………… 69
　第三节　中国农村老年人的精神孤独状况及影响因素 ………… 84

第五章　供给：中国农村老年人互助状况及影响因素 ………… 95
　第一节　数据与方法 ……………………………………………… 95
　第二节　中国农村老年人的服务互助状况及影响因素 ………… 99
　第三节　中国农村老年人的文化互助状况及影响因素 ………… 106

第六章 发达地区乡土模式：互助服务+设施/项目 …… 114
第一节 调研省份外部环境的比较分析 …… 115
第二节 浙江省农村互助型社会养老典型实践 …… 121
第三节 北京市农村互助型社会养老典型实践 …… 141
第四节 上海市农村互助型社会养老典型实践 …… 148
第五节 河北省农村互助型社会养老典型实践 …… 155

第七章 欠发达地区乡土模式：以开展互助服务为主 …… 163
第一节 调研省份外部环境的比较分析 …… 163
第二节 吉林省农村互助型社会养老典型实践 …… 169
第三节 四川省农村互助型社会养老典型实践 …… 186
第四节 广西壮族自治区农村互助型社会养老典型实践 …… 199
第五节 河南省农村互助型社会养老典型实践 …… 209

第八章 路径：模式总结与道路分析 …… 211
第一节 中国特色农村互助型社会养老模式总结 …… 211
第二节 中国特色农村互助型社会养老的发展道路 …… 231
第三节 相关对策建议 …… 237

结 语 …… 247

参考文献 …… 254

后 记 …… 269

第一章 导论：乡村振兴背景下的中国农村老龄社会

在中国特色社会主义新时代，依照新型城镇化和乡村振兴两大城乡融合发展战略，中国农村将面临历史性机遇和历史性变革。积极应对农村人口老龄化、提高老年人福祉，构建乡村共同体，是乡村振兴的重要组成，也是乡村老龄社会治理的重点内容。人地流动程度加深、速度加快，传统生产生活方式以及孝道文化受到冲击，削弱了以往以配偶和子女为主的家庭养老的地位，而要有效应对这一问题，单单一个方面的改革是不够的，必须从文化、政治、经济、社会等多个方面进行全面改革。那么，在乡村振兴战略视野下，是否可以形成、形成何种以及如何形成与农村现实情况相适应，低成本、可持续、优循环、宜推广且有较强外溢效应的乡村老龄生态？笔者认为这非常值得深入研究和探讨。本书的研究主旨也即在此。

第一节 乡村振兴将深刻影响中国农村经济社会发展

2017年10月18日，习近平总书记代表第十八届中央委员会，在中国共产党第十九次全国代表大会上作的报告《决胜全面建成小康社会 夺取新时代中国特色社会主义伟大胜利》，明确提出实施乡村振兴战略。

2017年12月29日，中央农村工作会议首次提出走中国特色社会主义乡村振兴道路，让农业成为有奔头的产业，让农民成为有吸引力的职业，让农村成为安居乐业的美丽家园。

2018年中央一号文件《中共中央国务院关于实施乡村振兴战略的意见》提出，实施乡村振兴战略，是党的十九大做出的重大决策部署，是决胜全面建成小康社会、全面建设社会主义现代化国家的重大历史任务，是新时代"三农"工作的总抓手。到 2020 年，乡村振兴取得重要进展，制度框架和政策体系基本形成。到 2035 年，乡村振兴取得决定性进展，农业农村现代化基本实现。到 2050 年，乡村全面振兴，农业强、农村美、农民富全面实现。

2018 年 3 月 5 日，国务院总理李克强在政府工作报告中进一步提出，要大力实施乡村振兴战略。

2018 年 9 月，中共中央、国务院印发《国家乡村振兴战略规划（2018 – 2022 年）》，提出到 2022 年，乡村振兴的制度框架和政策体系初步健全。国家粮食安全保障水平进一步提高，现代农业体系初步构建，农业绿色发展全面推进；农村一二三产业融合发展格局初步形成，乡村产业加快发展，农民收入水平进一步提高，脱贫攻坚成果得到进一步巩固；农村基础设施条件持续改善，城乡统一的社会保障制度体系基本建立；农村人居环境显著改善，生态宜居的美丽乡村建设扎实推进；城乡融合发展体制机制初步建立，农村基本公共服务水平进一步提升；乡村优秀传统文化得以传承和发展，农民精神文化生活需求基本得到满足；以党组织为核心的农村基层组织建设明显加强，乡村治理能力进一步提升，现代乡村治理体系初步构建；探索形成一批各具特色的乡村振兴模式和经验，乡村振兴取得阶段性成果。

乡村振兴将与新型城镇化一道成为中国决胜全面建成小康社会、全面建设社会主义现代化国家、实现"两个一百年"奋斗目标的最重大潜力。在乡村振兴过程中，人地流动、乡村治理现代化、城乡融合将成为中国城乡经济社会发展的新常态，有些农村在征地过程中转变为城市社区，有些农村在乡村振兴中成为田园综合体，村民实现生产生活方式的城镇化和现代化，还有一些农村在人口外流之下走向衰败甚至消失。而不同地区的乡村老龄生态也会发生巨大改变。

一 人口自由流动加速城乡融合

新时代的城乡关系不仅是新型城镇化，还包括乡村振兴，就是要推动城乡融合发展，改革城乡二元体制，废除城乡不平等的制度安排，建立城乡平等的公共政策。其核心就是人口的自由流动，不仅是人口从农村流向城市，稳定在城市，也包括人口从城市流向农村，稳定在农村。

近年来，伴随农村经济社会发展，农民返乡创业的趋势日渐增强。有人的地方才会有经济和生产，有人气的地方才会有兴盛之气。在新时代乡村振兴战略和城乡融合发展的有序推动，国家一系列促进乡村人口回流、城市人口入乡的政策驱动，以及各级政府的共同努力之下，可以预见，一部分具有良好基础和优势的农村会重新振兴起来。

但同样值得注意的是，新型城镇化就是要把更多的人力资本留在城镇，让更多的人口集中和稳定在城镇，我国政府已经在推动户籍制度、公共服务、住房金融、农村土地等多方面的改革，并出台了一系列的相关政策文件。① 对于不具备经济发展优势的农村，在乡城推拉力作用之下，外出打工者更有可能选择留在城市，而这些人中的很大一部分可能有需要照护的父母留守农村。

二 土地流动推动农村产业融合发展

继人口流动之后，土地征用和流转、社会化服务合作、工商资本进入、一二三产业融合发展将进一步对农村经济社会和农民的生产生活产生根本性的影响。

首先，与农村人口流入城市、城市人口增加相伴随的是农村土地的征用以及城市土地的扩张。根据2005~2016年的《中国统计年鉴》数据，

---

① 党的十八届三中全会通过的《中共中央关于全面深化改革若干重大问题的决定》首次提出要坚持走中国特色新型城镇化道路，推进以人为核心的城镇化。2013年中央城镇化工作会议明确要求，要以人为本，推进以人为核心的城镇化，提高城镇人口素质和居民生活质量，把促进有能力在城镇稳定就业和生活的常住人口有序实现市民化作为首要任务。李克强总理在2014年政府工作报告中进一步提出，要解决好现有"三个1亿人"问题。2014年3月中共中央、国务院印发的《国家新型城镇化规划（2014-2020年）》，提出逐步使符合条件的农业转移人口落户城镇。2014年6月30日审议通过的《关于进一步推进户籍制度改革的意见》（国发〔2014〕25号），指出要着力促进有能力在城镇稳定就业和生活的常住人口有序实现市民化，稳步推进城镇基本公共服务常住人口全覆盖。2015年2月经中央审议通过的《关于全面深化公安改革若干重大问题的框架意见》，提出取消暂住证制度，全面实施居住证制度，建立健全与居住年限等条件相挂钩的基本公共服务提供机制。2015年12月14日中共中央政治局会议指出，要推进以满足新市民为出发点的住房制度改革，扩大有效需求。2016年1月1日起正式实施《居住证暂行条例》（第663号国务院令）。2016年2月23日习近平总书记对深入推进新型城镇化建设做出重要指示时，再次提出要"以人的城镇化为核心，更加注重提高户籍人口城镇化率，更加注重城乡基本公共服务均等化"。

从 2004 年以来，我国每年的土地征用面积都在 1200 平方公里以上。除土地征用以外，伴随农村新一轮的土地制度改革创新方案，农村土地流转、建设用地入市将成为推进农业现代化和农村产业融合发展的重要内容。①

其次，从农地流转方面来看，各地农村正在广泛地开展土地流转工作，以推动农业规模化生产、社会化服务和现代化经营，增加农民财产性收入。农业部农村经济研究中心课题组的调查数据显示，截至 2016 年 6 月底，中国农村承包耕地流转面积达到 4.6 亿亩，超过承包耕地总面积的 1/3，在一些东部沿海地区，流转比例已经超过 1/2。② 根据中国工商总局的统计，截至 2017 年 8 月底，全国农民专业合作社数量有 193.3 万家，平均每个村有 3 家合作社，入社农户占全国农户的 46.8%。伴随土地集体产权制度改革和土地经营权的放活，中国农村土地流转的局面进一步打开。③

最后，从宅基地流转方面来看，目前集体建设用地改革仍处于小范围试点阶段，但改革的铺开已经势在必行。时任国土资源部部长姜大明在 2018 年 1 月 15 日全国国土资源工作会议上就明确提出，"要完善农民闲置宅基地和闲置农房政策，探索宅基地所有权、资格权、使用权'三权分置'，落实宅基地集体所有权，保障宅基地农户资格权，适度放活宅基地使用权"。④ 宅基地使用权的放活将给工商资本的进入和农村一二三产业融合发展注入更多动力。发展具有乡村特色的康养、体育等第三产业是农村老龄社会经济的重要增长极，也是促进农村供给侧结构性改革的绿色产业、贡献边际效益的幸福产业。

---

① 党的十八大提出，要推动城乡一体化发展，坚持和完善农村基本经营制度，依法维护农民土地承包经营权、宅基地使用权和集体收益分配权。《中共中央关于全面深化改革若干重大问题的决定》则明确了要赋予农民更多财产权利，赋予农民对承包地占有、使用、收益、流转及承包经营权抵押、担保权能。2014 年中央一号文件《关于全面深化农村改革加快推进农业现代化的若干意见》和《国家新型城镇化规划（2014－2020 年）》，进一步明晰了深化农村土地制度改革的要求。在完善农村土地承包政策方面，提出要稳定农村土地承包关系并保持长久不变，在坚持和完善最严格的耕地保护制度前提下，赋予农民对承包地占有、使用、收益、流转及承包经营权抵押、担保权能。
② 刘妮娜：《土地流转对中国农村老年人照料方式的影响》，《华南农业大学学报》（社会科学版）2017 年第 3 期。
③ 周加来、于璐娜：《中国合作经济发展研究报告（2017）》，中国商业出版社，2017。
④ 《中国国土资源报》编辑部：《姜大明：国土资源工作要在乡村振兴中有更大担当》，《国土资源》2018 年第 2 期。

三 乡村治理现代化助力农村现代化转型

党的十九大报告提出,健全自治、法治、德治相结合的乡村治理体系。① 2018 年,中央一号文件进一步强调,构建乡村治理新体系要坚持自治、法治、德治相结合,确保乡村社会充满活力,和谐有序。自治既是乡村治理的目标又是乡村治理的手段,是乡村治理的核心;法治是乡村有效治理的制度保障,是保证乡村治理有序的根本;德治是乡村治理的社会文化基础,为乡村治理提供价值支撑。"三治"互相辅助,缺一不可,共同构成了乡村治理体系的核心框架。

从现状来看,大多数地区的村"两委"是乡村基层治理的权力机构,大部分农村仍是村"两委"集经济、政治、社会、文化、生态治理责任于一体。与此同时,村规民约制定呈现两种形态,部分村规民约被改造后虚化为一种形式化的文本,形同虚设;部分村规民约则转型为法律、政策的地方化版本,重获新生。② 而孝道伦理和互助伦理作为中国农村的两大传统伦理文化,在市场入侵、人口流动和村民原子化、个体化过程中趋于弱化,约束力不断下降。

故在乡村振兴需要和推动之下,农村将逐步摒弃单一化格局下"管理、管控"的方式,构建基层党组织、行政组织、村民自治组织、农村社会组织和农民等多元化主体治理的新格局,同时重建乡村法治体系和德治体系,尤其是村规民约和价值伦理体系,这是大势所趋,也是乡村振兴的重要前提。换言之,基层行政组织管控农村社会的单一化格局将被逐渐打破,以治理的思维对农村社会发展的主体进行重新建构,建立法律规范框架,推动孝道伦理和互助伦理的复兴,乡村治理体系由相对单一的村"两委"向更加多元参

---

① 党的十九大做出了实施乡村振兴战略的重要部署,把"治理有效"列入乡村振兴战略的总要求。实现乡村振兴,需要建立健全"党委领导、政府负责、社会协同、公众参与、法治保障"的现代乡村治理体制,以自治增活力、以法治强保障、以德治扬正气。"三治"结合的乡村治理体系,体现了坚持党的领导、人民当家做主、依法治国的有机统一,体现了国家治理体系和治理能力现代化的价值,回答了乡村社会"治什么、怎么治"的问题,是对乡村治理各主体、各要素、各机制的统筹融合,有效激活了村民参与乡村治理的主动性和创造性,为乡村振兴,打造充满活力、和谐有序的乡村社会提供了强有力的制度保障。
② 周铁涛:《村规民约的历史嬗变与现代转型》,《求实》2017 年第 5 期。

与的治理主体转型。在"乡政村治"的治理模式下，逐步形成由乡镇党委政府、村党组织、村民委员会、经济合作组织、农村社会文化组织、群众组织、社会组织等共同构成的乡村治理组织体系和多元主体共治的组织构架。

第二节　中国农村老龄社会将面临新的挑战和机遇

新时代农村老龄形势将面临新变化、新挑战和新机遇。一是伴随人地流动，农村人口老龄化程度加深、速度加快，会对传统的家庭养老体系造成冲击，老年人无人照护情况增加，精神无所依托，因此需要构建社会养老服务保障体系进行补充。二是人地流动和农业现代化提高了农业、农民的组织化程度，乡村治理的现代化水平，以及农民、农村的收入水平，农村（准）老年人从农地中解放出来成为闲置劳动力资源，这为社会互助补充家庭互助提供了有利条件。三是以往以经济互助（土地流动和农业互助合作）为先思路的合理性需要探讨。事实上，由血缘、亲缘、地缘关系构成的社会共同体是中国乡土社会共同体的基础，文化、政治、经济共同体在此基础上建立，这与西方基于平等、自由的个人主义而进行的联合与合作并不相同。换言之，在中国农村，没有由关系和情谊联结的社会互助网络、内生信用体系的重建，经济上的联合与合作可能会非常困难。这也是我国农业合作社虽然大面积铺开发展，但对于农民的组织化效果并不理想的重要原因。故再建现代村庄社会共同体是乡村振兴的关键。互助型社会养老恰以发动社会互助的方式，驱动互助文化复兴、凝聚乡村善治、促进农村互助经济发展、构建由小及大的互助共同体。

一　人口老龄化水平城乡倒置

党的十九大报告指出："我国社会主要矛盾已经转化为人民日益增长的美好生活需要和不平衡不充分的发展之间的矛盾。"伴随人口从农村流入城市、从欠发达地区流入发达地区，我国人口老龄化水平城乡倒置，欠发达地区农村人口老龄化问题更加严峻。根据2015年全国1%人口抽样调查数据、2010年第六次全国人口普查数据和2000年第五次全国人口普查数据，与2000年相比，2010年中国农村老年人口（60岁以上）占农村人口的比例提高了4.1个百分点，达到9928万人。与2010年（14.7%）相比，2015年中国农村老年人口（60岁以上）占农村人口的比例增加至18.5%，提高了3.8个百分点。据全国老龄办预测，21世纪农村人口老龄化程度始终高于城镇，差值最高的2033年将达到13.4个百分点。而受地区和城乡间不平衡的户籍制度以及落叶归根的传统思想等影响，老一代农民工或将陆续返乡，[1] 欠发达地区农村未来的养老压力将尤其沉重。

与此同时，农村老年人口高龄化程度加深，生活不能自理老年人数量增加。2000年和2010年全国人口普查数据、2015年全国1%人口抽样调查数据显示，2010年，中国农村80岁以上高龄老人数量达到1195万人，占农村老年人口的12%，比2000年增加了377万人，在农村老年人口中所占比例提高了2.4个百分点。2015年，中国农村80岁以上高龄老人占农村老年人口的11.5%。个体的老化是与其身体机能的衰退相联系的，农村高龄老年人数量和占比不断增加，意味着农村老年人对照护需求的不断增长。根据第六次全国人口普查数据计算，2010年中国农村老年人中有2005万名老年人自报不健康或生活不能自理，在农村老年人中所占比例为20.2%。张文娟、魏蒙基于2010~2011年的三项老年专项调查的合并数据的估计结果显示，我国农村失能[2]老人数量达到1241万人，其中有215万人是生活不能自理的。[3]

二 农村老年人的养老福祉亟待提高

已有文献和调查数据显示，农村老年人收入低、照护资源匮乏、精神生活空虚，养老福祉亟待提高。虽然国家对农村老年人的经济保障逐步增强，[4] 实现老年人收入的兜底保障，但农村老年人收入依然较低。中国老龄

---

[1] 董欢、郭晓鸣：《新型城镇化与农业现代化：第一代农民工的转移取向及其多元影响——四川省调研数据的实证》，《人口与发展》2013年第6期。
[2] 失能是指吃饭、穿衣、如厕、室内移动、洗澡、控制大小便等6项旨在维持生命持续条件的基本日常活动能力受损。
[3] 张文娟、魏蒙：《中国老年人的失能水平到底有多高？——多个数据来源的比较》，《人口研究》2015年第3期。
[4] 2009年我国提出探索建立"个人缴费、集体补助、政府补贴相结合"的新型农村社会养老保险制度，2012年底基本实现了农村居民的全覆盖。60岁以上的农村老年人享受至少55元/月的基础养老金。

科研中心的调查数据显示，2014年，农村老年人收入相当于同期农村居民人均可支配收入的72.7%，是中国城镇老年人年人均收入水平的31.8%。①

同时，农村代际关系失衡，为让子代有更好的前途和生活，亲代对子代的付出不断强化，子代对老年父母的赡养却日渐减少，农村老年人只能被动地自我养老。② 从居住安排来看，2000~2015年，农村老年人独居、与配偶同住、与其他人同住的比例明显提高，而与子女同住的比例大幅下降。农村老年人独居、仅与配偶同住、与其他人同住的比例分别提高6.7个百分点、12.2个百分点和4.2个百分点，而与子女同住的比例减少了23.0个百分点。从老年人的照护方式来看，2000~2010年我国老年人无人照护的比例从0.8%增长到19.5%，提高了18.7个百分点。③ 与无人照护相伴随的还有农村老年人精神生活的单调、孤独，④ 近年来我国农村老年人自杀率呈现快速上升的趋势。⑤

三 积极看待农村（准）老年人和充分利用农村（准）老年人力资源

2016年5月，习近平在中共中央政治局第三十二次集体学习时强调，要着力增强全社会积极应对人口老龄化的思想观念。要积极看待老龄社会，积极看待老年人和老年生活，老年阶段是人的生命的重要阶段，是仍然可以有作为、有进步、有快乐的重要人生阶段。这是与联合国的积极老龄化政策框架不谋而合的，根据第二次老龄问题世界大会《政治宣言》，要"增强男女的能力，使之更健康地进入老年，同时享受更加充分的福祉；力求使老年人充分融入和参与社会；使老年人能够更有效地为其社区

---

① 党俊武主编《老龄蓝皮书：中国城乡老年人生活状况调查报告（2018）》，社会科学文献出版社，2018。
② 陈芳、方长春：《家庭养老功能的弱化与出路：欠发达地区农村养老模式研究》，《人口与发展》2014年第1期。
③ 党俊武主编《老龄蓝皮书：中国城乡老年人生活状况调查报告（2018）》，社会科学文献出版社，2018。
④ 姚兆余、张莉：《欠发达地区农村家庭养老的基本状况和社会动因——以安徽省绩溪县宅坦村为例》，《中国农史》2006年第4期。
⑤ 刘燕舞：《农村老年人自杀及其危机干预》，《南方人口》2013年第2期。

和社会发展做出贡献；并且不断改善老年人所需要的照顾和支持"。[①] 2015年全国1%人口抽样调查数据显示，我国60~69岁低龄老年人在全体老年人中的比例超过半数，达到56.1%，其中农村老年人中的这一比例（57.7%）要高出城镇老年人（55.4%）2.3个百分点。中国老龄科研中心的数据显示，2015年我国农村老年人中，中共党员的比例达到6.3%，且不同年龄段的农村老年人中党员的比例差别不大。老年党员是中国共产党党员的重要组成部分，也是老年人中有政治身份的一类特殊群体：老年党员对党的事业无比忠诚、奉献一生，高龄、困难党员的养老保障是党的组织建设的重要内容；同时老年党员，尤其是离退休老干部、低龄老年党员有着丰富的经验智慧和人生阅历，有着相对更高的受教育水平和社会地位，有着相对充足的时间和饱满的精力，能够更好地参与到农村老年人互助养老中，并且肩负起示范、带动、释放正能量等光荣使命。

因此，在新时代的中国特色社会主义乡村振兴战略中，应积极看待农村老年人和充分利用农村老年人力资源，为农村老年人提供在保障中参与社会的机会。老年期可以一分为二地认识：一是身体健康时的活跃/连续期；二是身体不健康或者生活不能自理后的依赖期。一方面，活跃/连续期的老年人可以自养、贡献、活跃，可以在劳动力市场和社会中找寻符合自己意愿、与自己能力相匹配的位置，在参与工作或服务社会的同时，增强疾病预防意识，解放娱乐消费观念，保持健康的体魄和健全的心理，延长健康余寿；另一方面，进入身体不健康或者生活不能自理的依赖期的老年生活以照护为主，能够尽可能自尊体面地独立生活。

第三节 中国特色农村互助型社会养老逐步兴起和推广

一 互助养老逐步得到政府认可

自2008年河北省邯郸市肥乡县前屯村建立农村互助幸福院以来，农村互助养老正式引发社会关注和普遍讨论，此后在国家及各地政府推动下，各地先

[①] 《政治宣言》和《2002年马德里老龄问题国际行动计划》，https://www.un.org/chinese/events/ageing/。

后展开互助幸福院、幸福大院等试点,至今已有10余年。在这段时间里,在国家有关社会养老的重要文件进行的农村养老部署中,均提出要发展互助型(式)养老,在2017年以后,亦出现了从设施建设向服务开展的转变。

2011年,国务院办公厅印发的《社会养老服务体系建设规划(2011—2015年)》提出:"在城乡社区养老层面,重点建设老年人日间照料中心、托老所、老年人活动中心、互助式养老服务中心等社区养老设施,推进社区综合服务设施,增强养老服务功能,使日间照料服务基本覆盖城市社区和半数以上的农村社区。"2012年,国务院明确提出现阶段要在农村探索推行新型农村互助养老模式。2016年,《民政事业发展第十三个五年规划》依然强调要大力支持农村互助型养老服务设施建设。

而到2017年,《"十三五"国家老龄事业发展和养老体系建设规划》则提出要大力发展农村互助养老服务;《关于加强农村留守老年人关爱服务工作的意见》提出要"充分发挥老年人组织、村民互助服务组织、社会工作服务机构作用","鼓励低龄健康老年人为高龄、失能留守老年人提供力所能及的志愿服务,探索建立志愿服务互助循环机制"。在2018年政府工作报告中,李克强总理提出要发展互助式社会养老。

在政府大力推动和社会自发行动的上下联动发展中,各地一直在探索互助型社会养老服务的多元创新,很多地区已经形成了较为成熟的互助型社会养老服务模式,少部分地区的农村进一步建立起了市/县/区级统筹的互助型社会养老服务体系。

二 农村互助型社会组织广泛存在和发展

我国乡土社会一直以宗族乡邻的非正式互助为主。新中国成立以后,宗族解体,村"两委"(村党支部和村民自治组织)成为自上而下建立的行政型互助组织,一些草根型的社会组织,如老年协会、各类合作社等亦以村民自组织的形式成长,在政府政策、资金支持和规范化管理之下,它们既是成员自助互助的团体,也是乡村治理的辅助力量。[①] 而一些专业社

---

① 甘满堂:《村民自治、组织发展与村级治理——以福建省乡村调查为例》,《福州大学学报》(哲学社会科学版)2007年第3期;邓燕华、阮横俯:《农村银色力量何以可能?——以浙江老年协会为例》,《社会学研究》2008年第6期。

会组织，如社工组织、公益慈善组织属于助人型/利他型社会组织，不在互助组织的范围之内，但其作用发挥需要依托互助组织，①同时其对互助组织又具有非常强的增权赋能作用，二者密切合作。从互助型社会养老的组织来看，村民自治组织和老年协会起到重要作用。

村民自治组织是农村互助组织的核心和主干。梳理来看，新中国成立之后，村级组织成为地方政府的下属机构，20世纪50年代的合作化和人民公社时期，合作社管理委员会、生产大队成为乡村的主要治理主体，呈现村社合一的形态。改革开放以后，广西罗城、宜山的一些农民自发组成了自治组织——村民委员会来进行村庄的组织和管理，取得了较好的效果，得到了中央领导的肯定。1987年，第六届全国人大常委会第二十三次会议颁布了《中华人民共和国村民委员会组织法（试行）》，从法律角度确立了直接民主形式的村民自治制度。

老年协会亦是农村互助组织的重要组成。1972年，全国第一个自发形成的老年群众组织在江西省兴国县江背人民公社高寨大队成立，是以"老人互助会"的形式存在，主要是帮助生活困难的老人家庭解决老人过世后的丧葬问题。随后，到20世纪80年代，河南、山西、福建、吉林、浙江等地相继成立老年人理事会、老年领导组、老人会、老年读报组等，主要负责处理农村生产生活中的移风易俗、红白事简办、纠纷调解，以及老年人文化娱乐、权益维护、互助共济等问题。自2000年以后，中国进入人口老龄化社会，政府正式开始主导推动老年人组织的建设。2001年11月，全国老龄工作委员会办公室"加强社区老龄工作座谈会"召开，会议指出加强和规范老年群众组织建设是推动城乡社区老龄工作开展的重要内容，并决定在北京、天津、辽宁、黑龙江、上海、江苏、福建、山东、湖北、云南等10个省（市），各选择1个区和1个县（市），利用1~2年时间，开展加强城乡社区老龄工作试点，规定试点单位的居（村）委会要成立老年协会。② 2012年，全国老龄办下发《关于加强基层老年协会建设的意见》，规定老年协会是老年人自发组织、自我管理、自我服务的老年群众组织。2015年，全国老龄办、民政部联合下发《关于进一步加强城乡社区

---

① 目前中国的相互保险、专业社会组织之所以发展不起来，很重要的原因就是没有人群基础。
② 吴玉韶：《老龄工作实践与思考》，华龄出版社，2014。

老年协会建设的通知》，提出要加大扶持力度，激发老年群众组织的活力，充分发挥其在养老服务、社区治理中的作用。2015年第四次中国城乡老年人生活状况调查数据显示，农村老年人参与老年协会的比例已经达到11.2%，按照这一比例计算，中国农村有超过1000万老年人已经加入老年协会之中。除老年协会以外，很多农村地区还成立了义工站、志愿服务协会、妇女组织、红白理事会等多类社会组织，"一班人马，多块牌子"（不少农村探索成立了社会组织联合会，进行统一管理）。一些专业社会组织进入农村，既依托老年协会开展活动，又活化老年协会，提高了老年协会自组织能力。

三 农村互助养老仍面临理论困境和实践难题

总结以往研究和实践，"人力"和"财力"是制约我国农村社会养老服务发展的两大核心问题。经济发展相对落后、青壮年人口外出打工、专业护理人员不足，决定了这些农村难以复制或发展像城市一样专业、规范、市场化和资本化运作的社会养老服务体系。2008年，邯郸市肥乡县前屯村建立了全国首家农村互助幸福院。它的运作特点为"集体建院、集中居住、自我保障、互助服务"，目的是解决子女在外务工、无人照顾、经济来源有保障、生活能够自理的农村空巢老年人的养老问题[①]。前屯村的这一做法取得了较好的养老效果和社会反响，此后在国家及各地政府推动下，河北、甘肃、山东、湖北、四川、广西、内蒙古等地区先后展开了互助幸福院试点。根据2015年民政部发布的《中国民政工作报告》，2014年我国政府共支持建设了3.33万个农村幸福院项目。

事实上，中国农村确实有发展互助养老的深厚土壤，在基层农村社区的自发组织以及政府的推动之下，一些农村地区也在不断探索发展以互助幸福院为代表的互助养老。然而，在没有对农村互助型社会养老进行清晰的实践总结、理论阐释以及顶层设计的情况下，农村互助幸福院在全国大范围、迅速推广的做法是值得商榷的。相关研究结果显示，不少互助幸福

---

① 赵志强、杨青：《制度嵌入性视角下的农村互助养老模式》，《农村经济》2013年第1期；韩振秋：《浅析农村养老新模式——"互助养老"的特点》，《理论导刊》2013年第11期。

院面临选择性政策执行、数字式年度考核与乡村敷衍性应对等问题,[①] 取得的实质性效果较小。笔者亦认为任何事物的发展都需要时间,并且遵循一定发展规律,盲目复制只是表面性的。这些地区仅仅将农村互助养老作为一种以硬件设施建设为主的养老模式,没有弄清楚推动农村互助养老的核心是全面激活农村社会守望相助的认知,将农村居民相互间零散的互助行为有效组织起来,调动起广大农村居民的团体性和积极性力量。

基于实践反思和组织基础,地方政府和不少农村将重心转向服务递送,尤其是2017年政府导向转变以来,各地对互助型社会养老服务的探索如星星之火燎原之势,在不少地区广泛展开。这些形式(模式)主要通过互助型社会组织发展互助型社会服务,是中观组织层面的,而非硬件设施或者广泛意义的个体间的相互帮助。这些模式也是本书力图展现的。

[①] 赵志强:《农村互助养老模式的发展困境与策略》,《河北大学学报》(哲学社会科学版)2015年第1期。

第二章 回顾：互助与互助养老的相关研究

互助养老是社会互助的形式之一，故要研究互助养老，首先要知晓互助。以往有关互助和互助养老的研究可谓既多且杂，但很少有研究系统梳理二者的研究视角与发展。纵向对比中西方国家17、18世纪以来的互助和互助养老，可以发现，西方国家的社会互助和互助组织发展的时间顺序是：社会互助和互助组织广泛兴起和发展—国家保障逐步完善—社会互助和互助组织成为补充—政府福利在压力之下重新受到重视；中国社会互助和互助组织发展的时间逻辑是：以宗族为主的非正式互助—行政组织和国家保障发展—国家主导下的国家与社会的合作。这是来自不同地域的差异，西方以竞争为本，国家、社会、市场分立制衡，而中国以互助为本，自古就是国家领导下的市场和社会，目的在于有效治理。故本部分将追史溯源，对比中西方互助理念、互助组织和保障、互助服务，以及互助养老的发展，进一步地，立足于中国现实国情，进行述评与分析。

第一节 互助的主要研究视角

综观国内外文献，对互助的相关研究可谓既多且杂，同时，相互之间存在诸多交叉。本研究在认真学习和梳理的基础上，尝试合并交叉较多项，将以往的互助研究划分为四大视角：哲学视角，经济学、管理学与历史学视角，社会学和人类学视角，社会工作与医学视角等。

一 哲学视角

要研究互助，哲学文化与伦理思想是一个逃不掉的关于"我是谁"的问题，也是互助研究的出发点和开端。长期以来，关于互助的最主要争论在于它的出发点是利他主义还是利己主义，也即互助起源还是竞争起源。但最根本的是，互助的哲学思辨也反映了中西方文化本源以及由此带来的国家、社会结构的根本差异：一是互助为本文化下的互助，对应以有效治理为目的的国家领导下的互助为基础的国家和社会结构；二是竞争为本文化下的互助，对应市场本位、互助为辅和国家、社会结构上的分立制衡。另外，互助向高精神层次的延展又包含美德和美好生活的意义。

（一）分离与制衡——西方竞争哲学中的互助

西方生物进化论（竞争）思想是西方资本主义社会的主流思想。在这一思想中，互助是互利目的下的互助，是基于利己主义的功能需要的产物。达尔文生物进化论的核心在于遗传性变异、繁殖和生存斗争，也即物竞天择、适者生存。此后的马尔萨斯、赫胥黎均是进化论的忠实捍卫者，认为生存斗争是生物界的真实写照，是进化的引擎。比如，达尔文的人类生物学最显著的特点是：他认识到社会化在人类进化中的重要性。但将社会性物种的互助作为对外界环境的适应性结果。虽然在达尔文的论述中，也提到道德、宗教等的作用，但在这一方面，赫胥黎的《进化论与伦理学》的讨论更加深入。赫胥黎认为，贪图享乐、永不餍足是人的天性，是人类在与外界的自然状态斗争中取胜的必要条件之一，但是，如果任由这种天性在人类内部发展，它就会成为破坏社会的必然因素。[①] 因此，人类除了天然的人格外，还有一种人为的人格被建立起来，也即在人类情感基础上进化成为的有组织、人格化的同情心。它是社会的看守人，负责把自然人的反社会倾向限制在社会福利所要求的限度之内。与此同时，在人类同自然状态以及作为自然状态一部分的其他社会组织进行的生存斗争中，逐步走向密切合作的那部分人类群体，较之其他群体有极大的优势。因此，要发展出一种有价值的文明，维持和改进一个有组织的社会的"人为状态"，从而与"自然状态"相对抗。换言之，人类社会需要伦理以使生存斗争更有效率。

16世纪文艺复兴运动末期、西方资本主义萌芽以后，西方资本主义国

---

① 赫胥黎：《进化论与伦理学》，北京大学出版社，2010。

家的市场与社会的界限更加泾渭分明。市场经济以自由竞争和最大剩余价值为先，社会伦理则是深受宗教思想影响的民主与平等。基督教的原罪说是极大影响西方社会思想的。基督宗教中认为人天生即是有罪的，存在于内心的隐秘之处，只有不断忏悔，做善事来赎罪，才能从罪中被拯救出来。亚当·斯密左手《国富论》，右手《道德情操论》就是西方国家市场经济社会的形成和近代文明进程的体现。① 市场是利己的，但是"利他"才是问心无愧的"利己"，这一方面体现为人与人之间平等互助理念，另一方面体现为公益慈善理念，这二者在16世纪以后20世纪以前是有明确区分的，工人阶级的互助不是慈善或救助，而是以自助和独立为前提进行的"互惠型救助"，帮助别人与获得帮助既是个体权利，也是个体责任，相应发展了一种成员身份或政治意识，其成员"勤俭、值得尊重、自信"，使工作的男女赢得社会的尊敬和声誉。慈善公益虽然也是社区治理的关键力量，但只有破产的农民、手工业者或者特殊群体才会接受或寻求慈善捐赠、社工帮助。然而，伴随西方经济发展、国家福利保障完善以及互助组织和互助保障的隐退，人们道德水平的提高，互助与区别于市场之外的公益、慈善、志愿服务理念逐渐融合，成为一种"人人为我，我为人人"的利他主义思想，主要在非营利部门发挥重要作用。中国目前城乡非营利部门的发展也深受西方国家的公益慈善和志愿服务理念的影响。

（二）统一与治理——中国的互助理念

互助为本思想是影响中国社会几千年的儒家思想的深刻体现，也是俄国学者克鲁泡特金以及李大钊、孙中山等不少中国清代以来的知识分子持有的观点。他们均认为互助是人类的本能，也是推动人类道德进步、不断走向高层次生活的重要引领。克鲁泡特金提出，与竞争相比，互助才是生物界的普遍特征，是自然法则和进化的要素。互助感情和互助本能可以追溯到动物世界的最低级阶段。进化到人类阶段，他认为"在人类的天性中，生来就具有合群以及互相帮助和支援的需要"，"在人类道德的进步中，起主导作用的是互助而不是互争"，"社会在人类中的基础，不是爱，甚至也不是同情，它是无意识地承认一个人从互助的实践中获得了力量，

---

① 晏智杰：《晏智杰解读〈道德情操论〉与〈国富论〉》，华夏出版社，2018。

承认每一个人的幸福都紧密依赖一切人的幸福,承认是个人把别人的权力看成等于自己的权利的正义感或公正感。更高的道德感就是在这个广泛而必要的基础上发展起来的"。① 而中国儒家思想深刻蕴含的互助理念,崇尚和平、反对战争,崇尚互助互利、反对互怨互损,从中国几千年守望相助的乡土社会,到如今人类命运共同体的构建,亦是互助思想的诠释与展现。

孙中山等国内知识分子的互助思想深受儒家"仁义""和合""天人合一"伦理原则的影响,基于对帝国主义以保卫国家和民族利益为借口发动战争、竞争理论的批判,接受"相互扶助"的互助思想。如李大钊在《新纪元》(1919年1月)一文中,第一次对他一直奉为思想基础的社会达尔文主义表示了怀疑,认为社会进化不是"竞争"而是"互助"。随后在《阶级竞争与互助》(1919年7月)一文中,他进一步表示"人类应该相爱互助,可能依互助而生存,而进化;不可依战争而生存,不能依战争而进化"。②

孙中山在他的三民主义中,提出在人类进化过程中社会国家是相互扶助的"体",道德仁义是相互扶助的"用"。与此同时,孙中山形成了自己的进化理论——分期进化说,"其一为物质进化之时期,其二为物种进化之时期,其三为人类进化之时期"。从此特殊原则出发,人的天性与自然物种不同,物种以竞争为原则,人类则以互助为原则。因此,第三期的人类进化的重要特征是:进入文明社会,人类的进化走上了一条"莫之为而为,莫之致而致"而自然趋向互助的大道。他认为互助本身,虽然缘于进化,但它既已形成,便驱动了人类自觉的追求,并承载着人类未来的希望。人类道德进化的过程,便是不断克服兽性,发扬、增长互助的人性的过程。

国家心理深刻影响个体心理。中国乡土社会就是在儒家伦理道德规范之下的互助(本能)与互利(效用)交融在一起的社会。农村广泛存在的互助传统与"人情""帮""报答""祖先""家国"等概念密切相关。换言之,中国传统互助的个体心理是伦理文化体系、社会结构和小农主观意

---

① 克鲁泡特金:《互助论:进化的一个要素》,商务印书馆,2009。
② 李大钊:《李大钊全集》,人民出版社,2006。

识共同建构的行动策略。一方面,互助存在于儒家伦理规范之中,是道德教化和道德进步的理想形态,是宗族信仰、祖先崇拜的文化体系和家国同构的治理体系的内涵要义。另一方面,受农业资源条件限制,在个体小农的主观意识中,互助还是基于个人责任基础上的,希望能够得到互利的结果,但这种互利的活动又在一个稳定场域之中受到人情伦理的规范,形成社会交往的"社区情理",故也有学者将其称为"包含或装饰着一种温情、一种人伦、一种情感"。[①]

二 经济学、管理学与历史学视角

经济学、管理学与历史学领域的互助研究主要是针对具有历史性、延续性、关联性,但组织结构、功能、目的又存在差异的几类组织进行的。一是西方国家主要经历了从友谊会、兄弟会、行会等中世纪互助组织到相互保险公司等现代互助组织的转变;二是我国古代有义庄、族田、行业协会等,近年来出现了农业、渔业互助保险、职工互助保险、相互保险公司等多种形式的互助保险形式;三是以扶贫、救助、支援、风险共担为目的的小额信贷互助。需要说明的是,中国抗日战争时期和农业社会主义改造时期的互助合作运动从根本上属于有组织的经济互助的扩大化和运动化,故作为第四种形式,放在此部分讨论。

(一) 西方国家互助组织的发展演变

1. 中世纪互助组织

友谊会、兄弟会、行会等互助组织在中世纪就已经存在,到 17 世纪末在欧洲广泛兴起,18、19 世纪其活动和影响力达到最高,直到 19 世纪末 20 世纪初,伴随各国国家法定社会保险的颁布实施,这些互助组织存在的合法性基础和意义才逐步消失。[②] 因此,不少研究对中世纪的互助组织的功能、特点、影响、内部结构等进行了深入分析。有研究认为,在西方国

[①] 徐勇:《乡村治理与中国政治》,中国社会科学出版社,2003。
[②] Cordery, S., *British Friendly Societies, 1750 – 1914* (UK: Palgrave Macmillan, 2003); Gosden, P. H. J. H., *The Friendly Societies in England, 1815 – 1875* (Manchester: University of Manchester Press, 1961); Beveridge, W., "Social Insurance and Allied Services," *Bulletin of the World Health Organization* 78 (6) (2000): 847.

家自由竞争和工业化盛行的年代，互助组织为其成员所提供的广泛价廉质高的社会救助、福利服务、灾害保险，在经济和社会领域都填补了不断下降的"道德经济"所提供的社会认同和连贯性，作为一个巨大的缓冲机制避免了大规模的社会冲突和动荡。① 除有效的经济保障之外，这些互助组织也是志愿组织，而非慈善组织或救助组织。它们不同于有严格资格审查的"层级救助"，而是以自助和独立为前提进行的"互惠型救助"，② 帮助别人与获得帮助既是个体权利，也是个体责任。因此，互助组织在提供了相当的活动性（自我教育、自治、娱乐）的同时，也因其成员"勤俭、值得尊重、自信"，相应发展了一种成员身份或政治意识，使工作的男女赢得社会的尊敬和声誉。③ 当然，也有研究提出，虽然互助组织一直以去政治化、自助互助为宗旨，但它的庞大的组织规模、会员的中产阶级属性、动员能力，以及对威胁或潜在威胁其生存与利益的政府行为的政治敏锐性，导致其对政府决策的影响力依然巨大，也让政府一直对其有所忌惮并不断尝试进行行政和财务上的监管。④ 20 世纪以后，由于经济萧条和失业率增加，欧洲国家主导的现代福利制度建立，互助组织开始被纳入国家福利领域之中，负责运行社会保险，但随着国家政治的干预程度和范围的不断加深与扩展，互助组织的地位和作用不断下降。⑤

事实上，如前所述，法定社会保险的前身都是中世纪的行会或者兄弟会，以及他们中间产生出来的具有自我帮助性质的合作社组织。只是在法定社会保险当中，互助原则的实现不是通过个人之间的直接或者间接提供帮助，而是通过个人之间一种费用的再分配机制。如在法定医疗保险中最重要的互助平衡关系有三个：健康者与患病者之间的互助平衡、较高收入

---

① 闵凡祥:《18~19世纪英国"友谊会"运动述论》,《史学月刊》2006年第8期。
② 闵凡祥:《互助的政治意义：英国现代社会福利制度建构过程中的友谊会》,《求是学刊》2016年第1期。
③ Green, D., *Reinventing Civil Society: The Rediscovering of Welfare without Politics* (London: Civitas, 2003).
④ Beveridge, W., *Social Insurance and Allied Services* (London: His Majesty's Stationary Office, 1942).
⑤ Cordery, S., *British Friendly Societies, 1750-1914* (UK: Palgrave Macmillan, 2003); 闵凡祥、周慧:《国家政策差异与民间互助组织命运——以中国清帮和英国友谊会为例》,《经济社会史评论》2011年第1期; Gosden, P. H. J. H., *The Friendly Societies in England, 1815-1875* (Manchester: University of Manchester Press, 1961)。

者和较低收入者之间的互助平衡、支付保费的成员与不需要支付保费的家庭共同保险成员之间的互助平衡。这样,通过法定医疗保险的互助原则,健康者、较高收入者和支付保费的成员就为患病者、较低收入者和不需要支付保费的家庭共同保险成员提供了帮助,从而体现出法定医疗保险的互助。[1]

2. 现代互助组织

在许多西方国家,现代互助组织是中世纪互助组织、互助保险社的发展与变形。2003年欧盟委员会对现代互助组织的定义是:主要满足其成员需要而不是实现投资回报的志愿人员组织(自然或法律),这些组织是由成员参与治理,并按照成员之间的团结原则运作的。

当然,由于不同国家建立的福利制度的特点不同,互助组织的发展和发挥的作用也存在很大的不同。总结来看,西方国家的现代互助组织可以划分为两类:一是相互保险公司(insurance mutuals);二是互助团体(mutual benefit societies)。相互保险公司目前在西方国家广泛存在,是保险服务提供的特殊业务形式,与其他私营的商业保险运营商竞争市场保险份额。相互保险公司基本涵盖所有类型的财产、生命风险保障,也提供健康保险和以人寿保险为主要形式的私人养老金计划。1756年世界上第一家相互保险公司在英国出现,随后的两百多年中,相互保险公司先后经历了18~19世纪的成长、20世纪初的鼎盛、20世纪末的调整三个时期。到了20世纪末,一些大型的相互保险公司转制成为股份有限公司,使其市场份额有所下降,但是依然有一些大型相互保险公司以及众多的小型相互保险公司继续存在。在日本、法国、美国等地区,相互保险公司仍是保险市场上的重要力量。

互助团体则是属于国家福利制度框架的一部分,是中世纪互助组织的延续。他们通常提供健康、社会和保险服务,并能够覆盖诸如疾病、残疾和老年等社会风险。更重要的是,他们还会开展广泛的活动,如提高生活质量、组织社会工作和文化活动等。一些互助团体还有自己的医院、养老

---

[1] 隋学礼:《互助原则还是竞争机制?——艰难的德国医疗制度改革》,《经济社会体制比较》2012年第4期;何文炯:《论社会保障的互助共济性》,《社会保障评论》2017年第1期;郑功成、郭林:《中国社会保障推进国家治理现代化的基本思路与主要方向》,《社会保障评论》2017年第3期。

院和康复中心。如在瑞典，互助团体是负责管理强制性健康保险制度的区域组织；在比利时，互利团体负责管理整个强制性医疗保险制度。

根据不完全统计，相互保险为2.3亿欧洲公民提供医疗保健和社会服务，目前累计保费金额超过1800亿欧元，雇用人员数量达到35万人。尤其近年来，在西方福利国家退缩、福利支出减少的情况下，不少研究又将解决策略转向现代互助组织，认为以成员互助为原则的互助组织可以成为西方新兴的混合福利经济体的一部分。[①]

（二）中国的互助组织形式

1. 义庄、族田和商业行会

中国的传统乡土社会虽然存在自上而下的皇权统治，但乡村基层还是以自治为主。宗族基于血缘这一先赋的社会关系，[②] 联结形成人类生活共同体，在中国的历史长河中一直稳定、系统地约束和保护着中国的传统社会。[③] 国家为维护其在乡村社会的政治统治，增强其合法性基础，[④] 通过"家国同理同构"的社会关系模式将家族形塑成为社会基本的构成单位。[⑤]

费孝通就指出，宗族是一个绵续性的事业组织，有着政治、经济、社会、宗教等多方面的功能。宗族的经济基础是族田，其管理机构是义庄。[⑥] 根据李学如、陈勇的界定，义庄是传统宗法社会中，在血缘和地缘关系基础上，由宗族中的士绅、商人或力田起家的庶民地主捐置田产和庄屋，以达敬宗、收族、保族之目的，并得到国家认可和支持的一种封建宗族赈恤组织。[⑦] 虽然族田和义庄的目的包括立宗子法、强化地主家族、稳定封建

---

① Van Leeuwen, M. H., *Mutual Insurance 1550 – 2015: From Guild Welfare and Friendly Societies to Contemporary Micro-insurers* (London: Palgrave Macmillan, 2016).
② 杨善华：《家族政治与农村基层政治精英的选拔、角色定位和精英更替》，《社会学研究》2000年第3期。
③ 钱杭、谢维扬：《宗族问题：当代中国农村研究的一个视角》，《社会科学》1990年第5期。
④ 尤琳：《国家治理能力视角下中国乡村治理结构的历史变迁》，《社会主义研究》2014年第6期。
⑤ 杨善华、刘小京：《近期中国农村家族研究的若干理论问题》，《中国农村研究》2011年第1期。
⑥ 费孝通：《社会学的探索》，天津人民出版社，1985。
⑦ 李学如、陈勇：《清代宗族义庄的发展——以苏南地区为考察中心》，《中国社会经济史研究》2014年第1期。

统治等，[①] 但它对于族人的社会保障功能亦是不可抹杀的。根据史料记载，自宋代范仲淹建立范氏义庄为始，其后义庄不断发展，到清代出现了设立义庄的高潮，清代末年仅苏州府的义庄数量就达到 200 个。[②] 同时，义庄田产少则数百亩，多则数千亩，个别义庄的田产在万亩以上，成为庞大的地方经济实体。由于社会生产和生活较为落后、简单，族田和义庄的社会保障作用主要表现为对宗族贫困成员的临时物质救济、鼓励科举入仕、义学教养子弟等。[③] 同时，通过宗族的约束和统治能力，加强道德教化，要求族人敬宗守节、赡养老人、体恤孤寡。

我国的商业行会自唐朝（公元 8 世纪）出现，在宋、元、明、清得到极大发展。但与西方国家的行会相比，我国商业行会的互助意义相对局限。这些商业行会既起到发挥行业群体优势，为会员提供业务指导、咨询、服务，维护同行利益，争取社会地位的作用，也是政府进行行业管理、控制商人、摊派差役、监察市场的工具。

2. 现代互助组织的发展

我国目前的互助组织主要包括职工互助组织、网络互助平台、农民互助组织等。互助保险（金融互助）一般会与互助组织相伴而生。上海、北京的职工互助组织（职工保障互助会）都尝试开展了医疗互助保障计划。网络互助平台，如 e 互助等则开展疾病、意外等互助保障。农民互助组织包括农业合作社、农村基金会、金融扶贫组织、农业互助保险等，主要帮助农民对接市场与社会，提高农民、农业的抗风险能力等。

伴随 2016 年国内首家相互制寿险机构——信美人寿相互保险社获得保监会批准筹建，2017 年 5 月获得保监会开业批复，相互保险也开始进入普通保险业领域。当然，我国的相互保险主要学习自西方相互保险经验，与中国古代的农商业互助形式并无大的联系。

从农业互助保险来看，河南、湖南、云南、浙江、湖北、黑龙江等省份均开展了农业互助保险试点，基本模式一般是建立以县（市、区）为单位的、独立核算的互助会。其中，黑龙江阳光农业相互保险公司是相对成

[①] 方健：《范仲淹评传》，南京大学出版社，2001。
[②] 范金民：《清代苏州宗族义田的发展》，《中国史研究》1995 年第 3 期。
[③] 王卫平：《从普遍福利到周贫济困——范氏义庄社会保障功能的演变》，《江苏社会科学》2009 年第 2 期。

功的个案,2005年组建,与农业保险合作社合作运营,形成以统一经营为主导、以保险合作社互助经营为基础的双层经营管理体制。

相较而言,渔业互助保险作为农业互助保险的一个特殊组成,发展更为成熟。渔业互助保险是由政府、保险组织(主要是渔业互保协会)、被保险人(渔业生产者)三方承担一定的保险金额,按照渔业互保条款,由保险组织(主要是渔业互保协会)负责承包,渔业保险各部门相互配合,坚持"互助共济"原则,减少渔业生产过程中的损失的一种保险制度。1994年7月成立了由农业部主管的中国渔船船东互保协会(现中国渔业互保协会)。经过十余年的发展和努力,渔业互助保险已取代商业性保险成为我国渔业保险的主要经营模式,开办的险种也日趋多样化。目前,除开展了渔民人身平安互保外,渔船互保的险种已由单一的全损险发展到综合险、第三者碰撞以及海域涉外责任险和油污责任险等,并逐步开展陆上渔业从业人员意外险、水产养殖险、渔业设施险等。此外,渔业互助组织还广泛地参与涉及渔民切身利益的社会活动,例如为被外国政府扣押的渔民担保、为渔民更新装备提供小额贷款。这些活动极大地提升了渔业互助组织在广大渔民心中的地位,建立了初步的公信力,取得了非常良好的社会效果。

(三)小额贫困信贷互助

小额信贷已经成为许多发展中国家金融扶贫的工具。[1] 据统计,全球有接近20亿劳动年龄人口因缺乏抵押担保而无法获得受监管金融机构提供的正式金融服务。因此,小额信贷项目的意义在于:以低廉的成本向贫困群体提供金融服务(小额贷款),用于贫困群体的自谋职业活动,以使其获得更高的生活质量。[2]

从我国实践来看,传统金融扶贫以扶贫贴息贷款为主,但这种行政主导推动的扶贫方式,其补贴收益有时被当地"精英"攫取,减贫效果备受

---

[1] Johnson, S., and Rogaly, B., "Microfinance and Poverty Reduction," *Oxford England Oxfam* 5.12 (1997); Gibbons, D. S., "Financing Microfinance for Poverty Reduction," *Development Bulletin* (2002); Armendariz, B., and Morduch, J., *The Economics of Microfinance* (MIT Press, 2010), pp. 328 – 333; Bakhtiari, S., "Microfinance and Poverty Reduction: Some International Evidence," *Oxford England Oxfam* 5.12 (2011).

[2] Morduch, J., "The Microfinance Schism," *World Development* 28.4 (2000): 617 – 629.

质疑。为了创新金融扶贫模式，2006年财政部联合国务院扶贫办开始在全国范围试点"贫困村村级发展互助资金"，以财政扶贫资金为引导，以村民自愿按一定比例缴纳的互助资金为依托，以无任何附加条件的社会捐赠资金为补充，在贫困村建立的民有、民用、民管、民享、周转使用的生产发展资金。[①] 根据《中国扶贫开发年鉴2015》的统计，我国互助资金数量已经达到2万个。这种外源与内生动力相结合的金融扶贫模式已经成为我国农村分布最广、影响最大的扶贫型小额信贷。[②] 学界对于这一迅猛发展的金融扶贫方式也给予诸多关注，很多学者对互助资金的资金来源、组织结构、内部治理进行总结分析，[③] 并对扶贫效果进行了多方面的量化研究。[④]

（四）农村互助合作运动

如果说孙中山、李大钊等人的互助理论是建立在相对空洞的理想社会（美德文化和美德社会）构建上，那么，毛泽东运用马克思主义实践哲学与互助思想相结合，将互助思想引入农业互助合作之中，引导、鼓励农民组织多种形式的生产互助组，开展劳动互助、经济互助，并发展了在消费、流通、金融等领域的高级形式的合作社。从现在来看，是一项重要的将中国传统非正式互助转向正式互助的实践创举。

建立农村合作经济，用以改造农村社会，提高农业生产和农民生活水平，借此消灭个体私有经济，走向社会主义公有制经济，是毛泽东一贯推

[①] 刘西川、陈立辉、杨奇明：《村级发展互助资金：目标、治理要点及政府支持》，《农业经济问题》2015年第10期。

[②] 李金亚、李秉龙：《贫困村互助资金瞄准贫困户了吗——来自全国互助资金试点的农户抽样调查证据》，《农业技术经济》2013年第6期。

[③] 周向阳、董玄、曾雅婷：《农村互助金融的案例调查》，《经济纵横》2013年第4期；常伟：《农村资金互助合作组织风险防控问题研究》，《中州学刊》2016年第2期；贾晋、申云：《农村资金互助社的最优互助金规模研究》，《华南农业大学学报》2017年第2期；王劲屹、张全红：《农村资金互助社可持续发展——基于交易费用视角》，《农村经济》2014年第3期。

[④] 陈清华、董晓林、朱敏杰：《村级互助资金扶贫效果分析——基于宁夏地区的调查数据》，《农业技术经济》2017年第2期；陈清华、杨国涛、董晓林等：《村级互助资金与扶贫贴息贷款的动态减贫效果比较——以宁夏为例》，《经济问题》2017年第8期；张林、冉光和：《加入农村资金互助会可以提高农户的信贷可得性吗？——基于四川7个贫困县的调查》，《经济与管理研究》2016年第2期；董晓林、朱敏杰、张晓艳：《农民资金互助社对农户正规信贷配给的影响机制分析——基于合作金融"共跻监督"的视角》，《中国农村观察》2016年第1期。

崇的思想和理论主张。抗战时期,各抗日根据地政府引导、鼓励农民组织多种形式的生产互助组,开展劳动互助、经济互助,并发展了在消费、流通、金融等领域的高级形式的合作社。这场互助合作运动的土地等生产资料的性质没有变,但是人与人的关系、人与物的关系得到一定程度的调整,毛泽东称之为"生产制度上的革命",① 改变了农村财富分配格局,保障了战争条件下农民的生活,同时农民组织化程度提高,政治觉悟提高,懒汉思想也开始发生转变。② 与此同时,这场运动并非随意性的而是有组织且规范化的。如魏本权对沂蒙抗日根据地的研究就提出,为了实现建构新的劳动互助制度的目标,中共采取了卓有成效的生产动员策略,着力传播一套以组织起来、变工换工、公平合理、记工算账、自愿结合为特征的劳动互助话语,形成了以群众运动方式来推进生产运动的动员模式。③ 魏本权、贺文乐也提出了互助合作要以"生产必须领导"、建构新的党群关系为基本前提,同时还要靠基层组织的配合、群众团体的动员,尊重农民的劳动习惯和主体性地位。④ 当然,贺文乐也指出,在强迫命令与形式主义的影响之下,"运动式"的互助合作往往容易导致基层干部群体思想认识出现误差,比如一些地方出现了超越实际条件的大变工、合作农场等高级合作形式,最终走向失败。⑤

三 社会学和人类学视角

社会学家和人类学家更关心在同一空间生活的个体之间的互助行为,与社会治理和社会关系网络联系在一起。从这一视角来看,中西方国家均有较多研究,相较而言,国内研究集中在农村,西方学者的研究更加深入且近年来愈加细化。

---

① 毛泽东:《论合作社》,载中国人民解放军政治学院党史教研室编《中共党史参考资料》(第9册),1979,第253页。
② 俞小和:《华中抗日根据地的"贫富互助"借贷运动》,《党史研究与教学》2014年第4期;贺文乐:《晋西北抗日根据地的革命动员与互助合作》,《党的文献》2017年第3期。
③ 魏本权:《革命与互助:沂蒙抗日根据地的生产动员与劳动互助》,《中共党史研究》2013年第3期。
④ 魏本权:《革命与互助:沂蒙抗日根据地的生产动员与劳动互助》,《中共党史研究》2013年第3期;贺文乐:《晋西北抗日根据地的革命动员与互助合作》,《党的文献》2017年第3期。
⑤ 贺文乐:《晋西北抗日根据地的革命动员与互助合作》,《党的文献》2017年第3期。

（一）中国的非正式互助网络和保障

在 20 世纪 90 年代，国内学者对农村非正式互助网络、互助保障有着丰富的理论研究成果。如费孝通等认为互助是基于共同利益、为维护团体内部共同利益产生的。在艰苦环境中，人们基于某种效用或共同利益，构建出互助网络和机构，以使个体或家庭生活免于危机。王铭铭认为传统乡土社会是以社区互助和自给自足的经济生活方式为特征，互助是基于文化传统或者亲密关系而发展出来的互惠型劳动或情谊交换，农村会形成一个互助的圈子，但这种互助体现的不是单纯的"道德经济"，而是互为反馈和竞争的体系。[①]徐勇也认为村民之间互助是基于个人主义的互利活动，只是这种互利的活动存在于人们的社会交往中，故"包含或装饰着一种温情、一种人伦、一种情感"，[②] 在国家保障缺位的传统乡土社会起到了重要的多重保障作用。

总的来看，中国的互助不仅仅是一种本能、情感、美德，更是中国家国同构、差序格局式的务实的国家治理根基。中国农村自古就有互助（守望相助）的传统，但这一互助并非普遍性的利他主义或公益、慈善概念，而是在小农家庭经济资源有限、风险抵御能力不足的情况下生发出的，以血缘、亲缘、地缘形成的私人网络为单位，以人情伦理为规范，基于工具理性和某种效用，包括生活互助、生产互助、金融互助等多种互助形式的民间互助保障体系。

从伦理文化角度来看，中国乡土社会是一个以"己"为中心的差序格局的社会，[③] 也是深受儒家伦理道德严格规范的社会。农村广泛存在的互助传统与"人情""报答""帮"等概念密切相关。[④] "人情"指导和规范社会交换、互助的界限和多少，"帮"和"报答"是一对相互的概念，村民既有回报的责任，也有给予的责任。[⑤] 传统民间互助只限于一定的社会圈子（血亲、姻亲、朋友），原因也在于社会圈子的成员一般互相承认大

---

① 王铭铭：《村落视野中的文化与权力》，生活·读书·新知三联书店，1997。
② 徐勇：《乡村治理与中国政治》，中国社会科学出版社，2003，第 199 页。
③ 费孝通：《社会学的探索》，天津人民出版社，1985。
④ 金耀基：《中国社会与文化》，牛津大学出版社，1992。
⑤ 阎云翔：《礼物的流动》，上海人民出版社，1999，Mauss, M., *The Gift* (London and New York: Routledge, 1990); Scott, J., *The Moral Economy of the Peasant* (Yale: Yale University Press, 1976).

家共同的"历史社会经验","它们不是自外而内、自上而下强加的'单位',而是在地方历史中逐步形成的,以家族纽带、相识、和共同经验为基础的社会关系"。①

从经济和保障角度来看,中国农村互助保障经历了从以宗族为主要单位的宗族互助保障,到以生产队为主要单位的集体互助保障,以及村民家庭间自愿交换的民间互助保障。近年来在市场经济影响下,农村互助保障进入适应性的转型期。在中国传统社会中,宗族是一个绵续性的事业组织,有着政治、经济、社会、宗教等多方面的功能。除生活、劳动、金融(借贷)上的互助以外,从宋代开始,族田、义庄发挥了相对稳定的互助保障功能,包括对宗族贫困成员的临时物质救济、鼓励科举入仕、义学教养子弟等。② 20世纪50年代以后,农村宗族以及传统的依靠宗族保障的模式和观念受到严重冲击,③ 以生产队、生产大队、人民公社为单位的集体互助保障承担了基本的生活供养、困难救济、医疗、教育等功能。而历经改革开放和家庭联产承包责任制的实行,复兴中的传统社会关系网络又开始发挥互助的作用。不少人类学研究对这一时期的民间互助进行了详细考察,如在农忙时节的相互帮助,还有小额的私人融资,个人遇到非常情况或危机时的援助等。④ 王铭铭将互助资源划分为借贷、礼品、劳力、"门路"和信息,将最常发生社会互助的领域概括为急救、家事(仪式)、造房和投资方面。⑤ 在这些方面,村民们求助的恰是深具传统与"情谊"的,有着宗族、村民小组等历史烙印的非正式组织。直到21世纪以后,伴随农村人口流动速度加快,现代性因素进入农村经济社会各个领域,村庄个体间的互惠预期降低,农村传统互助的经济和保障意义才大幅降低。⑥

---

① 王铭铭:《村落视野中的文化与权力》,生活·读书·新知三联书店,1997。
② 李学如、陈勇:《清代宗族义庄的发展——以苏南地区为考察中心》,《中国社会经济史研究》2014年第1期;王卫平:《从普遍福利到周贫济困——范氏义庄社会保障功能的演变》,《江苏社会科学》2009年第2期。
③ 宋宝安、赵定东:《乡村治理:宗族组织与国家权力互动关系的历史考察》,《长白学刊》2003年第3期。
④ 阎云翔:《礼物的流动》,上海人民出版社,1999。
⑤ 王铭铭:《村落视野中的文化与权力》,生活·读书·新知三联书店,1997。
⑥ 胡叠泉:《从互助到市场:农村丧葬服务变迁的实证研究——以湖南省双峰县石村为个案》,《深圳大学学报》(人文社会科学版)2015年第6期。即便如此,上升为互助文化和"习惯法"的少数民族地区的互助行为还依然广泛存在,少数民族的新型民间互助组织,如帮辈等将分散的村民重新联系起来,也形成了维系村寨互助关系持续发展的新模式。

(二) 西方的非正式互助网络和行为

西方国家的互助网络研究则更加聚焦，不少学者对城乡、富裕和贫困社区的互助行为进行了比较研究，分析了金融资本、时间资本、人力资本、社会资本对互助行为的影响。研究显示，因为真正的贫困、弱势群体的交换和助人能力不强，他们反而是被排除在互助范围之外的。除此之外，还有一些研究深入探讨了社会性因素对互助的阻碍，比如担心"被人欺负"，"虚假的期望/不适当的手势"，有"被利用"的感觉和"不能说不"的担心等。

但近年来，一些学者对互助和其他非商品化空间给予更多关注，他们认为市场和非市场领域不是分离和割裂的：企业的社会责任越来越被强调，第三部门的非营利机构也在进行部分营利性的活动。进入21世纪的后结构主义、后资本主义时期，学者对于市场和社会有了新的认识，并提出按照市场 - 非市场和货币化 - 非货币化的超越市场与非市场的划分。[①] 除了学术界之外，西方政府亦强烈希望利用志愿部门和社区部门来帮助实现广泛的社会和经济目标，互助网络日渐成为正式的解决途径之一。尤其在2008年金融危机之后，西方国家积极倡导"责任、互助和义务"，希望利用"大社会"、个人与社会责任来分担政府和市场的经济压力。[②]

[①] Gibson-Graham, J. K., *The End of Capitalism* (*as we knew it*): *A Feminist Critique of Political Economy* (Oxford: Blackwell Publishers, 1996); Williams, C. C., "Cultivating Community Self-help in Deprived Urban Neighborhoods." *City & Community* 4.2 (2005): 171 – 188; Williams, C. C., Re-Thinking the Future of Work: *Directions and Visions* (Macmillan International Higher Education, 2007); Williams, C. C., "Beyond the Market/Non-market Divide: A total Social Organisation of Labour Perspective." *International Journal of Social Economics* 37.6 (2010): 402 – 414; Williams, C. C., "Geographical Variations in the Nature of Community Engagement: A total Social Organization of Labour Approach." *Community Development Journal* 44.2 (2011): 213 – 228; White, R. J., "Explaining Why the Non-commodified Sphere of Mutual Aid is so Pervasive in the Advanced Economies: Some Case Study Evidence from an English City," *International Journal of Sociology and Social Policy* 29.9/10 (2009): 457 – 472; White, R. J., and Williams, C. C., "Re-thinking Monetary Exchange: Some Lessons from England," *Review of Social Economy* 68.3 (2010): 317 –338.

[②] Davis, D., *Recession and the Voluntary Sector*: *A Report for UNISON*. (London: UNISON, 2009); Smith, J. D., "Civic Service in Western Europe." *Nonprofit & Voluntary Sector Quarterly* 33.4 (2004): 64 – 78; Lewis, J., "New Labour's Approach to the Voluntary Sector: Independence and the Meaning of Partnership," *Strength Fracture & Complexity* 4.2 (2005): 121 – 131; Popple, K., and Redmond, M., *Community Development and the Voluntary Sector in the New Millennium*: *The Implications of the Third Way in the UK*, *Community Development Journal* 35.4 (2010): 391 –400.

四 社会工作与医学视角

社会工作、临床医学、精神病学、心理学领域对互助的研究源于对经历重大生命事件、患有身体或心理疾病以及行为偏离者的治疗和共同问题的解决。从20世纪60年代开始，互助小组（self-help groups）在欧美国家就有相当大的增长，[1] 并成为社会组织、公益领域的重要力量。

（一）定义和分类

Katz 和 Bender 将互助小组界定为：由通过互相帮助，满足共同需要、克服某种障碍或生活困难，实现个体或社交变化的一群人组成的，自愿、小型、为达成特殊目的的组织。[2] 这些属性也将互助小组与工会、公司董事会、友谊会等政治经济组织区别开来。目前来看，这些组织主要包括：关注身体和心理治疗（如对神经症、精神分裂症、躁郁症等的治疗）的组织、关注权利维护和社会宣传的组织（如残疾人权利委员会）、创造替代性生活模式的组织（同性恋权利和妇女解放群体）、保护身处生活和社会压力的绝望人群的组织等。[3]

（二）结构和功能

互助小组的优势在于可以通过广泛参与、面对面的互动、任务分工、集体决策、成员学习和改变等，赋予处于不利地位的小组成员以权利和个人责任，通过团结和自主，让成员参与到个人与他人的成长和问题解决之

---

[1] Katz, A. H., and Bender, E. I., *The Strength in Us: Self-help Groups in the Modern World* (New York: New Viewpoints, 1976); Robinson, D., and Henry, S., *Self-help and Health: Mutual Aid for Modern Problems* (Martin Robertson, 1977); Harberden, P. V., and Lafaille, R., *Zelfhulp* (VUGA-Boekerij's gravenhage, 1978).

[2] Katz, A. H., and Bender, E. I., *The Strength in Us: Self-help Groups in the Modern World* (New York: New Viewpoints, 1976).

[3] Katz, A. H., and Bender, E. I., *The Strength in Us: Self-help Groups in the Modern World* (New York: New Viewpoints, 1976); Karabanow, J., "Making Organizations Work: Exploring Characteristics of Anti-oppressive Organizational Structures in Street Youth Shelters," *Journal of Social Work* 4.1 (2004): 47–60; Redman, D., "A Community Engagement Orientation among People with a History of Substance Misuse and Incarceration," *Journal of Social Work* 12.3 (2012): 246–266.

中，促进个体认识的转变，提升自我效能感。①

研究显示，当人们意识到自己与他人的共同关切时，他们更有动力提供互助。② 在小组中，每个小组成员与别人面临类似的人生挑战是被验证的，成员发现他们并不孤单，其他人有与他们相同的经验、感受和反应。这种认识也被称为"同一船现象"③ 或"普遍性原则"④。这就让小组成员自发地产生信任和接纳，容易在通过相互帮助来解决困难方面达成共识。⑤ 其中也存在普遍的利他主义，而不仅仅是利己主义。因为小组成员不仅是接受援助，同时还要无私地提供经验，帮助他人解决问题，给予希望。与此同时，随着同伴问题的解决，个体的责任感、效能感也会得到提高。⑥

（三）与专业服务的关系

尽管在互助小组刚出现的几十年里，诸多文献对互助小组与专业服务的关系的看法并不相同：有的认为互助小组是专业服务的"协助者"，有的认为它是专业服务的成本节约且有效的替代形式，还有学者提出互助小组可能成为现有专业人员和专业援助模式的竞争者。不少研究强调了互助小组相对于传统咨询、个案咨询的优势，认为互助小组通过非正式结构、成员的团结自主取代了专业精英主义，⑦ 或者认为专业化和行政化会对互

---

① Berger, P. L., and Neuhaus, R. J., *To Empower People*, *Mediating Structures Project* (Washington, DC: Am Enterprise Inst, 1977); Levy, L. H., "Self-help Groups: Types and Psychological Processes," *Journal of Applied Behavioral Science* 12.3 (1976): 310-322.
② Mankowski, E. S., Humphreys, K., and Moos, R. H., "Individual and Contextual Predictors of Involvement in Twelve-step Self-help Groups after Substance Abuse Treatment," *American Journal of Community Psychology* 29.4 (2001): 537-563.
③ Shulman, L., *The Skills of Helping Individuals, Families, Groups and Communities* (5th ed) (Belmont CA: Cengage, 2012).
④ Yalom, I., and Leszcz, M., *The Theory and Practice of Group Psychotherapy* (New York: Basic Books, 1995).
⑤ Gitterman, A., "Building Mutual Support in Groups," *Social Work with Groups* 28.3-4 (2006): 91-106; Gitterman, A., and Shulman, L., *Mutual Aid Groups, Vulnerable and Resilient Populations, and the Life Cycle* (Columbia University Press, 2005).
⑥ Yalom, I., and Leszcz, M., *The Theory and Practice of Group Psychotherapy* (New York: Basic Books, 1995).
⑦ Traunstein, D. M., and Steinman, R., "Voluntary Self-help Organizations: An Exploratory Study," *Nonprofit & Voluntary Sector Quarterly* 2.4 (1973): 230-239.

助小组的发展产生严重威胁，① 很多小组没有显示出向有偿的员工和专业人员迈进的迹象等。

但发展到 21 世纪，很多研究不再拘泥于互助小组与专业服务的关系，而是在肯定互助小组的作用的基础上，着重探讨了社会工作者如何让互助更大化地发挥作用。② 例如，一是社会工作者对每一个小组的帮助都是定制的，要满足该组织的具体情况和需要；③ 二是让团队目的明确，并且将共同性转化为具体的操作任务；④ 三是帮助人们组成互助小组，⑤ 建立互助关系；四是帮助维持团体的凝聚力和互助，⑥ 创造环境让成员有意愿、有能力表达他们的失去，传达自己的价值，表达关心和兴趣，提供有用的和感性的建议。⑦

第二节 互助养老的实践与学术探讨

互助养老是在互助基础上发展起来的。经济互助前文已经进行了分析，下面笔者就对国内外的一些互助养老服务形式和社会养老服务的发展

---

① Lusky, R. A., and Ingman, S. R., "The Pros, Cons and Pitfalls of" Self-help "Rehabilitation Programs," *Social Science & Medicine Medical Psychology & Medical Sociology* 13.1 (1979): 113.
② Kacen, L., and Bakshy, I., "Institutional Narratives in the Discourse between Oncology Social Workers and Cancer Patients' Self-help Organization," *Qualitative Health Research* 15.7 (2005): 861.
③ Laudet, A. B. et al., "Predictors of Retention in Dual-focus Self-help Groups," *Community Mental Health Journal* 39.4 (2003): 281-297.
④ Ngai, S. S., Cheung, C. K., and Ngai, N. P., "Building Mutual Aid among Young People with Emotional and Behavioral Problems: The Experiences of Hong Kong Social Workers," *Adolescence* 44.174 (2009): 447.
⑤ Anderson-butcher, D., Khairallah, A. O., and Racebigelow, J., "Mutual Support Groups for Long-term Recipients of TANF," *Social Work* 49.1 (2004): 131.
⑥ Simons, J. S. et al., "A Content Analysis of Personal Strivings: Associations with Substance Use," *Addictive Behaviors* 31.7 (2006): 1224-1230.
⑦ Jagendorf, J., and Malekoff, A., "Groups-on-the-Go: Spontaneously Formed Mutual Aid Groups for Adolescents in Distress," *Social Work with Groups* 22.4 (2000): 15-32; Steiner, C. S., "Grief Support Groups Used by Few-are Bereavement Heeds being Met?" *Journal of Social Work in End-of-life & Palliative Care* 2.1 (2006): 29; Smith, N. G. et al., "Coping Mediates Outcome Following a Randomized Group Intervention for HIV-positive Bereaved Individuals," *Journal of Clinical Psychology* 65.3 (2009): 319-335.

进行系统梳理。

一 国外互助养老的相关研究

20世纪初以来，学术界对互助养老相关领域进行了多种形式的探索和讨论，主要源于三个理论视角（目的）：一是以促进就业和缓解贫困为主要目的建立的社区货币系统（Local Exchange Trading Schemes，简称LETS）；二是从社区建设和志愿服务视角出发的时间银行计划（Time Banks）和互助养老社区（Elder Cohousing Community/Villages）；三是医疗护理中的同辈支持（Peer Support）。

（一）社区货币系统

相较而言，社区货币系统（LETS）寄希望于通过社区虚拟货币交换商品或服务，建立社区贸易网络，成为整个经济系统的组成部分/新的货币体系，达到促进经济社会发展、促进就业、减少社会隔离的目的。[①] 虽然在20世纪90年代得到欧美国家，尤其是英国政府的大力推广，但由于受到服务供不应求、交易层次低、经费短缺、管理人员不足、隐私保护、缺乏信任、收入比较，以及担心因为工作而失去福利等因素限制，[②] 实际规模远小于统计数据的规模，学者们对其的讨论也从优势视角分析逐步向理性分析转变。相关研究显示，到2010年，只有极少数地区的LETS系统持续发展下去。[③]

[①] Lee, R., "Moral Money? LETS and the Social Construction of Local Economic Geographies in Southeast England," *Environment & Planning* 28.8 (1996): 1377–1394; Pacione, M., "Local Exchange Trading Systems as a Response to the Globalisation of Capitalism," *Urban Studies* 34.4 (1997): 415–427; Seyfang, G., "Working for the Fenland Dollar: An Evaluation of Local Exchange Trading Schemes as an Informal Employment Strategy to Tackle Social Exclusion," *Work Employment & Society* 15.3 (2001): 581–593.

[②] Aldridge, T. J., and Patterson, A., "LETS Get Real: Constraints on the Development of Local Exchange Trading Schemes," *Area* 34.4 (2002): 370–381.

[③] Cooper, D., "Time Against Time: Normative Temporalities and the Failure of Community Labor in Local Exchange Trading Schemes," *Time & Society* 22.1 (2013): 31–54. 英国的LETS项目的兴起引发美国在伊萨卡小镇上印发了伊萨卡时间货币（Ithaca hour），收到了很好的效果，但是有研究显示，与庞大的经济系统相比，即使是伊萨卡时间也只是很小的一部分，它的文化和象征意义要比物质价值大。同时，美国的大部分时间货币系统也并没有得到可持续的发展。

（二）时间银行计划

一些地区的 LETS 系统也并非要建立货币系统，而是以社区建设以及为社区居民提供服务为目的而发起的社区互助计划，但以此为目的建设的更为普遍的还是兴起于美国、日本的时间银行计划，比如美国的 Elderplan，日本的 NALC 自愿义工组织等将其称为补充货币的"第二次浪潮"，[①] 欧美、日本、新西兰、中国台湾、阿根廷、以色列等国家或地区也有较好的发展。[②] 时间银行一般采用以服务兑服务的形式，不论服务类型、付出或内含的技能，只要付出一小时服务，就可以换得一小时服务。由于这项计划在小范围内进行，所依据的价值基础包括互助、信任、互惠和平等，并且依托现有社区组织，如医院、学习、教堂或者社会服务机构等，帮助社区弱势群体，即使没有服务互换，政府也可以给予资金支持，[③] 因此被认为更有可能得到持续发展。根据这种互助互惠形式以及养老社区理念，一些居民自治的互助养老社区/村庄也在欧美国家发展起来。[④] 这些互助养老社区面向的是中低收入者，很多是丧偶或无子女老人，相互间的服务包括提供照护、相互支持、社区服务、娱乐活动、创意生活等。[⑤]

（三）同辈支持计划

从医护领域的同辈支持来看，伴随人口预期寿命增加、老年人带残存活年限的增长，以及医疗照护向疾病治疗、健康促进和疾病预防转变，照

[①] Cahn, E. S., *No More Throw-away People: The Co-production Imperative* (Washington DC: Essential Books, 2000); Jacobson, W., MacMaster, P., Thonnings, T., and Cahn, E., "Family Support and Time Dollars: How to Build Community Using Social Capital," *Family Support America* (2000).

[②] Amanatidou, E., Gritzas, G., and Kavoulakos, K. I., "Time Banks, Co-production and Foresight: Intertwined towards an Alternative Future," *Foresight* 17.4 (2015): 308-331.

[③] North, P., "Time Banks-learning the Lessons from LETS?" *Local Economy* 18.3 (2003): 267-270.

[④] Durrett, C. A., *Senior Cohousing Handbook: A Community Approach to Independent Living* (Canada: New Society Publishers, 2009).

[⑤] Glass, A. P., "Aging in a Community of Mutual Support: The Emergence of an Elder Intentional Cohousing Community in the United States," *Journal of Housing for the Elderly* 23.4 (2009): 283-303；熊春文、张彩华：《大学公益性农技推广新模式的探索——以中国农业大学"科技小院"建设为例》，《北京农学院学报》2015 年第 4 期。

护责任更多转移到社区,① 不少学者提出社会关系对于疾病治疗、健康照护等都具有重要意义,同辈支持作为构建社会关系和提供照护服务的重要概念也因此得到重视。世界卫生组织将增强社会关系作为健康促进策略之一,提出应通过互助行为和健康环境,建立健康促进机制,增加社会支持资源。与此同时,不少相关研究也显示,帮助他人,对帮助者的身心健康也有益处,包括可以提高个体的自我控制感、自我效能感、身心愉悦感,提升沟通能力和自信,减少抑郁情绪,也有利于自身疾病的缓解甚至治愈。② Savishinsky 将其描述为一种"完全对等"的利他主义,一个人提供无法回收的时间,收获了其他人的感激,这也是难以用金钱去购买的。③

总结来看,国外互助养老实践时间长久,研究广泛,视角多元,方法多样。一方面,发达国家的互助养老实践有成功经验,也有失败教训,诸多研究对其进行了分析讨论;另一方面,虽然以往研究视角多元,但伴随近年来国际社会和学界大力提倡构建积极老龄化社会和年龄友好型环境,同辈支持与时间银行等互助养老计划在目的和行动上已经有所趋同,很多都是交叉和重合进行,核心理念是不应该将老年人作为社会负担,而应该通过互惠互助网络,创造条件让老年人参与社会,提供服务,以降低公共服务成本,并借此获得身心上的满足与成长。

二 国内互助养老的相关研究

中国自古就有邻里互助的传统。④ 2012 年颁布的《中华人民共和国老年人权益保障法》更是明确提出要"倡导老年人互助服务"。然而相关学术研究开展较晚。目前国内相关研究可以划分为两类观点:一类是将互助养老作为社会养老的一种辅助性实现模式;另一类是将互助养老作为一种

---

① Stewart, M. J., and Tilden, V. P., "The Contributions of Nursing Science to Social Support," *International Journal of Nursing Studies* 32.6 (1995): 535 – 544.
② Krause, N., Herzog, A. R., and Baker, E., "Providing Support to Others and Well-being in Later Life," *Journal of Gerontology: Psychological Sciences* 47.5 (1992): 300 – 311; Schwartz, C. E., and Sendor, M., "Helping Others Helps Oneself: Response Shift Effects in Peer Support," *Social Science & Medicine* 48.11 (1999): 1563 – 1575.
③ Savishinsky, J., "Social/Cultural Anthropology: Animal Rights, Human Rights: Ecology, Economy and Ideology in the Canadian Arctic. George Wenzel," *American Anthropologist* 94, 4 (1992): 943 – 943.
④ 景军、赵芮:《互助养老:来自"爱心时间银行"的启示》,《思想战线》2015 年第 4 期。

与家庭养老、社会养老并列的农村养老新模式或过渡模式。

(一) 社会养老的实现模式

基于发达国家和我国一些城市、发达农村的实践经验，有研究者探讨了互助养老这一新兴的社会养老模式的发展形式，如"时间储蓄""劳务储蓄""银龄互助"等，由低龄老人为高龄老人、健康老人为病残缺乏自理能力的老人提供服务。[1] 这种社会养老服务形式传递了两个重要理念：一是积极老龄化视域下的"互助—自助"养老观念；二是福利多元主义视角下的"社会福利社会化"目的。与此同时，近年来不少学者在对农村养老问题进行分析之后，也提出面对农村传统家庭照护资源的弱化甚至缺位，要重视农村邻里间的互助，开展多种形式的互助养老，充分利用年老返乡人员和留守老人的闲力。[2] 张乃仁提出了农村养老服务的双向耦合机制，认为要促进农村老年人"老有所为"，让老年人不仅作为需方获得养老服务，也可以作为供方提供养老服务，实现老年人的产出能力。[3]

但从实践效果来看，因为面临安全性、可转移性、组织管理、信用保障、服务兑换等问题，绝大多数的中国城市社区互助服务发展效果不好，难以为继。[4]

---

[1] 陈竞：《邻里互助网络与当代日本社会的养老关怀》，《中南民族大学学报》(人文社会科学版) 2008 年第 3 期；马贵侠：《论"时间银行"模式在居家养老中的应用》，《南京理工大学学报》(社会科学版) 2010 年第 6 期；赵怀娟：《"生产性老龄化"的实践与启示》，《安徽师范大学学报》(人文社会科学版) 2010 年第 3 期；侯立平：《美国"自然形成退休社区"养老模式探析》，《人口学刊》2011 年第 2 期；周海旺、沈妍：《老龄化时代城市养老的时间储蓄与公益志愿——以上海为例》，《上海城市管理》2013 年第 1 期；许加明、华学成：《城市社区空巢老人互助养老的参与意愿与互助方式——基于江苏省淮安市的调查与分析》，《现代经济探讨》2015 年第 8 期。

[2] 孙鹃娟：《劳动力迁移过程中的农村留守老人照料问题研究》，《人口学刊》2006 年第 4 期；贺聪志、叶敬忠：《农村劳动力外出务工对留守老人生活照料的影响研究》，《农业经济问题》2010 年第 3 期；石人炳：《我国农村老年照料问题及对策建议——兼论老年照料的基本类型》，《人口学刊》2012 年第 1 期；王晓亚、孙世芳、许月明：《农村居家养老服务的 SWOT 分析及其发展战略选择》，《河北学刊》2014 年第 2 期。

[3] 张乃仁：《农村居家养老中的双向耦合机制》，《郑州大学学报》(哲学社会科学版) 2013 年第 3 期。

[4] 陈功、杜鹏、陈谊：《关于养老"时间储蓄"的问题与思考》，《人口与经济》2001 年第 6 期；陈友华、施旖旎：《时间银行：缘起、问题与前景》，《人文杂志》2015 年第 12 期。

（二）养老新模式或过渡模式

近年来新出现的理论研究对互助养老的界定各不相同，但都倾向于将互助养老视为与家庭养老、社会养老并列的养老新模式或过渡模式。白华将互助式养老界定为一种全新养老模式。① 韩振秋认为互助养老是介于社会化养老和传统家庭养老之间的一种新型养老模式。② 熊茜、李超则提出互助养老是社会养老的补充，农村应发展"以居家养老为基础、互助养老为依托、社会化养老为支撑"的覆盖农村的新型养老模式。③ 杨静慧指出我国无法一步到位地快速完成从家庭养老模式向社会养老模式的转型，力量薄弱的社会养老无法完全补偿家庭养老功能的缺损，并提出互助式养老是养老模式的"第三条道路"。④ 方静文则认为互助养老可以成为家庭养老、社区养老、机构养老这三种主要养老模式之外的第四种新的养老模式，可以成为同社区养老及机构养老并行的辅助养老途径。⑤ 王豪等认为应在家庭养老、机构养老、社会化养老之外，发展互助养老这一特殊的养老模式。⑥

有关互助养老的界定以对实践经验的总结为主。陈欣、黄露等基于城市互助养老服务实践，将互助式养老界定为"在政府的支持引导下，老年人遵循着自愿选择、互助友爱的基本原则，以亲情或友情为纽带，在基层社区实现邻里之间结伴而居，互相帮助与扶持，实现老年人的自我管理与自我服务，以满足老年人的精神情感交流与生活护理等需求的一种全新养老模式"。⑦ 王豪、韩江风将互助养老界定为"生活在同一社区内的老年人，在相关部门的指导和帮扶下，依托社区资源和老年人群体自身的力量，以低龄老年人为高龄老年人服务、身体健康的老年人为患病老年人服

---

① 白华：《互助式养老：破解城镇养老难题的路径选择》，《社会科学家》2016年第6期。
② 韩振秋：《浅析农村养老新模式——"互助养老"的特点》，《理论导刊》2013年第11期。
③ 熊茜、李超：《老龄化背景下农村养老模式向何处去》，《财经科学》2014年第6期。
④ 杨静慧：《互助式养老：转型中的理性选择》，《兰州学刊》2014年第9期；杨静慧：《互助养老模式：特质、价值与建构路径》，《中州学刊》2016年第3期。
⑤ 方静文：《从互助行为到互助养老》，《思想战线》2015年第4期；方静文：《从互助行为到互助养老》，《中南民族大学学报》（人文社会科学版）2016年第5期。
⑥ 王豪、韩江风：《互助养老新模式唱响最美"夕阳红"》，《人民论坛》2017年第12期。
⑦ 陈欣、黄露：《互助式家庭养老——城镇养老的有效模式》，《社会福利》2010年第6期。

务的方式,来提高老年人生活水平的养老模式"。[1]

另外,近年来农村互助养老的研究主要源于农村互助幸福院实践,尤其是取得了较好的养老效果和社会反响的河北省肥乡县前屯村互助幸福院。[2] 不少学者对农村互助幸福院的运行机制进行了深入探讨,分析了其经济社会条件、特点(优势)、问题及对策等,[3] 认为这种"集体建院、集中居住、自我保障、互助服务"的互助养老方式,优点在于"低成本、低门槛、高效率",[4] 是我国新型农村养老模式的重要依托,[5] 可以较好地缓解我国的农村养老压力。[6] 基于此,韩振秋总结为:在由村集体出资修建、供老人免费集中居住的幸福院,所发生的基本费用(吃、穿、就医等)由子女或者本人负责,管理模式采取"自我管理、互助服务",让相对年轻的老人照顾年纪大的,身体好的帮助身体弱的,共同起居生活。[7]

当然,杨静慧、方静文、王豪等学者的研究已经关注到互助养老除解决老年人生活照护和精神慰藉的养老问题以外的重要意义:在积极老龄化的政策框架下,发挥老年人的能动性,充分地活化退休人力资源,让老年人主动参与社会和构建社会网络,在解决其晚年生活的过程中扮演积极、重要的社会角色。尤其是杨静慧系统分析了我国家庭养老弱化、亟须向社会养老转型以及未富先老的基本国情,提出互助式养老的养老成本低、综合效益优,可以为破解转型困境指明理性的选择方向。[8] 其中的很多观点都与笔者不谋而合。

三 农村社会养老的其他研究

老年人的社会养老网络包括亲属、邻居、朋友、政府、社区(村集

---

[1] 王豪、韩江风:《互助养老新模式唱响最美"夕阳红"》,《人民论坛》2017年第12期。
[2] 高辰辰:《家庭养老向社会养老转变的过渡模式》,《河北学刊》2015年第5期。
[3] 赵志强、杨青:《制度嵌入性视角下的农村互助养老模式》,《农村经济》2013年第1期;熊茜、李超:《老龄化背景下农村养老模式向何处去》,《财经科学》2014年第6期。
[4] 高辰辰:《家庭养老向社会养老转变的过渡模式》,《河北学刊》2015年第5期。
[5] 韩振秋:《浅析农村养老新模式——"互助养老"的特点》,《理论导刊》2013年第11期;熊茜、李超:《老龄化背景下农村养老模式向何处去》,《财经科学》2014年第6期;金华宝:《农村社区互助养老的发展瓶颈与完善路径》,《探索》2014年第6期;马昕:《农村互助养老模式研究》,硕士学位论文,河北大学,2014。
[6] 金华宝:《农村社区互助养老的发展瓶颈与完善路径》,《探索》2014年第6期。
[7] 韩振秋:《浅析农村养老新模式——"互助养老"的特点》,《理论导刊》2013年第11期。
[8] 杨静慧:《互助式养老:转型中的理性选择》,《兰州学刊》2014年第9期。

体)、企业、非营利组织、志愿组织、养老机构等。本书从非正式养老网络(亲属、朋友、邻里)和正式养老服务(有组织、收费的养老服务)两个方面对国内外农村社会养老进行梳理。

(一) 非正式养老网络

亲属、朋友、邻里是除配偶和子女等主要家庭成员以外的重要照护资源,但受文化等因素影响,中西方国家的老年人亲属、朋友、邻里在其照护中的作用和排序存在一定的差别。

1. 西方特点

西方国家老年人有着广泛的非正式网络,除主要家庭成员外,其他非正式资源在老年人日常生活中发挥了重要作用,[1] 这些非正式资源包括其他亲属、教会网络以及朋友和邻居等。而与城市相比,亲属、朋友、邻里在农村老年人的养老网络中发挥的作用显著更大。[2]

朋友、邻里对老年人提供的日常帮助要多于亲属。个人网络中大多数亲密和保持活力的关系是朋友和邻里,亲属只是在老年人应对突发事件或面临危机时作用更大。[3] 地理距离是影响亲属提供帮助的重要因素。亲属距离较远、子女不在身边的老年人往往会发展与居住距离较近的朋友、邻里的亲密关系,以进行日常生活中的互惠互助。[4]

虽然朋友、邻里在西方国家老年人的养老网络中充当了重要角色,但它的内容仍以短期的互助和情感慰藉为主。[5] 究其原因,有研究认为是互惠原则——老年人在自己可能没有机会偿还帮助时,不愿给邻里和朋友增

---

[1] Kivett, V. R., *Aging in Rural Society: Non-kin Community Relations and Participation Elderly in Rural Society: Every Fourth Elder* (New York: Springer Pub. Co, 1985).

[2] Stoller, E. P., and Pugliesi, K. L., "Informal Networks of Community-based Elderly Changes in Composition Over Time," *Res Aging* 10.4 (1988): 499 – 516.

[3] Coe, R. M., Wolinsky, F. D., and Miller, D. K. et al, "Social Network Relationships and Use of Physician Services: An Reexamination". *Research on Aging* 6.2 (1984): 243 – 256.

[4] Silverstein, M., Burholt, V., and Wenger, G. C. et al., "Parent-child Relations among Very Old Parents in Wales and the USA: A Test of Modernization Theory," *Journal of Aging Studies* 12.4 (1998): 387 – 409.

[5] Cicirelli, V. G., *Helping Elderly Parents: The Role of Adult Children* (Boston: Auburn House, 1988); Stoller, E. P., and Pugliesi, K. L., "Informal Networks of Community-based Elderly: Changes in Composition Over Time," *Reasearch on Aging* 10.4 (1988): 499 – 516.

加负担。[①]

2. 中国特点

与西方老年人范围较广的非正式支持网络不同,中国深受传统儒家文化影响,老年人非正式网络的核心是紧密的亲子关系。中国的村落文化中虽然也有守望相助的传统习俗,但情感、家庭(配偶和子女)和传统文化仍是决定老年人照护资源的最主要因素,朋友、邻里给予的支持无论在日常帮助方面还是情感慰藉方面都较为微弱。

对于中西方老年人照护资源的差别,学者一般从中国传统的文化习俗和观念角度来解释。一是根据费孝通先生的差序格局理论,乡土社会的人际关系就像"一块石头丢进水中所发生的一圈圈推出去的波纹,愈推愈远,也愈推愈薄"。[②] 人们办事、求人都依关系远近、人情薄厚来衡量,朋友、邻里是个人社会网络中最为疏离的部分,因此也是最不会求助的部分。二是中国人讲究"面子","关系、人情和面子是理解中国社会结构的关键性的社会—文化概念"。[③] "养儿防老""家务事""父慈子孝"等观念已经内化为社区成员交往与互动的准则和日常行为的规范。老年人"要面子",即使子女不愿照顾自己,也认为家丑不可外扬;邻里、朋友"给面子",睁一只眼闭一只眼,不愿多管闲事。[④]

(二) 正式养老服务

虽然与中国相比,西方国家建立了较为完备的社会养老服务体系,但就农村地区而言,中西方国家老年人的服务使用率都比较低,这也与服务质量相对不高相辅相成。主要原因有以下两个。一是农村地区社会照护服务和卫生保健服务可得性低。农村地广人稀、人口居住分散、道路交通不

[①] Jonas, K., and Wellin, E., "Dependency and Reciprocity: Home Health Aid in an Elderly Population," in Fry, C., *Aging in Culture and Society* (New York: Praeger, 1980).
[②] 费孝通:《社会学的探索》,天津人民出版社,1985。
[③] 金耀基:《中国社会与文化》,牛津大学出版社,1992;傅铿:《文化:人类的镜子——西方文化理论导引》,上海人民出版社,1990。
[④] 丁志宏:《我国高龄老人照料资源分布及照料满足感研究》,《人口研究》2011年第5期;贺聪志、叶敬忠:《农村劳动力外出务工对留守老人生活照料的影响研究》,《农业经济问题》2010年第3期。

够发达、① 专业技术人员不足、资金限制,② 这些因素均是阻碍西方国家农村社会照护服务进一步发展的重要原因。二是农村老年人受传统价值观念(包括自力更生、个人主义等)影响更大。农村老年人认为接受了社会照护服务是家庭没有承担照护责任的象征,③ 他们对政府提供的服务也存在整体的不信任感。④ 因此,即使在社会照护服务可获得的情况下,农村生活不能自理老年人也会首先求助于家庭成员。⑤

对于如何解决农村老年人对社会照护服务使用率较低的问题,存在两种着眼点不同的重要观点:一种观点认为如果农村老年人更倾向于家庭照护,那么农村社会照护服务的任务可能是建立家庭支持和教育系统,帮助家庭成员合理有效应对他们的养老责任,⑥ 同时将服务对象聚焦于那些缺乏家庭照护的老人;另一种观点则认为家庭成员、朋友邻里等非正式照护有着明显的缺点,即可能面临中断和不确定性,农村老年人的倾向不能作为不提高农村社会照护服务水平的理由。

对于如何增加农村社会养老服务的供给,一些研究提出不同参与主体(政府、市场、非营利性组织、家庭、社区)既要发挥各自不同功能,又要互相协调,形成合力。⑦ 如刘峰、姚兆余、皇甫小雷认为需明确政府、市场与社会组织的角色定位,强化政府责任,加大公共财政对农村养老服务的支

---

① 伍小兰:《中国农村老年人口照料现状分析》,《人口学刊》2009 年第 6 期。
② Coburn, A. F., "Rural Long-term Care: What do We Need to Know to Improve Policy and Programs?", *Journal of Rural Health Official Journal of the American Rural Health Association & the National Rural Health Care Association* 18.15 (2002): 256 – 269.
③ Morgan, D. G., Semchuk, K. M., and Stewart, N. J. et al., "Rural Families Caring for a Relative with Dementia: Barriers to Use of Formal Services," *Social Science & Medicine* 55.7 (2002): 1129 – 1142.
④ Rowles, G. D., Beaulieu, J. E., and Myers, W. W., *Long-term Care for the Rural Elderly: New Directions in Services, Research, and Policy* (Springer Publishing, 1996).
⑤ Krout, J. A., "The Aged in Rural America," *Praeger* 62.1 (1988): 178 – 179.
⑥ Coward, R. T., and Mullens, R. A., "Residential Differences in the Composition of the Helping Networks of Impaired Elders," *Family Relations* 39.1 (1990): 44 – 50;石人炳、宋涛:《应对农村老年人照料危机——从"家庭支持"到"支持家庭"》,《湖北大学学报》(哲学社会科学版) 2013 年第 4 期。
⑦ 肖伊雪、陈静:《我国养老服务社会化的多元主体责任分析》,《法制与社会》2011 年第 22 期;刘益梅:《人口老龄化背景下社会化养老服务体系的探讨》,《广西社会科学》2011 年第 7 期。

持力度;① 康建英认为应适当放松政府管理权限,争取规范的社会资源;②钱春慧认为应发挥村集体的组织和协调能力,拿出部分村集体企业收入作为本村养老资金等。③

第三节 对互助与互助养老研究的述评

中国特色互助养老源自和立足的是中国传统的非正式互助网络、组织与保障,这是中西方互助养老概念、定位等不同的根源所在。总结中西方互助社会(西方后来称之为"市民社会或公民社会")的发展史可以发现,与西方互助所代表的社会分立制衡于国家、市场不同,中国传统的以宗族为代表的非正式互助组织恰是国家进行基层治理的组织形式和主要支撑。④而正是以集体主义为价值指导,国家推动下的农村互助组织,以及传统农村非正式互助保障的历史沿革,使互助养老与家庭养老一道构建基础性而非辅助性的农村社会养老服务保障网络成为可能,这是农村社会养老发展的中国道路和中国模式。

一 中西方的社会互助与互助组织发展的时间逻辑

然而,根据前文的分析,中西方的互助实践存在较大差别。西方国家的社会互助和互助组织发展的时间顺序是社会互助和互助组织广泛兴起和发展—国家保障逐步完善—社会互助和互助组织成为补充—政府福利压力之下重新受到重视。这一过程经历了200~300年,与工业革命、从农业社会向工业社会变迁所带来的社会变革密切相关。随着18、19世纪工业革命的发展,工人阶级的贫困状况加剧,国家福利制度尚未建立,他们就通过自助-互助的形式,组织资金支付与疾病、残疾和老年等社会风险有关的费用,农民、渔

---

① 刘峰:《农村养老保障服务体系建设的困境与突围》,《湖南社会科学》2013年第1期;姚兆余:《农村社会养老服务:模式、机制与发展路径——基于江苏地区的调查》,《甘肃社会科学》2014年第1期;皇甫小雷:《新型城镇化对农村养老的影响及其对策——以河南省为例》,《中州学刊》2015年第11期。
② 康建英:《农村留守老人社区照料模式构建及可行性研究》,《西北人口》2012年第3期。
③ 钱春慧:《浅析当前我国农村新型养老模式的构建》,《传承》2010年第15期。
④ 宗族是有着政治、经济、社会等多方面功能的非正式互助组织,因其血缘基础和动力,故其比西方的正式互助组织更牢固普遍地存在于中国乡土社会之中。

民等其他专业群体也以类似的方式集中储蓄，风险共担，防范财产风险（如火灾、事故、恶劣天气等），同时组织活动，自我服务。前文所述的友谊会、兄弟会、行会等互助组织（也包括相互保险公司）正是基于此而广泛兴起并且蓬勃发展的。在19世纪，大多数西方国家制定了相关法律来规范互助组织的建立和运作。直到20世纪初，国家全面卷入社会保障事业，互助组织才逐步弱化，或成为国家保障体系的一部分，或成为志愿部门和社会企业部门的补充，建立社区互助网络。但伴随20世纪70年代以来的福利国家危机，西方国家面临人口老龄化、经济退步，政府重新开始积极倡导"责任、互助和义务"，希望利用"大社会"、个人与社会责任来分担政府和市场的经济压力。

而在西方国家社会互助和互助组织广泛发展的时期，我国以宗族互助为主。1840年鸦片战争以前，我国一直是以小农业和家庭手工业相结合的自给自足的自然经济，家国同构的宗族在社会保障中发挥重要作用。随后中国沦为半殖民地半封建社会，工人阶级所占比例非常小，在历次战争炮火之下，以职业划分、工人为主的社会互助和互助组织并没有发展起来。新中国成立以后，我国自上而下建立了村党组织和村民自治组织——行政型互助组织，经过几十年的发展，由政府主导的覆盖城乡居民的行政治理体系和社会保障体系基本建立。但受经济发展水平和工作重心的影响，社会治理体系、中的社会价值（信任）体系、社会组织体系和社会服务（福利经济）体系是没有被大力推动建立的。故相较而言，自改革开放以来，中国作为发展中的社会主义国家，一直以举国体制优势大力发展市场部门和市场经济，对社会部门和社会经济的重视不足。

据此，国家行政治理体系和国家保障体系要进一步发展，就要与社会主义国家的优势相结合，重新定位、认识和发展社会价值体系、社会组织体系和社会服务体系，以及互助经济/经济互助、互助服务/服务互助和互助文化/文化互助。

二 中西方、中国城乡互助养老的比较与定位

（一）中西方比较

中西方社会互助和互助组织发展的时间逻辑不同，与中西方社会的传统文化和政治制度密切相关。因此，虽然面对前述国情，社会互助、互助

组织和互助养老需要在中国发展起来,但中国作为发展中的社会主义国家,必须探索与我国国情相符的具有中国特色的社会互助道路。其发展方式和定位与西方国家存在很大不同。互助组织作为社会组织(社会企业)的基础部分,应明确党的领导地位,尤其在具有公共产品属性的养老服务市场,国有企业、社区、村委会及行政领导下的社会组织都应发挥重要作用。

作为互助的重要实践形式,互助型社会养老也需要寻找和探索中国道路。通过前述文献梳理,目前国内对互助养老的定位主要分为两种:一是认为它是一种养老新模式或过渡模式;二是认为它是社会养老的补充实现形式。笔者认为,这两种定位都不十分恰当和明晰。

首先,简单地将互助养老看作一种养老模式并不恰当。作为两种重要的养老模式,家庭养老和社会养老的划分依据是养老资源的提供者,这些养老资源包括经济的或物质的资源、照护资源和精神资源。[①] 而互助养老意味着经济资源、照护资源和精神资源的提供者是其他(准)老年人,这是社会养老的实现形式之一,而非与家庭养老和社会养老并列的养老模式。[②] 从现有实践来看,农村互助幸福院的推动效果不佳。

其次,国内不少研究虽然认为互助养老是社会养老的实现形式,但对其在中国社会养老发展中的定位不甚合理。大部分研究还是认为这种社会养老形式是辅助性的或者补充性的。这主要是延续了发达国家的思维方式。发达国家的社会养老服务体系专业、规范、完善,互助养老虽然发展较早、形式多样,但只是养老服务体系中的补充部分,在很大程度上是为促进社区建设、社区融合以及积极老龄化和健康老龄化的实践。然而,需要注意的是,中国与发达国家的现实国情不同。发达国家是伴随城镇化和工业化进入人口老龄化社会的,人均国民生产总值在 10000 美元以上。我国属于未富先老,制度安排、人力、财力都限制了社会养老服务的发展,大多数老年人也没有足够的经济能力购买专业化的养老服务。

[①] 穆光宗:《中国传统养老方式的变革和展望》,《中国人民大学学报》2000 年第 5 期。
[②] 笔者对互助型社会养老研究深入的过程实际也是对互助型社会养老概念不断修正的过程。笔者于 2017 年 1 月在《人口与经济》上发表的《欠发达地区农村互助型社会养老服务的发展》一文中,仅探讨了互助型社会养老服务的概念,认为其只包括照护资源和精神资源的互助。而伴随笔者对互助研究的深入,发现互助型社会养老的概念可以更加广泛,也包括经济的或物质的资源的互助。故这里特此说明。

因此，笔者认为，虽然互助型社会养老在中国起步晚、发展相对缓慢，但这种充分利用老年人力资源、节约成本的社会养老方式在中国现实国情下有更广阔的发展空间。我国政府和学界应清晰地认识到具有中国特色社会主义的互助养老并非养老新模式或过渡模式，也非辅助性、补充性的社会养老形式，而是中国目前以及未来相当长一段时间社会养老发展的现实选择和主要形式，与互助型社会组织一样，是基础性的。这一应对人口老龄化的中国方案、中国道路也是亟须得到理论探讨和实践推广的。[①]

（二）城乡比较

从城乡比较来看，城市经济发展水平相对更高，资本容易进入，市场上可选择的专业社会养老服务相对更多，但人口流动性强，业缘、利益至上，人情不足。而农村传统家庭照料弱化以及激增的老年人无人照料难题急需社会养老进行补充。农村的经济发展水平决定了人力资源和财力资源的匮乏，但血缘、地缘、自治传统优势又为互助服务开展提供了便利。自古以来，农村就存在守望相助的文化传统和广泛的互助圈子，这个圈子扎根于地方社会关系网络，包括族-堂亲、姻亲圈子、朋友圈子。国外研究和实践也证实，与大城市和经济发达的中心地区相比，互助服务在一个小的范围内/货币匮乏区域，比如小城镇和农村社区更有发展空间，而中心地区或城市居民的货币观念浓厚，对互助服务兴趣不强。[②] 因此，互助型社会养老率先在农村发展起来更具优势和紧迫性。

---

① 城市发展互助型社会养老同样具有必要性和可行性，而且城市的发展形式可能与农村不同，会更多地与市场、专业化、标准化等相结合，这也是需要我们未来继续进行理论探讨和实践总结的。
② North, P., "Time Banks-learning the Lessons from LETS?", *Local Economy* 18.3 (2003): 267–270.

第三章 机制：中国农村互助型社会养老系统的建立

在对互助-互助养老的以往研究与实践进行系统梳理、概念辨析的基础上，本书提出互助型社会养老这一概念，并认为互助型社会养老是与中国农村传统家庭养老弱化以及激增的老年人福祉需求相适应，与中国农村的传统乡土本色和现代转型相协调，是从中国现实国情和实际出发，在地方实践探索和制度创新中总结得到的低成本发展农村社会养老的中国经验和中国模式。借助社会系统理论和社会资本理论，本书初步从村庄角度，构建了由各自独立又互融互通的四大内部系统和外部环境组成的农村互助型社会养老系统，并提出农村老年人互助需求和互助状况的影响机制分析框架与研究假设。

第一节 互助与互助养老的概念群

互助并不是一个简单的概念，而是一个概念群。它包括微观层面的互助精神-互助行为、中观层面的互助网络-互助组织和宏观层面的互助经济-互助文化-互助社会。互助养老主要属于微观和中观层次的概念，这也是本书的讨论重点。从个体的互助行为和互助精神角度来看，属于微观层次；从互助养老模式的互助网络和互助组织角度来看，属于中观层次。当然，当互助和互助养老成为社会的主流文化和主流养老方式时，互助养老也就变为宏观层次的互助型社会养老服务保障体系，与互助经济、互助文化以及互助型老龄社会相匹配。为与以往文献中所述的农村互助养老模式相区别，笔者采用"互助型社会养老"这一概念，并对这一概念进行详细辨析（其中互助型社会养老的界定属于中观层次）。

一 互助

根据前文的文献综述可以发现，互助是一个广泛的概念，在哲学、经济、社会、文化等多个领域都有其身影，然而，目前学界对互助的关注仍相对较小，缺乏系统全面的研究与界定。研究互助型社会养老，首先要把握互助这个概念本身的内涵和外延，故本书尝试分别从微观、中观、宏观三个层面，对互助概念进行辨析：一是微观层面的互助精神－互助行为；二是中观层面的互助网络－互助组织；三是宏观层面的互助经济－互助文化－互助社会（见图3－1）。

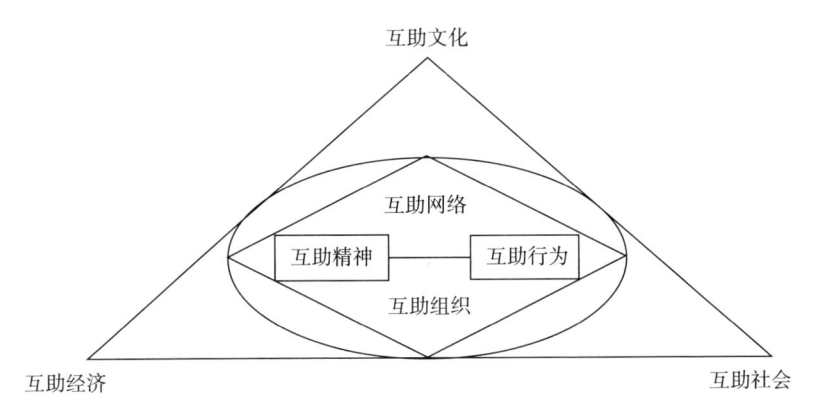

图3－1 互助概念群示意

（一）互助的内涵

1. 互助精神和互助文化

从哲学角度来看，基于长期以来关于"人本善""人本恶"以及"互争""互助"的争论，"物竞天择，适者生存"的利己主义观点对应的应该是"互惠"或者"互利"，而"互助"对应的是利他主义。从生理学角度来看，人本身即有利他主义和利己主义之分，有的人因利他而身心愉悦，有的人则因利己而获成功之喜悦。当然，即使是利他主义的出发点，所产生的效果也可能是对自己有利的。因此，互助行为可能更接近于一种亲社会行为，而非单纯地利己或利他。

但笔者认为，进入现代社会，互助不仅是一种自然进化的过程，也不仅是一种互助互利的现实选择，还是与志愿精神相结合的美好倡导。互助是高层次人类生活的引领。在人类道德的进步中，起主导作用的是互助而非互争。互助是比单纯的公平、正义、平等这些观念更为优越的原则，更能导致幸福。① 在未来冰冷的信息技术高度发达、人际交往日益淡漠的老龄社会，弘扬和研究利他主义的互助精神和互助文化远比探究个体私欲、竞争性、自行其是性，更有价值和实际意义。笔者认为这种互助互援、淳朴帮助的精神，与诚信体系建设、孝文化、善文化相辅相成，是能够净化心灵、净化社会的文化。故互助精神就是个体的互相帮助和利他主义精神。由此，宏观层面的互助文化就是人们之间因为信任、情感、组织、教化而逐渐形成一些互助活动的规范。同时这些互助活动在规范中是被肯定、颂扬和传承的。

在现代农村社会，应以社会互助补充孝道供养在传统乡村文化中的主导地位，让二者共同成为新时代乡村文化的新主导。根据第二章的文献述评，在传统的乡土社会，互助文化是一种守望相助和互助圈子文化，在曾经的艰苦环境中，村民基于某种效用或共同利益，构建出互助网络和机构，发展出来互惠型劳动或情谊交换，以使个体或家庭生活免于陷入危机。这种互助体现的不是单纯的"道德经济"，而是互为反馈和竞争的体系。而在传统乡土文化受市场化、现代化因素冲击，人们的经济条件、生活水平、思想观念发生改变之后，这种互助文化部分转变为纯市场化（个人主义）和纯志愿化（利他主义）。因此，笔者认为，现代乡村的互助文化也是一种传统文化的现代转变，是融合了传统互惠型劳动或情谊交换以及现代利他主义思想（志愿精神）的文化。

2. 互助行为和互助网络/组织

克鲁泡特金在《互助论：进化的一个要素》中提出，与竞争相比，互助才是生物界的普遍特征，是自然法则和进化的要素。互助感情和互助本能可以追溯到动物世界的最低级阶段，如蚂蚁、蜜蜂、大猩猩等动物之间都存在互助合作。进化到人类阶段，他认为"在人类的天性中，生来就具有合群以及互相帮助和支援的需要"。② 根据这一论述，互助的本源属性包

---

① 虽然克鲁泡特金是无政府主义者，但他的互助观点是非常值得学习的。在中国特色社会主义国家体制之下，使用互助概念群并大力推广之，无论在文化、市场、社会层面，对增强个体主动性和奉献意识，减少代际摩擦，共同应对风险均具有重大意义。
② 克鲁泡特金：《互助论：进化的一个要素》，商务印书馆，2009。

括：一是情感，二是需要，也即为个体与个体之间因情感和需要而进行的相互帮助。延伸来讲，人类的互助行为既是一种本能，也是一种需要，人们通过生活、生产、金融（资金、服务）等内含经济意义的互相帮助以共同应对困难环境，并在这一过程中满足交往和精神上的需要。

作为一种本能性的情感和需要，互助存在于人们的日常交往之中，可以说，在现实生活中，每个人都有一个或大或小的非正式互助网络。但是，要让个体之间的非正式的互助变为一种规范、有序、可持续的正式行为，就需要建立机制和制度，进行规范的组织和管理。20世纪90年代及以前的不少农村互助研究都是从中观层次对互助进行概念界定，但主要进行的是非正式互助网络的界定。如费孝通认为互助是在艰苦环境中，人们基于某种效用或共同利益，构建出的使个体或家庭生活免于陷入危机的互助网络和机构。[①] 王铭铭提出传统民间互助只限于一定的成员互相承认大家共同的"历史社会经验"的社会圈子（血亲、姻亲、朋友），这种互助关系内含信用与信任。但是，进入现代社会，伴随宗族等传统势力解体，道德伦理的约束力降低，市场要素进入农村，人们对内生的非正式互助网络的信任度降低，一些人情伦理指导下的复杂低效的互助互利逐步被市场规则指导下的简单高效的公平交易取代。未来农村要建立现代互助组织，需要建立法律法规、市场规则、外生信用，由正式组织负责进行组织化管理和企业化运营，同时提高资金、管理、评估的统筹层次，达到更加有效管理和可持续进行的目的。这是从传统小农经济向现代市场经济转型的结果。[②] 故本研究认为，互助组织是由一群在经济、社会等方面相互帮助的个体成员组成的，通过组织化管理、企业化运营达到满足成员需求和可持续发展目的的非营利性质的组织形式。

3. 互助经济

从经济学角度来看，互助经济在西方国家也被称为社会经济或者非正式经济（informal economy），是出于某种效用或者共担风险的目的。国内有限的探讨主要针对金融/保险类的互助保险社、互助保险公司或者法定社会保险等，很少关注到互助经济的市场价值。

目前基于互联网经济，国内探讨比较多的是类似概念——共享经济。

---

① 费孝通，《社会学的探索》，天津人民出版社，1985。
② 王铭铭：《村落视野中的文化与权力》，生活·读书·新知三联书店，1997。

笔者认为，互助经济应该是共享经济的升级版或人文版。共享经济利用的是互联网技术平台，关注的是共享结果，其思维方式是客户至上的利己主义。而互助经济同样要部分借助互联网技术平台，但技术不是全部，连接互助的可以是网络互动，也可以是面对面的互动。互助经济除关注收获互助效用的结果之外，同样关注个体在互助共享过程中的利他主义的体现，以及自己所收获的精神上的满足感。故借鉴国内对于共享经济的界定，笔者将互助经济界定为个人/组织将自己的闲置资源使用起来，帮助他人/其他组织，在此过程中互相帮助、共担风险，并由此产生价值，收获物质的回报和精神的满足感。从狭义的角度来看，互助经济指以互助保险为代表的互助金融；从广义的角度来看，互助经济包括一切让渡了自己的闲置资源，帮助他人/组织，并在此中获益的经济形式。

基于以上分析，笔者再次强调，西方学者一般认为互助社会是志愿部门或者社区部门，但笔者认为中国的文化传统、政治特色和历史进程都与西方截然不同，中国特色社会主义的互助社会不应是与政府、市场分立的辅助部门，而应该是在政府领导下的政府、企业与社会力量合作交叉的新型社会形态。这也应该是中国向世界提供的积极应对人口老龄化和后现代社会风险、构建现代社会论理体系的中国方案、中国道路。

（二）互助的外延

对于互助的外延，本书主要从行为主体、互助内容、表现形式、目的与结果等几个方面进行辨析，如图 3-2 所示。

行为主体是行使行为的自然人、法人、组织等。互助不仅发生在个体之间，企业/组织和地区/国家之间也存在广泛的互助。比如我国的京津冀、长三角、珠三角等城市群的协同合作，东中西部地区的产业转移，以及我国的援助与发展策略等都是互助的一种。

互助内容包括经济/物质上的互助、服务/生活上的互助以及精神/文化上的互助。当然，虽然有以上互助内容，但互助的表现形式并不一定是直接的，也有可能是间接的，比如农业合作化运动期间的互助小组等初级形式，以及在消费、流通、金融领域开办的供销合作社等高级形式；[①] 比

---

① 俞小和：《调整与变迁：淮北抗日根据地的互助合作运动》，《安徽史学》2013 年第 4 期。

如损失在会员之间直接分摊的互助保险社，损失在会员之间间接分摊的相互保险公司/协会，以及损失在各协会之间分摊的互助保险集团；比如法定社会保险等。①

互助的表现形式不一定是横向的，也包括纵向的。比如个体为自己的养老储蓄保险，就是纵向的互助表现。

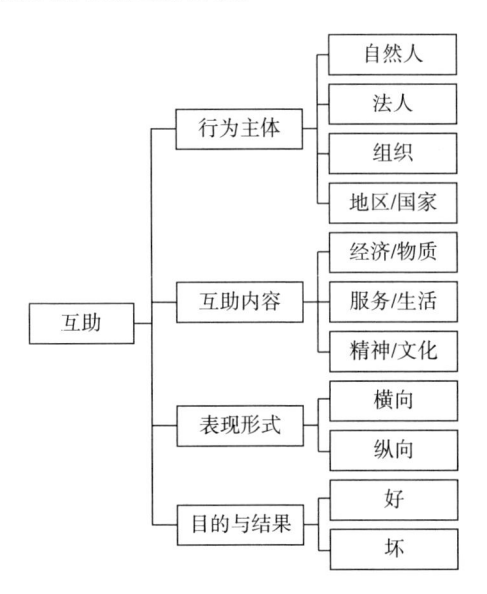

```
           ┌─行为主体─┬─自然人
           │         ├─法人
           │         ├─组织
           │         └─地区/国家
           │
           ├─互助内容─┬─经济/物质
   互助────┤         ├─服务/生活
           │         └─精神/文化
           │
           ├─表现形式─┬─横向
           │         └─纵向
           │
           └─目的与结果─┬─好
                       └─坏
```

图 3-2　互助的外延示意

虽然互助是亲社会行为，但互助的目的不一定是好的，也可能是坏的，互助的结果不一定成功，也有可能失败。如临床医学中使用的互助疗法，其治疗结果不一定完全成功，某个体或组织对其他个体或组织的帮助，也可能会导致受助方的过度依赖，反而不利于受助方的成长与进步。因此，互助既讲究精神、行动，也需要合适的方法和平台。

二　互助型社会养老

依据互助的概念群划分，互助养老亦包括微观-中观-宏观的概念群，受数据和案例的限制，本书主要从微观（个体之间的互助行为）和中观（互助网络和互助组织）角度对互助养老进行分析，概念界定则处于中

---

① 郭雷楠、关正义：《论船东互助保赔制度中的互助原则》，《法学杂志》2017年第5期。

观层面。同时，为与以往文献中所述的农村互助养老模式相区别，本书采用"互助型社会养老"这一概念。

（一）互助型社会养老的内涵

对于互助型社会养老这一概念，本书首先做出以下几点说明：一是互助是一种理念和方式，互助型社会养老是社会养老的实现方式，是对家庭养老的补充，而非独立于家庭养老和社会养老之外的全新模式或过渡模式。二是农村互助型社会养老是对家庭养老的重要补充，应当将其看作一个涉及多个领域、多个层次、多个方面的基础性的社会支持系统，只有这个系统有效运转，互助型社会养老的可持续发展才成为可能。故组织是根本。三是互助型社会养老的核心不是简单的硬件设施建设，而是要充分利用以老年人为主的各类人力资源，低成本地相互帮助、提供服务，①推动（准）老年人之间的"自助－互助"，换言之，服务是主线。四是互助型社会养老的重点在于互助，互助的本质是经济互助，并非简单提供服务或直接帮助。五是中国的互助并不等同于公益或者慈善，它扎根于农村传统的亲邻互助网络，兼具效用和美德，有可以获得有价回报的期待。六是中国仍存在较大的不平衡、不充分的矛盾，西方高水平的福利保障体系与互助养老的第三部门、辅助地位不完全适合中国，互助型社会养老应当是中国社会养老的基础形式（从服务层面来看，除纯专业化的医护服务之外的其他各类社会养老服务基本都可以通过互助服务解决），是未来很长一段时间中国低成本积极应对人口老龄化的现实选择，城乡只是存在发展策略及水平上的差别。

据此，本研究将互助型社会养老界定为：立足中国传统非正式互助，融合志愿服务精神，调动政府、社会、企业等多方资源，依托亲朋邻里、志愿者等互助网络，通过正式化、规则化逐步走向组织化管理、混合化运营，为老年人提供低成本的食、住、精神慰藉和生活照护等，推动构建由小及大的和谐稳定社会共同体的社会养老服务模式。

农村互助型社会养老是在实践中创新发展的具有中国特色的新型农村社

---

① 互助型社会养老与老年人购买高水平、专业化、市场化的文娱、照护服务并不冲突，这只是为大多数农村购买能力相对不足的老年人提供的相对低水平的服务和帮助的一种选择。

会养老服务形式（微观）、模式（中观）、共同体和保障体系（宏观）。农村互助型社会养老的中国特色主要体现在：一是与中国特色社会主义乡村振兴道路相契合；二是与中国农村传统家庭养老弱化以及激增的老年人福祉需求相适应；三是与中国农村的传统乡土本色和现代转型相协调；四是中国农村互助型社会养老是在借鉴国外和城市先进经验的基础上，从中国现实国情和实际出发，在地方实践探索和制度创新中总结得到的中国经验和中国模式。它是新时代中国特色社会主义乡村振兴道路的重要理论和实践组成。

（二）互助型社会养老的类型

互助型社会养老既是社会养老的一种实现方式，也是中国农村民间互助的更新和转型。从社会养老的角度来看，互助型社会养老的内容包括资金互助、服务互助（生活照护）、文化互助（精神慰藉）三个方面，按照互助的场所，又可以划分为居家互助、社区互助和机构互助。从农村互助传统的角度来看，一是在农村经济条件相对匮乏的情况下，不能脱离经济互助谈互助养老，也不能脱离回报谈村民之间的互助；二是农村传统互助的社会圈子里包含的人情、报恩等是对农村老年人的重要精神慰藉；三是与传统的非正式互助相比，互助型社会养老的目的性更强，在不平等交换、非正式互助衰落等因素影响下，需要将非正式互助网络重新组织起来发挥效用。

因而，本书主要从三个角度对互助型社会养老进行类型划分：一是根据互助内容划分为资金互助、服务互助和文化互助；二是根据互助网络的性质，划分为非正式互助（如家庭互助）和正式互助；三是根据社会养老服务的提供场所，划分为社区居家互助、机构互助（见图3-3）。

从互助内容来看，资金互助狭义上是指老年人朋辈和代际经济上的互相帮助，广义上也包括互助金融、相互保险、合作社经济、政府和村集体资金支持、社会捐赠、村级互助资金等。[①] 服务互助主要指老年人朋辈和代际日常生活上的互相扶助，以及健康老人对失能/半失能老年人的生活照护。文化互助主要指老年人朋辈和代际日常交往、文化娱乐活动等。

从互助网络的性质来看，可以划分为非正式互助（如家庭互助）和正式互助。非正式互助指亲属、朋友、邻里之间的互助。广义的家庭互助指

---

① 受笔者的调研所限，本书对狭义的经济互助讨论不多，但对广义的经济互助有所涉及。

老年人与配偶、子女家庭之间的互助。正式互助指有组织的互助，这些组织包括社会组织、企业、政府、社区自治组织等。广义的社会互助是包含家庭互助的，本书所提出的由家庭互助走向社会互助，并非指家庭和社会之间的替代关系，而是通过整个社会的互助合作，也相应促进社会的重要单位——家庭成员之间的互助合作。换言之，社会互助是为了补充家庭互助的不足，也可以促进家庭互助。

而根据老年人互助场所，学界一般将其划分为居家养老、社区养老和机构养老三类。笔者认为这种划分方式对于农村地区可能并不适用，因为受经济发展水平所限，严格意义上的社区养老服务（实际上也就是我们所说的社区日托服务，为家庭日间暂时无人或者无力照护的社区老年人提供服务）和机构养老服务（老年人居住在专业的养老机构中，由机构服务人员提供养老服务）在农村很难开展。而与农村现实条件相结合，小规模的、建在村落里或村落附近的、村院互助的、低水平的机构养老可以承担社区、机构养老服务功能。据此，笔者将农村互助型社会养老服务划分为社区居家互助和机构互助两类。

社区居家互助是指老年人主要居住在家中，依托社区照护中心/托老所/幸福大院/互助据点等，在生活区及其周边区域，获得并向他人提供经济、服务、文化上的互助。机构互助是指老年人主要居住在养老机构中，一般有专业服务人员提供服务，但仍会通过互助的形式，满足自己和他人资金、服务、文化上的互助需求。需要说明两点，一是由于近几年农村一直致力于社区养老硬件设施的建设，故居家养老和社区养老变成了倒叙的过程，① 居家养老发展相对缓慢。因此，在本书的分析中，笔者将社区居家养老作为一个整体进行分析。二是目前很多农村地区建设的互助幸福院的特点是收纳健康老年人、免费入住、分摊伙食、相互照顾，介于社区养老和机构养老之间，但笔者认为与乡镇村敬老院一样，这是资源浪费的一种表现，健康老年人还是倾向于居住在自己家中，失能、半失能老年人才是集中起来的机构养老的主要目标群体。未来的农村互助幸福院还是要向公建民营的机构养老转变，因此，互助幸福院可以看作农村机构养老的一种雏

---

① 按照发达国家的发展路线，居家养老由非正式互助逐步向正式互助转变，然后社区养老逐步发展起来。

形,故后文笔者将其归为互助型机构养老进行讨论。

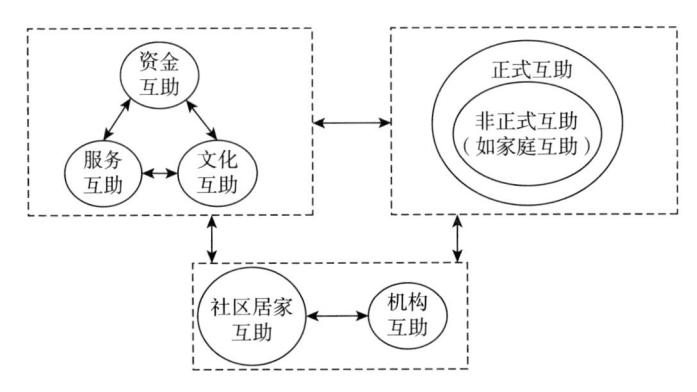

图 3-3 互助型社会养老的类型示意

第二节 中观:互助型社会养老的运行机制

一 社会系统理论的选择与介绍

(一) 社会系统理论的选择

回顾以往文献,很多学者认为,福利多元主义的研究范式适用于老年人社区照护政策的分析,探讨了多元福利主体提供的服务之间的关系和各自发挥的作用,[①] 并试图在福利多元主义理论的指导下,构建养老服务体系。[②]

[①] Dahlberg, L., "Interaction between Voluntary and Statutory Social Service Provision in Sweden: A Matter of Welfare Pluralism, Substitution or Complementarity?" *Social Policy & Administration* 39.7 (2005): 740-763;郑雄飞:《一种伙伴关系的建构:我国老年人长期照护问题研究》,《华东师范大学学报》(哲学社会科学版) 2012 年第 3 期;陈慧、刘晋:《中国老年长期照护多支柱保障模式研究》,《经济问题》2014 年第 8 期。

[②] Evers, A., and Svetlik, I., "New Welfare Mixes in Care for the Elderly," *American Journal of Public Health* 9 (1981): 991-1003; Daly, M., and Lewis, J., "The Concept of Social Care and the Analysis of Contemporary Welfare States," *British Journal of Sociology* 51.2 (2000): 281-298; Ascoli, U., and Ranci, C., *Changes in the Welfare Mix: The European Path Dilemmas of the Welfare Mix* (US: Springer, 2002); Kono, M., "The Changing Process of the Mix in the Long-term Care for Older People: An Analysis of Reformist Policies after the Introduction of the Long-term Care Insurance," *Social Policy & Labor Studies* 1 (2010): 93-106;李明、李士雪:《福利多元主义视角下老年长期照护服务体系的构建》,《东岳论丛》2013 年第 10 期。

第三章　机制：中国农村互助型社会养老系统的建立

福利多元主义思想最早出现在 1978 年英国的一篇报告 *The Future of Voluntary Organisations: Report of the Wolfenden Committee* 中，该报告提出志愿组织应该成为社会福利的提供者。① 罗斯对这一概念进行了较为清晰和明确的论述，指出由国家承担社会福利的完全责任是错误的，正确的是由国家、市场和家庭共同承担，社会福利的总和等于家庭、市场、国家提供的福利之和。② 然而，福利多元主义只是强调了福利提供主体的多元化——不同福利主体承担不同的职责。使用福利多元主义分析长期照护体系的不足之处在于，一是没有明确不同福利主体间的地位和关系，二是没有指出不同福利主体间如何整合，也即没有将一系列保证体系正常运转的体制机制考虑进去。

与中国的现实情况相结合，一方面，中国目前仍是"大政府、小社会"的社会治理生态环境，政府、市场、社会组织之间的地位和作用并非平行；另一方面，社会养老系统正处于建设初期，面临各要素各自发力、缺乏整合，以及管理不规范、供求不平衡、评价无作用等诸多问题。因此，根据前述的福利多元主义理论的不足之处，使用该理论的构建和阐述可能过于宽泛，且较难指导实践。中国应该致力于建设由政府行政力量主导推动的系统整合的社会养老体系，而我国目前恰恰缺乏系统性的制度安排。据此，笔者选择社会系统理论，并从该理论视角出发，对农村互助型社会养老系统进行构建与分析。

（二）社会系统理论的内涵与发展

贝塔朗菲于 1937 年首次提出系统这一概念，认为系统是"相互作用的诸要素的综合体"。③ 受系统理论影响，社会学结构功能主义创始人——塔尔科特·帕森斯对社会系统进行了深入研究，并于 20 世纪五六十年代出版《一般行动理论》和《社会系统》等著作和论文。他着重分析了社会系统结构-功能的协调整合，并且提出了结构功能主义范式（AGIL 模式），将其应用于社会系统，分析了社会各功能、各层次亚系统之间的关系，为

---

① Wolfenden, J., Trust, R., and Trust, C., *The Future of Voluntary Organisations: Report of the Wolfenden Committee* (Croom Helm, 1978).
② Rose, R., "Common Goals but Different Roles: The State's Contribution," *The Welfare State East and West* 13 (1986).
③ 王慧炯：《社会系统工程方法论》，中国发展出版社，2015。

理解社会系统的运行提供了基本框架。但其缺点在于，他认为社会系统总能通过各个子系统的功能协调从而实现稳定运行，因此将社会系统看作封闭的和静态平衡的。① 尼克拉斯·卢曼克服了帕森斯社会系统功能理论的弊端，进一步推动了社会系统理论的发展和完善。他的主要思想包括三点：一是强调社会系统对环境的依赖，他认为社会系统并非孤立和自我封闭的，而是与环境之间存在密切交往的开放系统，社会系统需要在极端复杂的环境中选择最利于自己的运行方式；② 二是认为社会系统是不断演化的，环境中任何系统的变化都意味着其他系统要发生变化；三是卢曼强调社会系统内部各要素相互关系的重要性，同时他认为，社会系统内部相互关联的各要素之间必须存在一种中介，使相互关联的各因素能够通过这个中介协调起来。③

总体而言，系统论视角下的社会系统是开放的和动态的，它由若干要素组成，这些要素组成多个维度、多个层次的子系统，这些子系统以某种结构关系连接组成内部系统，在相互作用以及与外部环境的互动下，共同影响和维持社会系统的存在和运行（见图 3-4）。

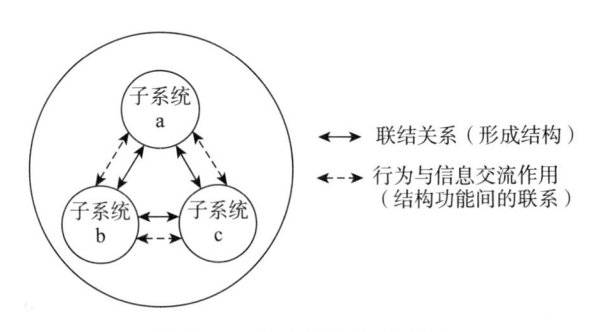

图 3-4　社会系统构成示意

二　互助型社会养老系统的初步构建

根据前文对社会系统的界定，互助型社会养老系统（以下简称"互助系统"）可以划分为内部系统和外部环境两部分。

---

① 刘少杰：《国外社会学理论》，高等教育出版社，2006。
② N. 卢曼：《系统理论中的范式转换》，郭大为译，《世界哲学》2005 年第 5 期。
③ 高宣扬：《鲁曼社会系统理论与现代性》，中国人民大学出版社，2005。

第三章　机制：中国农村互助型社会养老系统的建立

（一）内部系统的构成

1. 四大内部系统

内部系统是社会系统的主体部分。根据互助型社会养老的类型划分以及组织分工，本书认为互助系统可以包括各自独立又互融互通的四大类系统（见图3-5）。一是以互助内容进行划分，可以划分为资金互助－服务互助－文化互助三个子系统；二是以居住场所进行划分，可以划分为社区居家互助－机构互助两个子系统；三是以互助网络性质进行划分，可以划分为非正式互助（如家庭互助）－正式互助两个子系统；四是以组织职能划分，可以划分为管理－组织－服务－评估－支持五个子系统。①

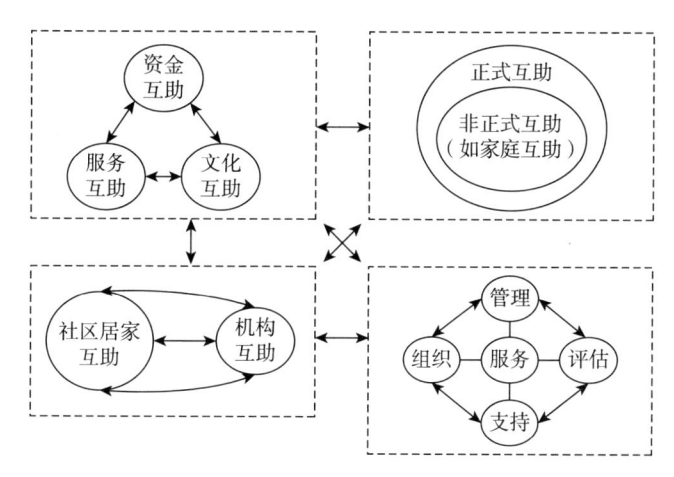

图3-5　中国农村互助型社会养老机制的分析框架

从这四大类社会系统的关系来看，虽然它们分别由不同的子系统构成，但构成要素是相同的，同时也是可以相互包含、开放、动态、影响和制约的。

---

① 中国农村有着发展互助养老的深厚土壤，基于既有的互助圈子，以及基层农村社区的自发组织，不少农村地区在自发探索互助养老形式。但从我国实践来看，政府往往会在某村自发互助组织形成经验后介入，提供指导、扶持，并且将其经验推广，进行再复制。因此，政府的管理基本会不可避免地介入，笔者认为，这也是对先进做法的一种有效保护和快速传播的办法，是具有中国特色的。同时，从国家/省/市/县级层面来看，互助型社会养老体系的构建是一个系统工程，理顺管理系统非常必要。故本书将管理系统也纳入内部系统进行分析。

2. 系统内部构成要素和结构关系

从每个社会系统内部来看，它们的子系统由交叉重合的相关主体要素，包括市/区（县）政府、村"两委"、企业、正式组织、非正式网络、老年人等构成。各子系统之间动态、开放，相互影响和制约。

（1）资金-服务-文化互助系统

资金互助是农村互助型社会养老的基础，是服务互助和文化互助的重要前提。根据第二章的文献综述可以看出，西方国家互助组织的一个重要功能就是进行资金互助，会员通过共同缴纳会费或者保险费，在互助组织中获得社会救助、福利服务、灾害保险等。但是与西方国家不同，我国没有经历民间互助组织和互助保险的繁荣，资金互助相对于服务互助和文化互助发展迟缓，农村更是如此。[①]

服务互助是农村互助型社会养老的重点和难点。中西方文化都认为亲邻间的非正式互助一般只能提供简单的互相帮助，究其原因，在中国主要受到养儿防老的孝道伦理思想影响，在西方国家主要受到接受别人照护却无法偿还而不愿给别人添麻烦的互惠型交换思想影响。因此，发动（准）老年人进行服务互助，既需要有资金基础，也需要有情感基础和组织基础。

文化互助是互助型社会养老的重要组成。文化互助可以增进互助者之间的联系和感情，增强互助组织的组织能力和凝聚力，为经济互助和服务互助打下牢固的情感基础和组织基础。

（2）社区居家-机构互助系统

由于近几年农村一直致力于社区养老硬件设施的建设，居家养老发展相对缓慢。在本书的分析中，主要将社区居家养老作为一个整体进行分析。

一方面，互助型社区居家养老和互助型机构养老相互独立；另一方面，二者又互联互通。互助型社区居家养老是农村社会养老的基础和支撑，主要任务是丰富老年人的精神文化生活，缓解精神孤独，并为无人照护的失能老人提供照护服务。互助型机构养老是农村社会养老的重点和难点，主要任务是集中解决失能和半失能老年人的照护。

（3）非正式-正式互助系统

非正式互助（如家庭互助）和正式互助两个子系统是相互独立又相互

[①] 本书对于经济互助的着墨也相对较少。

依存的。如果仅从互助逻辑来看，在传统乡土社会，人口流动性很低，小农生于斯长于斯，家庭互助是互助养老的主要形式，其他非正式互助网络作为补充，关系好的亲属或邻里提供简单的经济互助、日常帮助和文化互助。亲属和邻里关系密切，家族具有较强的组织功能。但是，伴随家族控制力减弱、人口流动加速以及市场化思想进入农村，家庭互助和非正式互助变得自发、随意、无保障。因此，在现代乡村社会，正式组织的作用非常重要，发展由正式组织动员之下的非正式互助（如家庭互助）可能是互助型社会养老的关键，后文的量化分析与定性分析也会对这一判断进行进一步的验证。

（4）管理－组织－服务－评估－支持系统

在管理－组织－服务－评估－支持系统①中，管理子系统是主导，其他子系统受这只"看不见的手"的调控。管理系统以强有力的行政管理架构，提供政策支持，推动政策落实，也是对互助养老系统进行监督和改进的主要环节。互助养老系统的一切信息、计划和决策为提供可持续的优质服务而进行，良好的管理系统能够通过建立相应的激励机制，使整个系统本身在运作的过程中，不断改进，循环上升，并且有利于该系统的经验复制，促进新的同类型系统的产生。

组织子系统是关键，它通过组织的方式，集合人力、物力和财力以及智力等，将零散的互助行为组织起来，并将其转化为实体的直接或间接对老年人的服务，使其更加连续、精准和高效。组织子系统是使互助养老系统从理论、概念到实体的运行系统的关键。

服务子系统是核心，它是为老年人提供养老福祉的主体力量。为老年人提供优质的服务或者提供获取服务的渠道或方式，是互助型社会养老的宗旨；保持整个系统的稳定和均衡，从而能够持续地为老年人提供互助服务是系统建设的目标。服务系统从要素和结构上是与服务互助、文化互助相互包含的。

评估子系统是抓手。它负责评估互助对象和评价互助效果。通过对系统要素的评估，为管理和组织提供真实、可用的信息，帮助决策，以保证

---

① 由于目前很多地区的互助型社会养老的管理体系（政策、资金和管理架构）并不完善，也没有构成圈层的服务体系，故这里没有将管理与其他子系统分开。事实上，管理子系统是政府层面的管理机制，是在层级上的，其他子系统是在圈里的，是多样化的。

真正有需求的老人获得帮助，并且促进互助系统的管理服务能力的提高。

支持子系统是推力，起到重要的催化作用，并为系统的持续运行提供动力，支持系统的软实力实际也是经济互助，硬设施则主要指平台建设，它可以使互助变得更加便捷。

总的来讲，服务子系统作为互助型社会养老的核心，是面向老年人提供服务的直接服务来源，同时受到其他四个子系统输送来的信息流、资金流等的影响和制约，并在互动中不断发展前进。首先，管理系统的决策是服务开展的导向，各级政府积极推动互助养老的发展，不断给予政策支持和创新引领；其次，组织系统的组织是服务开展的直接依据；再次，支持系统是服务开展的资金基础和设施基础；最后，评估系统从对老人的评估和对中心运行的评估两方面进行整个系统的信息反馈。

(二) 外部环境

外部环境对内部系统具有重要的影响，二者通过相互作用维持整个大系统的存在与运行。换言之，互助型社会养老想要成为一种制度性的安排，是受到一个国家/地区特定的经济、政治、文化、人口、社会背景影响的。我国地域辽阔，不同地区的政策环境、文化环境、经济环境、人口环境、社会环境等差别较大。与此同时，中国特色社会主义乡村振兴道路是新时代中国农村面临的历史性机遇和历史性变革，因此，它与农村互助型社会养老的相互影响、相互促进、共荣发展的关系也是非常值得探讨的。

第三节　微观：互助型社会养老的影响机制

一　社会资本理论的选择与介绍

社会资本的概念内涵较为丰富，布迪厄、科尔曼、普特南、博特、林南等学者都从不同的角度加以定义。对此，有学者从基本内涵、基本表现形式和本质角度对以往社会资本的概念进行了总结：社会资本的基本内涵——不同层次的社会主体（包括个体、群体、社会、国家）之间紧密联系的状态及特征；社会资本的基本表现形式——社会网络、规范、信任、权威以及为某种行动所达成的共识等；社会资本概念的本质——社会资本存在于社会结构之中,通过人与人之间的合作提高社会运行效率。[1]

结合本书的研究问题和学界对中国老年人照护方式影响因素所达成的共识,本书采用林南的社会资本概念。林南认为,社会资本是嵌入社会网络的资源中获得的、根植于社会网络和社会关系。社会资本概念可分解为以下三种要素:一是嵌入一种社会结构中的资源;二是个体汲取社会网络中资源的能力;三是通过目的行动中的个人运用或动员这些社会资源。概括来说,即结构性的(嵌入性)、机会的(可汲取性)、行动导向的(运用)是社会资本的三种要素。[2]

二 差序格局和团体格局

费孝通认为,中国传统乡土社会是一个守望相助的社会,其中的人际关系是一个由不同社会关系构成的差序格局,这种差序格局就像"一块石头丢进水中所发生的一圈圈推出去的波纹",被圈子的波纹推及的就存在联系,这种联系由"一己"的中心向外推去,由亲到疏,由"家"到"小家族"再到"外人","愈推愈远,也愈推愈薄"。[3] 同时费孝通也指出,以父系亲属和母系亲属延伸所形成的亲属体系,也即家族体系,是村落中社会支持的重要资源。[4] 而西方社会组织是团体性的,也即团体格局,这"有些像我们在田里捆柴,几根稻草束成一把,几把束成一扎,几扎束成一捆,几捆束成一挑。每一根柴在整个挑里都属于一定的捆、扎、把"。因此,它也是有界限的,"谁是团体里的人,谁是团体外的人,不能模糊,一定得分清楚"。

基于差序格局,中国的宗族是一个事业组织,承担着政治、经济、宗教等全方位的职能;而在西方家庭团体中,政治、经济、宗教等功能是由其他团体担负的,不在家庭的分内。[5]

---

[1] 郑杭生、奂平清:《社会资本概念的意义及研究中存在的问题》,《学术界》2003年第6期。
[2] 边燕杰:《社会资本研究》,《学习与探索》2006年第2期;边燕杰:《城市居民社会资本的来源及作用:网络观点与调查发现》,《中国社会科学》2004年第3期。
[3] 费孝通:《社会学的探索》,天津人民出版社,1985。
[4] 费孝通:《江村经济》,中华书局香港分局,1987。
[5] 费孝通:《乡土中国》,上海世纪出版集团,2007。

三 互助型社会养老的影响机制与研究假设

根据前文对互助养老服务的界定,可以发现,老年人互助养老服务参与和他的社会资本,包括家庭资本存量以及互动、亲密程度,非正式资本存量以及互动、亲密程度,正式资本存量以及互动程度密切相关。根据社会资本理论,老年人身处由个人、群体、社会、国家所构成的社会网络之中,老年人个体、家庭和社区之间的互动关系成为一种社会结构,老年人互助养老服务参与是这一社会网络中的老年人个体、家庭、非正式资本、正式资本之间互动的结果体现,是基于利他主义、情谊、约定俗成的互惠意愿的帮助,是组织化、规范化后的加强,也是在家庭互助和社会互助之间的一个权衡。因此,动员和互动都显得尤为重要。互助型社会养老具体受到三种要素的作用:一是老年人社会资本量——对应家庭资本、非正式资本、正式资本;二是个体与社会资本量的互动状况——对应老年人同家庭资本、非正式网络资本、正式组织资本的具体互动;三是老年人个体利用社会资本的能力——对应老年人个体的社会经济状况。社会资本、个体社会经济状况以及老年人互助养老的关系如图3-6所示。基于该理论框架,本研究提出以下4条主要假设。

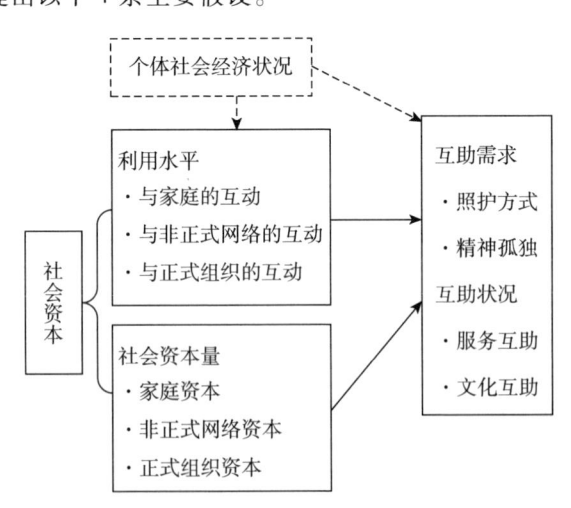

图3-6 社会资本、个体社会经济状况以及互助养老的关系示意

说明:箭头代表影响作用,虚线部分代表老年人个体社会经济状况对社会资本及照护方式的影响,已有研究成果丰富,不属于本书的研究重点。

假设1：正式组织的存在和动员会影响农村老年人互助养老服务的参与提供。

假设2：非正式网络的大小和密切程度会影响农村老年人互助养老服务的参与提供。

假设3：家庭资本的多少和互动会影响农村老年人互助养老服务的参与提供。

假设4：老年人个体社会经济状况对社会资本的影响具有调节作用。

第四章 需求：中国农村老年人互助需求及影响因素

农村老年人需求是农村互助养老的主要出发点和推动力。如果老年人没有需求或者没有认识到他们的需求，不能在自发、自觉的基础上进行有组织的自助互助，仅是自上而下的行政命令和基础设施建设，那么这种互助是难以可持续发展的。当然，老年人既是受助者，也是重要的助人者，因此这里的需求既包括老年人健康、保障的需求，也包括参与社会的需求。本章主要从受助者角度出发，通过分析农村老年人的精神孤独情况、生活不能自理老年人的照护方式，探讨背后的影响机制，挖掘互助养老的意义所在。

第一节 数据与方法

一 样本选择

中国健康与养老追踪调查（China Health and Retirement Longitudinal Study，CHARLS）2011年的调查对象是全国10257户家庭的17708名45岁以上的中老年人，2013年的调查对象包括追访到的15770个基线调查样本和2835个新增样本，2015年的调查对象包括追访到的20284个样本和1505个新增样本。本书使用的数据包括2011年的家户数据和社区数据，以及2013年、2015年的家户追访数据。根据研究需要，笔者分别对这三次调查的数据进行了样本的筛选与合并，经过处理之后的样本数量如表4-1所示。

1. 2011~2012年基线调查数据

第一步：进行家庭主要受访者的筛选。2011年家户数据中，每个家庭可能包括两位受访者（主要受访者及其年龄在45岁以上的配偶），而家庭结构和家庭交往及经济帮助模块的数据是以家庭为分析单位的，因此要使一位老年人对应一份完整的个人及子女数据，就要在以老年人为调查对象的模块中筛选出每个家庭的主要受访者。经过对各模块的匹配筛选，得到样本量为10197人。

第二步：进行年龄、城乡的筛选，也即在每个模块中筛选出60岁以上的农村老年人。在年龄方面，该调查数据的调查对象（45岁以上的中老年人）指1966年7月1日之前出生的人，60岁以上的老年人指1951年7月1日之前出生的人。在城乡方面，本研究根据"该社区是村委会还是居委会"进行了筛选，仍然是村委会的为农村社区。最后筛选得到农村老年人样本3529人。

第三步：进行变量选择、处理及样本合并。根据研究需要，在各模块数据中选择需要的变量并进行处理，合并各模块数据样本。剔除缺失值，最后得到农村老年人有效样本3203人。

第四步：进行生活不能自理老年人的筛选。生活不能自理老年人指日常生活自理能力（ADL）以及器具性日常生活自理能力（IADL）中至少有一项完成有困难、需要他人帮助的老年人。由于2011年数据中ADL和IADL的测量变量缺失较为严重，故笔者结合问题DB022"在穿衣、洗澡、吃饭、起床、如厕、控制大小便、家务、做饭、购物、管理钱物、打电话、吃药等困难中，谁帮助您最多"进行了筛选，如果该问题不为缺失，就认为该老人在生活自理能力方面需要帮助，是生活不能自理老年人。经匹配筛选过后得到有效样本766人。生活不能自理老年人在农村老年人中所占比例为21.7%，基本与以往［20%，30%］的研究结论相符，[①] 说明2011年数据对农村生活不能自理老年人的代表性较高。

2. 2013年家户追访数据

2013年家户追访数据的样本选择方法与2011年数据部分基本一致，不再赘述。

第一步：进行家庭主要受访者的筛选，得到样本量为10787人。

第二步：进行年龄、城乡的筛选。其中60岁以上的老年人指1953年7月1日之前出生的人，得到样本量为4856人。

[①] 张文娟、魏蒙：《中国老年人的失能水平到底有多高？——多个数据来源的比较》，《人口研究》2015年第3期。

第三步：进行老年人孤独感的变量筛选。剔除缺失值，最后得到老年人有效样本4015人。

第四步：进行生活不能自理老年人的筛选。经匹配筛选过后得到有效样本1119人。生活不能自理老年人在样本老年人中所占比例为23.0%，仍在以往研究结论的区间范围内，说明2013年数据对农村生活不能自理老年人的代表性较高。

3. 2015年家户追访数据

2015年家户追访数据的样本选择方法同样与2011年数据部分基本一致。

第一步：进行家庭主要受访者的筛选，得到样本量为12221人。

第二步：进行年龄、城乡的筛选。其中60岁以上的老年人指1955年7月1日之前出生的人，得到样本量为6370人。

第三步：进行老年人孤独感的变量筛选。剔除缺失值，最后得到老年人有效样本5828人。

第四步：进行生活不能自理老年人的筛选。经匹配筛选过后得到有效样本1489人。生活不能自理老年人在样本老年人中所占比例为23.4%，仍在以往研究结论的区间范围内，说明2015年数据对农村生活不能自理老年人的代表性较高。

表4－1 样本的选择步骤与方法

单位：人

样本选择标准	2011年样本	2013年样本	2015年样本
全国调查的初始样本量	17708	18605	21789
第一步：筛选家庭主要受访者	10197	10787	12221
第二步：筛选60岁以上的农村老年人	3529	4856	6370
第三步：进一步筛选精神孤独老年人样本	3203	4015	5828
第四步：进一步筛选生活不能自理老年人样本	766	1119	1489

二 操作性定义与变量选取

（一）因变量

因变量包括老年人照护方式和孤独感，分别用来测量农村老年人的服务互助需求和文化互助需求。

1. 照护方式

本书使用照护方式这一变量来衡量农村老年人的服务互助需求，将其划分为三类：1＝无人照护，2＝家庭照护，3＝社会照护。无人照护是指有照护需要的老年人没有照护者提供照护；家庭照护是指由具有血亲或姻亲关系的家庭成员为有照护需要的老年人提供照护，照护资源包括配偶、子女、子女配偶、孙子女，以及兄弟姐妹、配偶兄弟姐妹、父母及祖父母、配偶的父母及祖父母等其他亲属；社会照护指由除家庭成员以外的社会资源为有照护需要的老年人提供的照护，照护资源包括邻居、朋友、政府、社区（村集体）、企业、非营利组织、志愿组织、养老机构等。这种分类方法保证了三种类别的完整性和互斥性。

在中国健康与养老追踪调查（CHARLS）2011年问卷中，照护方式对应的问题是"在穿衣、洗澡、吃饭、起床、如厕、控制大小便、家务、做饭、购物、管理钱物、打电话、吃药等困难中，谁帮助您最多（最多可选择3个）"，这些"困难"指的是日常生活自理能力（ADL）和器具性日常生活自理能力（IADL）的11个测量指标。但在2013年和2015年调查问卷中，对这一问题的问法出现一些变动。首先，2013年问卷分别询问了被访者完成日常生活自理能力（ADL）和器具性日常生活自理能力（IADL）的指标有困难时，谁帮助他最多；2015年问卷分别询问了被访者完成器具性日常生活自理能力（IADL）的指标有困难时，谁帮助他最多。其次，2013年问卷让被访者最多可填答7名主要帮助者，2015年问卷对被访者填答主要帮助者并无人数限制。最后，2013年问卷中增加了"儿子"、"女儿"、"儿媳"、"女婿"和"养老院人员"的选项。2015年问卷先是将"父母、岳父母、公公、婆婆""子女、儿媳/女婿、孙子女/外孙子女"合并为同一项，再分别对每一大类中的具体照护者进行提问。

我们要对三次调查中的农村老年人的照护方式进行比较，提问方式的变化可能会在一定程度上降低研究结果的准确性。但根据我们对数据的分析，有90%的被访者填答主要帮助者的人数在3人以内，因此2011年、2013年、2015年的三次调查中，填答的主要照护者的数量差别对老年人照护方式划分的影响并不是很大。

2. 孤独感

本研究使用孤独感这一变量来衡量农村老年人的文化互助需求。在中国健康与养老追踪调查（CHARLS）的三期调查中，该变量对应的问题没有发生变化，均为"上周我感到孤独"，答案包括"很少或者根本没有（<1天）""不太多（1~2天）""有时或者说有一半的时间（3~4天）""大多数的时间（5~7天）"。笔者在量化分析中，将该变量归纳为一个二分变量，0=没有（很少或根本没有），1=有（不太多、有时或常常）。

（二）自变量

主要自变量是社会资本，根据前文的理论分析，笔者从家庭和社区两个层面、拥有的照护资源和老年人与照护资源的互动两个角度来测量老年人的社会资本。在资源角度，家庭资源的衡量指标包括婚姻状况、存活子女数、子女流迁情况，社区资源的衡量指标为本地居住时长。在互动关系角度，以往文献认为社会资本的关系维度包括信任、互惠、义务、归属、参与等。[①] 据此本研究将家庭层面的互动关系操作化为老年人与家庭成员间的互动和互惠，衡量指标包括居住安排、子女探望频率、土地承包经营；社区层面的互动关系操作化为老年人与非正式网络和正式组织之间的互动，衡量指标包括社会交往频率和村庄老年协会情况。[②]

由于老年人的个体社会经济状况会影响老年人拥有的社会资本的大小和利用社会资本的能力，故将其作为控制变量纳入回归方程中。具体选取以下三个指标进行衡量：人口变量（年龄、性别）、经济状况（自评收入状况）和健康状况（自评健康状况）。

三 研究方法

本章的主要研究内容是中国农村老年人互助需求（缺乏照护和孤独）的变化及影响因素。故首先采用描述性分析的方法，利用中国健康与养老

[①] 罗家德、方震平：《社区社会资本的衡量——一个引入社会网观点的衡量方法》，《江苏社会科学》2014年第1期；白玥：《社会资本与社会卫生资源利用策略研究》，博士学位论文，华中科技大学，2006。

[②] 由于关于老年协会的测量是通过社区问卷中"该村庄是否有老年协会"这一问题进行的，故我们测量的是村庄是否有老年协会。

追踪调查（CHARLS）2011年、2013年、2015年三次调查数据，分析5年间中国农村老年人互助需求的变化；然后利用2011年数据，采用多元 Logistic 回归方法和二元 Logistic 回归方法，分别探讨影响农村老年人照护方式类型和孤独感程度的社会资本因素。

第二节 中国农村老年人的照护方式及影响因素

一 农村生活不能自理老人的照护方式变化

（一）照护方式的变化

根据 CHARLS 2011年、2013年、2015年三次调查数据，农村生活不能自理老人照护方式仍以单一家庭照护为主，但2013年以来无人照护的比例在20%左右，社会照护的比例也较2011年有了较大的提升，分别达到7.4%和6.7%（见图4-1）。具体来看，家庭照护的比例由2011年的80.9%减少至2013年的71.9%，减少了9个百分点；2015年又有略微上升，达到73.7%。老年人社会照护比例虽然在2013年有所上涨，比例为7.4%，是2011年（2.4%）的3倍多，但在2015年又下降为6.7%。农村生活不能自理老人无人照护的比例，2013年（20.7%）和2015年（19.5%）均高于2011年（16.7%）。

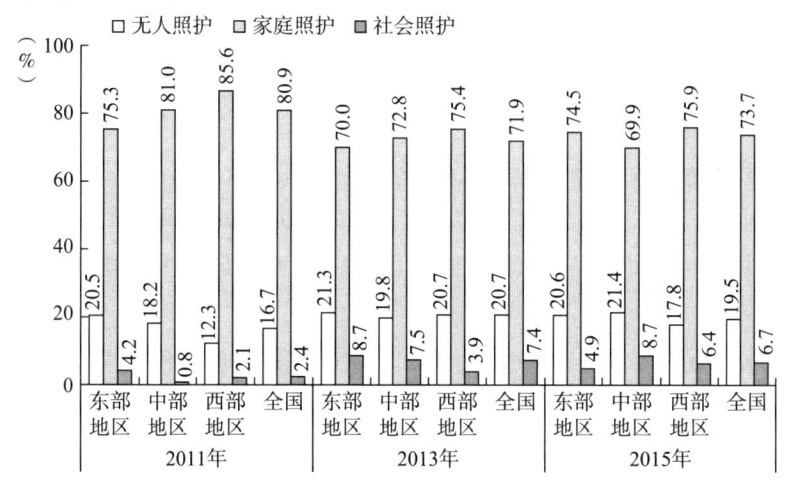

图4-1 2011年、2013年和2015年农村老年人照护方式情况

分地区来看，与东部地区相比，中西部地区农村老年人的家庭照护比例在2013年下降幅度更大，尤其是西部地区农村老年人家庭照护的比例从2011年的85.6%下降到2013年的72.8%，减少了12.8个百分点。东部地区农村老年人无人照护和社会照护的比例分别增长了0.8个百分点和4.5个百分点，而中部地区和西部地区农村老年人无人照护的比例分别增长了1.6个百分点和8.4个百分点，社会照护的比例分别增长了6.7个百分点和1.8个百分点。到2015年，中部地区生活不能自理老年人无人照护的比例最高，达到21.4%。

（二）照护资源的变化

如表4-2所示，配偶、子女及子女配偶是农村老年人照护资源的主要来源。子女家庭仍然是老年人照护的主要来源，其所占比例呈上升趋势。2013年，获得配偶提供照护的农村老年人比例为26.9%，比2011年降低6.7个百分点，但2015年又上升至32.4%。获得子女和子女配偶提供照护的老年人比例呈现逐年上升的趋势，其中获得子女照护的老年人2015年达到40.7%，与2011年相比，增长了6.2个百分点；就子女配偶而言，2011年和2015年分别有19.4%和31.3%的老年人获得了子女配偶的照护，其中主要来自儿媳方面，究其原因：一是基于家庭分工，女性外出务工比例低于男性，不少女性留守顾家和务农；二是基于小家庭思想和女性家庭地位的提升，无论居住距离远近，儿媳都越来越少地充当公婆的主要照护者的角色。

孙子女等其他亲属以及邻里方面，与2011年相比，2013年孙子女、其他亲属和邻里等其他提供照护的比例分别提高了9.5个百分点、1.5个百分点和5.4个百分点；2015年孙子女提供照护的比例又较2013年提高了6.6个百分点，其他亲属比例不变，邻里等其他比例降低了1.7个百分点。这几类照护资源提供照护的比例大幅变化可能与三次调查的照护者数量不同有关。

另外，2011~2015年保姆/小时工提供服务的比例变化不大，但呈现下降趋势。2013年问卷中增加了养老机构这一选项，从数据结果来看，2013年农村约有0.3%的老人入住养老机构，2015年下降至0.2%。综上，由保姆/小时工及养老机构提供照护在我国农村地区仍未普及，比例很低。

表 4-2 2011 年、2013 年和 2015 年农村老年人的照护资源分布

单位：%

	2011 年	2013 年	2015 年
配偶	33.6	26.9	32.4
子女	34.5	39.9	40.7
子女配偶	19.4	29.9	31.3
孙子女	6.7	16.2	22.8
其他亲属	2.5	4.0	4.0
保姆/小时工	0.4	0.3	0.2
邻里等其他	2.2	7.6	5.9
养老机构	—	0.3	0.2

二 农村生活不能自理老人拥有的社会资本情况

（一）家庭资本情况

在婚姻状况方面，2011 年全国农村有不到半数（49.2%）的生活不能自理老人有配偶，发达地区的这一比例（52.8%）要高于欠发达地区（48.0%）。

在子女数量方面，农村生活不能自理老人的子女数量平均为 3.8 个，发达地区稍少于欠发达地区。

在子女流迁方面，农村生活不能自理老人有子女流迁的比例超过八成，但子女流迁还是以部分流迁为主，其中部分流迁到本地他处的比例为 35.8%，部分流迁到外地的比例为 36.3%。全部子女流迁（包括到本地他处和外地）的比例较低，未超过 10%。分地区来看，发达地区子女未流迁的比例略高于欠发达地区，但部分和全部子女流迁到本地他处的比例发达地区明显高于欠发达地区，其中部分子女流迁到本地他处的比例分别为 45.6% 和 31.3%，全部子女流迁到本地他处的比例分别为 5.9% 和 1.9%。相反，部分子女和全部子女流迁到外地的比例欠发达地区均明显高于发达地区。

在居住安排方面，农村生活不能自理老人与子女同住所占比例最大，为 61.5%，其次为独居，比例也达到 30.0%。分地区而言，发达地区农村

生活不能自理老人独居的比例明显高于欠发达地区，二者比例分别为41.4%和24.9%；而欠发达地区农村老年人与子女同住和与其他人同住的比例均高于发达地区。

在土地流动方面，自己或子女耕种土地的老年人占主体，远高于其他土地流动形式，所占比例达74.5%，土地被征用/收归集体和土地流转的比例分别为16.2%和9.3%。此外，发达地区和欠发达地区土地流转比例相近，而土地被征用或收归集体的比例发达地区明显高于欠发达地区，自己或子女耕种的比例欠发达地区明显高于发达地区。

子女探望频率以至少有一个子女每周探望次数大于等于1次为主，占比为59.6%；但子女几乎不探望的比例也高达24.2%，值得关注。此外，至少有一个子女每周探望次数大于等于1次的比例，发达地区略高于欠发达地区，几乎不探望的比例欠发达地区略高于发达地区。

（二）社区资本情况

数据显示，生活不能自理老人本地居住时长较久，平均为62.3年。发达地区要稍高于欠发达地区，分别为63.2年和61.9年。

2011年，未参加任何活动的农村生活不能自理老人比例达到67.2%，超过半数；不经常参加、至少有1项每周一次和至少有1项每天参加的比例分别仅为9.3%、6.9%和16.6%。欠发达地区农村老年人未参加任何活动（69.3%）的比例明显高于发达地区（62.6%）。

在老年协会方面，农村生活不能自理老人所在的村庄有老年协会的比例为16.7%。发达地区农村相比于欠发达地区农村具有较明显的优势。发达地区的生活不能自理老人所在村庄有老年协会的比例超过20%，比欠发达地区农村高出8.1个百分点。

表4-3　2011年农村生活不能自理老人拥有的社会资本情况

变量		全国	发达地区	欠发达地区
家庭资本				
婚姻状况（%）	有配偶	49.2	52.8	48.0
	无配偶	50.8	47.2	52.0
子女数量（个）		3.8	3.7	3.8

续表

变量		全国	发达地区	欠发达地区
子女流迁（%）	全部未流迁	18.7	17.6	19.2
	部分子女流迁到本地他处	35.8	45.6	31.3
	全部子女流迁到本地他处	3.1	5.9	1.9
	部分子女流迁到外地	36.3	26.8	40.6
	全部子女流迁到外地	6.1	4.2	7.0
居住安排（%）	独居	30.0	41.4	24.9
	与子女同住	61.5	53.1	65.3
	与其他人同住	8.5	5.4	9.9
子女探望频率（%）	至少有一个子女每周探望 >=1 次	59.6	61.0	58.9
	至少有一个子女每月探望 >=1 次	16.2	16.0	16.3
	几乎不探望	24.2	23.0	24.8
土地承包经营（%）	土地被征用或收归集体	16.2	21.8	13.7
	自己或子女耕种	74.5	69.0	77.0
	土地流转	9.3	9.2	9.3
社区资本				
社会交往频率（%）	未参加任何活动	67.2	62.6	69.3
	不经常参加	9.3	9.7	9.1
	至少有 1 项每周一次	6.9	7.1	6.8
	至少有 1 项每天参加	16.6	20.6	14.8
老年协会（%）	没有	83.3	79.4	87.5
	有	16.7	20.6	12.5
本地居住时长（年）		62.3	63.2	61.9

三 拥有不同社会资本的农村生活不能自理老人的照护方式

（一）家庭资本

在婚姻状况方面，有配偶老年人无人照护的比例（15.7%）和社会照护的比例（0.8%）均要低于无配偶老年人（17.7%和3.9%）。相应地，有配偶老年人家庭照护的比例（83.6%）要高于无配偶老年人（78.4%）。分地区来看，发达地区有无配偶老年人的照护状况差别更大，无配偶老年人社会照护的比例达到7.9%,而有配偶老年人社会照护的比例为0。另外,无配偶老年人无人照护和家庭照护的比例均要低于有配偶老年人。

在子女数量方面,获得社会照护的生活不能自理老年人的子女数量最少,为2.7人,其次是无人照护老年人的子女数量,为3.6人,家庭照护老年人的子女数量最多,为3.9人。这一差别在欠发达地区表现更为明显。欠发达地区农村社会照护的生活不能自理老年人子女数量为2.5人,而无人照护和家庭照护的老年人子女数量分别为3.7人和3.9人。

在子女流迁方面,全部子女流迁到本地他处的农村生活不能自理老人无人照护的比例最高,达到37.5%;全部子女流迁到外地老年人无人照护的比例也达到25.5%。在家庭照护中,子女全部未流迁的老年人家庭照护比例最高,为86.0%;部分子女流迁到外地紧随其后,该比例为84.5%;全部子女流迁到本地他处的老年人该比例最低,仅为54.2%,与最高值相差三成多。社会照护比例在全部子女流迁到本地他处的比例最高,全部子女流迁到外地紧随其后,但比例均未超过10%。

分地区来看,发达地区和欠发达地区农村老年人照护方式存在较大差异。首先,子女全部流迁的老年人,发达地区无人照护的比例高于欠发达地区,而家庭照护的比例较低。其次,全部子女流迁中,发达地区老年人无人照护的比例也均高于欠发达地区,家庭照护的比例低于欠发达地区。其中全部子女流迁到本地他处发达地区和欠发达地区无人照护的比例分别为42.9%和30.0%,家庭照护的比例分别为42.9%和70.0%;全部子女流迁到外地发达地区和欠发达地区无人照护的比例分别为30.0%和24.3%,家庭照护的比例分别为60.0%和70.3%。再次,部分子女流迁到本地他处发达地区老年人无人照护的比例高于欠发达地区,家庭照护的比例低于欠发达地区;部分子女流迁到外地发达地区和欠发达地区老年人无人照护和家庭照护的比例相差不大。此外,在各类子女流迁类型中,发达地区社会照护的比例均高于欠发达地区,并且全部子女流迁时发达地区社会照护比例最高,均超过10%。

从居住安排来看,独居的老年人无人照护的比例明显高于其他居住类型的老年人,比例为27.4%;家庭照护的比例明显低于其他居住类型,为69.1%。与其他人同住的老年人社会照护比例最高,为6.2%。分地区来看,独居的老年人无人照护的比例发达地区(31.3%)高于欠发达地区

(24.4%),家庭照护的比例发达地区比欠发达地区低7.8个百分点,社会照护的比例发达地区略高。与子女同住的老年人发达地区和欠发达地区在无人照护和家庭照护中的比例差距不大,但社会照护发达地区是欠发达地区的2.7倍。与其他人同住的老年人欠发达地区的无人照护和家庭照护的比例均高于发达地区,但发达地区社会照护的比例是欠发达地区的12倍多。

子女探望方面,首先,老年人社会照护的比例随子女探望频率减少而增加。其次,子女几乎不探望的老年人无人照护的比例最高,为21.9%;家庭照护的比例最低,为74.2%。可见,子女几乎不探望的老年人得到照护的比例也明显较低。分地区来看,发达地区子女几乎不探望的老年人在家庭照护和社会照护与有子女探望老年人存在差异,家庭照护比例较低,社会照护比例较高。欠发达地区至少有一个子女每月探望大于等于1次的老年人无人照护的比例最低,为8.5%,家庭照护和社会照护的比例最高,分别为87.8%和3.7%;子女几乎不探望的老年人无人照护的比例最高(21.6%),家庭照护的比例最低(76.8%)。

就土地承包经营而言,土地流转的老年人无人照护的比例最高,达到22.5%;土地被征用或收归集体和自己或子女耕种的老年人家庭照护的比例均超过八成,其中土地被征用或收归集体的老年人家庭照护的比例略高于自己或子女耕种土地的老年人;土地流转的老年人家庭照护的比例为76.1%。社会照护比例均较低,土地流转的老年人该比例仅为1.4%。分地区来看,土地由自己或子女耕种的老年人照护方式在发达地区和欠发达地区差异最大。其中,发达地区无人照护的比例高出欠发达地区7.5个百分点,家庭照护的比例比欠发达地区少10.1个百分点,社会照护的比例发达地区和欠发达地区分别为4.2%和1.7%。此外,欠发达地区土地流转的老年人社会照护的比例极低,几乎为0。

(二)社区资本

从本地居住时长来看,获得家庭照护的生活不能自理老年人在本村居住时间最长,为62.9年,获得社会照护的老年人在本村居住时长也达到60.4年,无人照护的老年人在本村居住时间最短,为59.6年。发达地区和欠发达地区有所不同,发达地区获得社会照护的生活不能自理老年人在

表4-4 拥有不同社会资本的农村生活不能自理老人的照护方式

家庭资本	变量	全国			发达地区			欠发达地区		
		无人照护	家庭照护	社会照护	无人照护	家庭照护	社会照护	无人照护	家庭照护	社会照护
婚姻状况(%)	有配偶	15.7	83.6	0.8	21.2	78.8	0	13.3	85.6	1.1
	无配偶	17.7	78.4	3.9	19.8	72.2	7.9	16.7	81.4	1.9
子女数量(个)		3.6	3.9	2.7	3.3	3.7	2.9	3.7	3.9	2.5
子女流迁(%)	全部未流迁	11.9	86.0	2.1	19.1	78.6	2.4	8.9	89.1	2.0
	部分流迁到本地他处	18.6	79.2	2.2	22.0	74.3	3.7	16.4	82.4	1.2
	全部流迁到本地他处	37.5	54.2	8.3	42.9	42.9	14.3	30.0	70.0	0
	部分流迁到外地	14.0	84.5	1.4	12.5	84.4	3.1	14.5	84.6	0.9
	全部流迁到外地	25.5	68.1	6.4	30.0	60.0	10.0	24.3	70.3	5.4
居住安排(%)	独立居住	27.4	69.1	3.5	31.3	64.7	4.0	24.4	72.5	3.1
	与子女同住	12.1	86.6	1.3	13.4	84.3	2.4	11.6	87.5	0.9
	与其他人同住	12.3	81.5	6.2	7.7	69.2	23.1	13.5	84.6	1.9
子女探望频率(%)	至少有一个子女每周探望≥1次	15.5	82.9	1.6	18.4	78.7	2.8	14.1	84.9	1.0
	至少有一个子女每月探望≥1次	12.6	84.0	3.4	21.6	75.7	2.7	8.5	87.8	3.7
	几乎不探望	21.9	74.2	3.9	22.6	67.9	9.4	21.6	76.8	1.6

第四章 需求：中国农村老年人互助需求及影响因素

续表

变量		全国			发达地区			欠发达地区	
		无人照护	家庭照护	社会照护	无人照护	家庭照护	社会照护	无人照护	家庭照护	社会照护
家庭资本										
土地承包经营(%)	土地被征用或收归集体	14.5	83.1	2.4	15.4	80.8	3.9	13.9	84.7	1.4
	自己或子女耕种	16.5	81.1	2.5	21.8	73.9	4.2	14.3	84.0	1.7
	土地流转	22.5	76.1	1.4	22.7	72.7	4.6	22.5	77.6	0
社区资本										
本地居住时长（年）		59.6	62.9	60.4	61.8	63.9	57.9	58.2	62.5	63.5
社会交往频率(%)	未参加任何活动	14.2	83.3	2.5	20.8	73.8	5.4	11.5	87.1	1.4
	不经常参加	18.3	78.9	2.8	17.4	82.6	0	18.7	77.1	4.2
	至少有1项每周一次	15.1	83.0	1.9	23.5	76.5	0	11.1	86.1	2.8
	至少有1项每天参加	26.0	72.4	1.6	18.4	77.5	4.1	30.8	69.2	0
老年协会(%)	没有	18.0	79.5	2.5	25.4	70.1	4.5	15.2	83.1	1.7
	有	10.2	88.3	1.6	6.5	90.3	3.2	13.6	86.4	0

本村居住时间最短，仅为57.9年，而欠发达地区获得社会照护的老年人在本村居住时间则最长，达到63.5年。

就社会交往而言，至少每天参加1项社交活动的农村老年人家庭照护（72.4%）和社会照护（1.6%）的比例最低，无人照护（26.0%）的比例最高；而未参加任何活动的农村老年人家庭照护（83.3%）的比例最高，无人照护（14.2%）的比例最低。其中，至少每天参加1项社交活动的农村老年人家庭照护的比例比未参加任何活动的老年人低10.9个百分点，无人照护的比例高出其0.83倍。经常参加社会交往活动的老年人家庭照护和社会照护的比例低、无人照护的比例高，这可能与老年人生活自理能力相对较强有关，也可能与老年人缺乏照护资源而自发寻找有关。

分地区来看，发达地区经常参加社会交往活动的老年人和不经常参加的老年人在照护方式上的差别要小于欠发达地区。其中欠发达地区至少每天参加1项社交活动的老年人无人照护的比例最高，达30.8%，比未参加任何活动的老年人（11.5%）高出19.3个百分点；家庭照护的比例为69.2%，比未参加任何活动的老年人（87.1%）低17.9个百分点。

在全国有老年协会的村庄的生活不能自理老年人中，有88.3%获得家庭照护，比没有老年协会的高出8.8个百分点。发达地区有老年协会的村庄里，生活不能自理的老年人获得家庭照护的比例比欠发达地区高出19.7个百分点；而欠发达地区有老年协会的村庄里，生活不能自理老年人获得家庭照护的比例反而低。

交互分析结果明确显示，社会资本的各项指标与农村生活不能自理老年人照护方式有密切关联且存在地区差异。但是，这里描述的仅是二元关系，没有考虑其他因素的干扰作用。它们之间的关系可能会受到相互之间以及老年人社会人口变量的调节。因此，为了探讨社会资本的各项指标对老年人照护方式的独立影响，本书进一步做了回归分析。

四 模型拟合

为分析社会资本各维度细项对老年人照护方式的独立影响，回答以下四个问题：一是家庭资本是否作用于农村老年人的照护方式？二是社区资本对农村老年人照护方式是否具有显著影响？三是个体特征对农村老年人照护方式是否具有显著影响？四是个体特征、社会资本的某些指标是否以及在多大程度上受到其他因素的干扰和调节？模型拟合将分四步进行：第一步将与家庭资本的互动的主要自变量全部纳入模型，包括子女数量、婚姻状况、子女流迁、居住安排、子女探望频率和土地承包经营；第二步将与社区资本的互动的主要自变量全部纳入模型，包括本地居住时长、社会交往频率和老年协会参与情况；第三步计算个体特征的影响，包括自评收入状况、性别、年龄和自评健康状况；第四步将所有变量纳入模型，形成全模型，考察在控制其他条件的情况下，自变量与因变量的独立关系及相互之间的调节。回归结果如表4-5所示。

（一）家庭资本的影响

模型一和全模型体现了家庭资本和家庭互动关系对农村老年人照护方式的影响。在模型一中，婚姻状况、子女数量、子女流迁、居住安排均对农村老年人照护方式具有显著影响。加入社区资本和个体特征变量后，子女流迁、婚姻状况、子女探望频率的影响出现明显变化。一是子女流迁影响的显著性消失。换言之，子女流迁虽然会影响老年人的照护方式，但受到老年人的居住安排、社区资本和个体特征的强调节作用。如果改变其他因素，将有可能把农村老年人无人照护的可能性降到最低。二是婚姻状况、子女探望频率的影响显著增加。这可能与控制社区资本、个体特征的反向作用之后，婚姻状况、子女探望频率的独立影响更加显现有关。

具体而言，与家庭照护相比，子女数量的增加对老年人无人照护没有显著影响，但显著降低了老年人社会照护的可能性。这可能与农村根深蒂固的子女养老、家丑不外扬、有子女的情况下邻里亦不愿多管闲事的思想密切相关。

老年人婚姻状况对照护方式有显著影响。在全模型中，与家庭照护相比，无配偶的老年人无人照护的可能性约是有配偶老年人的2.8倍，社会照护的可能性约是有配偶老年人的7.4倍。可见，有配偶的老年人获得家庭照护的可能性更大，而无配偶的老年人更有可能无人照护或获得社会照护。

从子女流迁角度来看，与家庭照护相比，有子女流迁的老年人无人照护的可能性要大于全部子女在本村居住。与子女流迁距离相比，子女流迁数量对老年人照护方式的影响更大。全部子女流迁到本地他处和外地的老年人无人照护和社会照护的可能性显著更大。

在居住安排方面，与家庭照护相比，与子女同住的农村老年人无人照护的可能性比独居的老年人显著小69%，与子女同住的农村老年人社会照护的可能性比独居的老年人显著小73%。与其他人同住的农村老年人社会照护的可能性要大于独居的老年人，没有通过显著性检验。

加入社区资本和个体特征变量之后，子女探望频率的影响变得显著。在全模型中，与家庭照护相比，子女几乎不探望的老年人无人照护的可能性是至少有一个子女每周探望大于等于1次的老年人无人照护的1.7倍，通过显著性检验。

土地流动对农村老年人照护方式没有显著影响，但与家庭照护相比，土地流转老年人无人照护的比例高于没有土地的老年人或者自己/子女耕种土地的老年人。

(二) 社区资本的影响

模型二和全模型体现了社区资本和与社区资本的互动对农村老年人照护方式的影响。在模型二中，老年人本地居住时长、社会交往频率、有无老年协会均对农村老年人照护方式具有显著影响。加入家庭资本和个体特征变量后，有老年协会的独立影响显著增加。

从本地居住时长来看，与家庭照护相比，在本地居住时间越长，无人照护和社会照护的可能性越小，且无人照护的影响通过显著性检验。

在社会交往频率方面，与家庭照护相比，参加社会交往活动的老年人比不参加社会交往活动的老年人无人照护的可能性小。在全模型中，与家庭照护相比，至少有1项活动每天参加的老年人无人照护的可能性是未参加任何活动老年人的2.4倍，通过显著性检验。

在老年协会方面，在全模型中，与家庭照护相比，所在村庄有老年协会的老年人无人照护的可能性比没有老年协会的老年人显著小64%，社会照护的可能性比没有老年协会的老年人小55%。

(三) 个体特征的影响

在个体特征变量中，自评收入状况、年龄、自评健康状况通过显著性检验。与家庭照护相比，自评收入状况差的老年人无人照护和社会照护的

表4-5 农村老年人照护方式影响因素的模型拟合结果

Exp（B）（非正式照护为参照组）

变量	模型一 家庭资本的影响		模型二 社区资本的影响		模型三 个体特征的影响		全模型	
	无人照护	社会照护	无人照护	社会照护	无人照护	社会照护	无人照护	社会照护
子女数量	0.947	0.682^					1.016	0.687^
婚姻状况（有配偶＝参照）								
无配偶	1.591*	7.141**					2.792***	7.383**
子女流迁（全部未流迁＝参照）								
部分子女流迁到本地他处	1.451	0.976					1.240	1.595
全部子女流迁到本地他处	2.727^	2.546					2.520	2.275
部分子女流迁到外地	0.978	0.459					1.099	0.701
全部子女流迁到外地	1.526	1.276					1.264	1.107
居住安排（独立居住＝参照）								
与子女同住	0.317***	0.260*					0.311***	0.271^
与其他人同住	0.314**	1.167					0.288**	1.697
子女探望频率（至少有一个子女每月探望＞＝1次＝参照）								
至少有一个子女每月探望＞＝1次	0.776	2.078					0.608	2.355
几乎不探望	1.492	1.420					1.715^	1.697
土地承包经营（土地被征用或收归集体＝参照）								
自己或子女耕种	1.466	1.505					1.138	1.192
土地流转	1.519	0.891					1.709	1.045

续表

变量	模型一 家庭资本的影响		模型二 社区资本的影响		模型三 个体特征的影响		全模型	
	无人照护	社会照护	无人照护	社会照护	无人照护	社会照护	无人照护	社会照护
本地居住时长			0.989^	0.990			0.990^	0.994
社会交往频率（未参加任何活动＝参照）								
不经常参加			1.336	1.216			1.357	1.442
至少有1项每周一次			1.163	0.823			1.175	0.824
至少有1项每天参加			2.313***	0.797			2.395***	0.682
老年协会（没有＝参照）								
有			0.444**	0.625			0.360**	0.449
自评收入状况（好/一般＝参照）								
差					1.797**	1.615	2.007**	1.408
性别（女性＝参照）								
男性					1.034	1.427	0.888	1.499
年龄					0.964**	1.007	0.942***	0.992
自评健康状况（好/一般＝参照）								
差					0.717^	4.727*	0.657^	5.861^
截距	0.102***	0.005***	0.380**	0.058**	2.395	0.003**	5.564	0.001*
Pseudo R^2	0.091		0.026		0.033		0.166	
样本量	735		737		766		707	

注：Pseudo R^2 是用来判断模型效果的统计量，取值越大，效果就越好；*、**、***、^分别表示在0.05、0.01、0.001、0.1水平上显著。

可能性显著大于自评收入状况好/一般的老年人，无人照护方面通过显著性检验。相比家庭照护，年龄越大的老年人无人照护的可能性显著越小。与家庭照护相比，自评健康状况差的老年人无人照护的可能性显著小于自评健康状况好/一般的老年人，但社会照护的可能性显著大于自评健康状况好/一般的老年人。

五 总结

从本节的分析可以看出，我国农村生活不能自理老年人的照护情况不容乐观。2015年，我国农村生活不能自理老年人无人照护的比例已经接近两成，家庭照护的比例仅占3/4。但值得注意的是，从2011年到2015年，农村生活不能自理老年人的社会照护（主要是邻里互助）比例从2.4%增长到6.7%，出现了明显提高。

与此同时，我国农村生活不能自理老年人拥有的家庭资本和社会资本也相对不足，欠发达地区农村生活不能自理老年人拥有的社区资本要少于发达地区农村。在家庭资本方面，2011年，不到半数生活不能自理老年人有配偶，子女数量平均为3.8个，有子女流迁的比例超过八成，全部子女流迁到本地他处或外地的比例接近10%，不同住子女几乎不探望的比例接近1/4，有三成独居，土地被征用/收归集体和流转的比例也超过1/4。在社区资本方面，2011年，生活不能自理老年人在本村居住时间较长，平均超过60年，但未参加任何活动的比例达到67.2%，农村有老年协会的比例为16.7%。

从社会资本对农村生活不能自理老年人照护方式的影响来看，与家庭照护相比，无配偶、独居、不参加任何社会交往活动、所在村庄没有老年协会的贫困、低龄、自评健康状况好/一般老年人无人照护的可能性显著更大，子女数量少、无配偶的自评健康状况差的老年人社会照护的可能性显著更大。总的来讲，一方面，伴随农村生活不能自理老年人家庭照护的日渐缺位，非正式互助网络已经对老年人家庭照护起到一定的补充作用，尤其体现在对子女数量少、无配偶的自评健康状况差的老年人救济性的照护上。无人照护的老年人也会积极参与社交活动，加固自己的非正式互助网络，以备不时之需。但值得注意的是，子女数量多的老年人无人照护的可能性反而变大，也就是说，对于子女数量多的生活不能自理老年人，在子照护缺失的情况下，根深蒂固的子女养老、家丑不外扬的传统思想还是让他们不会求助于家庭之外，有子女的情况下邻里亦不愿多管闲事。

另一方面，老年协会的正式组织力量对于生活不能自理老年人的保护作用非常显著。笔者亦认为老年协会是农村老年人的重要组织和保护力量，可以将非正式互助网络中的零散的互助行为组织起来，增加非正式互助的稳定性和可持续性，也是未来农村社会养老服务的重要载体之一。[①]

第三节　中国农村老年人的精神孤独状况及影响因素

一　农村老年人的精神孤独状况变化

2011～2015年，农村老年人的精神孤独状况有所好转，但到2015年，仍有接近30%的农村老年人会感到孤独。如图4-2所示，2013年与2015年全国农村老年人孤独感为"极少或从不感到孤独"的比例均超过70%，而2011年该比例为62.4%，明显低于2013年和2015年；"偶尔感到孤独"的比例随年份增长而下降，三次调查依次为12.5%、10.1%和9.0%；2013年与2015年"有时感到孤独"的比例相同，均为8.7%，而2011年较高，为12.0%；"总是感到孤独"的老年人比例在三次调查中没有发生显著差别，分别为13.1%、10.5%和11.9%。

分地区而言，农村老年人孤独比例呈现东部地区最低、西部最高的状况，并且五年间差距并无太大变化。东部和西部地区农村老年人"极少或从不感到孤独"的比例呈现逐年递增的状态，并且在2013年增长幅度最大，分别由68.4%和55.8%上升至75.2%和64.7%。中部地区农村老年人"极少或从不感到孤独"的比例随年份增加呈现"倒V形"，三次调查分别为63.6%、74.0%和69.9%。

---

① 这里对理想老年协会的作用机理进行简要分析。从经济层面来看，老年协会凭借掌握的资源，通过市场化经营取得收入，提高老年协会的服务经费，增加协会老人的经济资源；从社会层面来看，通过老年协会的有效组织，老年人可以产生整个村落意义上的群体行动，提高老年人的社会和家庭地位，便于在村庄形成尊老爱老敬老的氛围。经济和社会这两个层面相互促进，老年协会以及协会老人通过群体行动，在村庄中话语权增加，意味着老年协会能够掌握更多可以转化为经济收入的资源，而老年协会经济收入的增加也会促进老年协会和协会老人在村庄中地位的提升。二者通过共同作用可以减少失能老人无人照料的风险，增加失能老人获得家庭照料的可能性，也便于其他服务的开展。

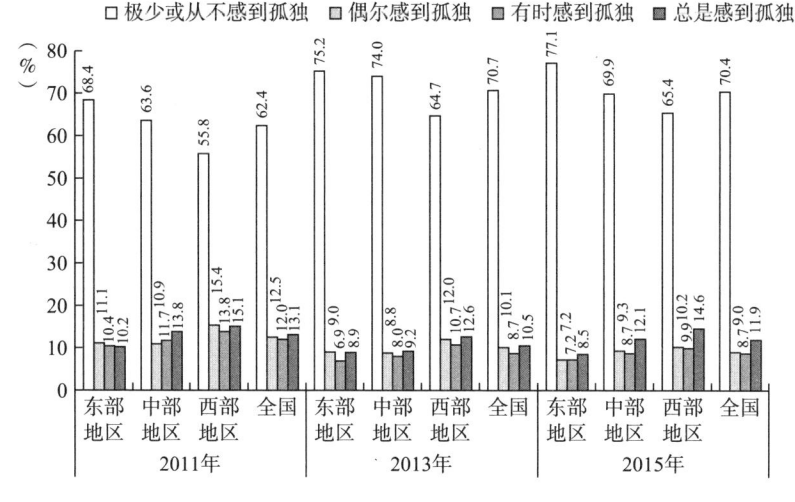

第四章 需求：中国农村老年人互助需求及影响因素

图4-2 分地区农村老年人孤独感状况变化

二 2011年农村老年人拥有的社会资本情况

（一）家庭资本情况

如表4-6所示，在婚姻状况方面，全国有32.5%的农村老年人无配偶，发达地区的这一比例（31.1%）略低于欠发达地区（33.3%）。此外，被调查的农村老年人平均子女数量为3.6个。

在子女流迁方面，农村老年人在本地居住的子女流迁的比例占80%，并且子女流迁以部分流迁为主，其中流迁到本地他处的比例为25.5%，流迁到外地的比例为33.9%。全部子女流迁到本地他处和外地的比例较低，分别为11.1%和9.6%。分地区来看，发达地区子女未流迁的比例略低于欠发达地区，但部分和全部子女流迁到本地他处的比例发达地区明显高于欠发达地区，其中部分子女流迁到本地他处的比例分别为32.9%和21.8%，全部子女流迁到本地他处的比例分别为14.5%和9.4%。相反，部分子女和全部子女流迁到外地的比例欠发达地区均明显高于发达地区。可见，发达地区农村老年人子女更愿意留在本地，而欠发达地区农村老年人子女由于追求更好的生活而愿意去往外地。

就居住安排来看，农村老年人与子女同住所占比例最大，为57.0%，其次为仅与配偶同住，比例为23.3%。分地区而言，发达地区农村老年人仅与配偶同住的比例明显高于欠发达地区，比例分别为30.9%和19.6%；而欠发达地区农村老年人与子女同住和与其他人同住的比例均高于发达地区。

在土地流动方面，由自己或子女耕种土地的老年人占主体，远高于其他土地形式，比例达75.0%，土地被征用/收归集体和土地流转的比例分别为15.0%和10.0%。此外，发达地区和欠发达地区土地流转比例相近，而土地被征用或收归集体的比例发达地区明显高于欠发达地区，自己或子女耕种的比例欠发达地区明显高于发达地区。

子女探望频率以至少有一个子女每周探望次数大于等于1次为主，占比为58.7%；而几乎不探望的比例高达24.9%，值得关注。此外，至少有一个子女每周探望次数大于等于1次的比例发达地区（68.1%）高于欠发达地区（54.0%），几乎不探望的比例欠发达地区是发达地区的1.7倍。

（二）社区资本情况

社会交往方面，未参加任何活动的农村老年人比例为54.7%，超过半数；不经常参加、至少有1项每周一次和至少有1项每天参加的比例分别仅为11.9%、10.2%和23.2%。分地区来看，欠发达地区农村老年人不参加社会交往（57.0%）的比例高于发达地区（49.8%），而差不多每天参加社交活动的比例较发达地区低8.3个百分点。

在老年协会方面，村庄有老年协会的比例为22.1%。没有老年协会的欠发达地区农村（85.5%）比发达地区农村（62.5%）高出23.0个百分点。

我国农村老年人本地居住时长较久，平均为60.1年。

表4-6 2011年农村老年人拥有的社会资本情况

		全国	发达地区	欠发达地区
婚姻状况（%）	有配偶	67.5	68.9	66.7
	无配偶	32.5	31.1	33.3
子女数量（个）		3.6	3.5	3.6
子女流迁（%）	全部未流迁	20.0	17.9	21.0
	部分子女流迁到本地他处	25.5	32.9	21.8

续表

		全国	发达地区	欠发达地区
子女流迁 （%）	全部子女流迁到本地他处	11.1	14.5	9.4
	部分子女流迁到外地	33.9	28.7	36.5
	全部子女流迁到外地	9.6	6.0	11.3
居住安排 （%）	独居	10.8	14.8	8.8
	仅与配偶同住	23.3	30.9	19.6
	与子女同住	57.0	49.4	60.7
	与其他人同住	8.9	4.9	10.8
土地承包经营 （%）	土地被征用或收归集体	15.0	22.2	11.4
	自己或子女耕种	75.0	67.9	78.5
	土地流转	10.0	9.9	10.1
子女探望 频率 （%）	至少有一个子女每周探望≥1次	58.7	68.1	54.0
	至少有一个子女每月探望≥1次	16.4	15.2	17.0
	几乎不探望	24.9	16.8	29.0
社会交往 频率 （%）	未参加任何活动	54.7	49.8	57.0
	不经常参加	11.9	10.8	12.5
	至少有1项每周一次	10.2	10.6	10.1
	至少有1项每天参加	23.2	28.8	20.5
老年协会 （%）	没有	77.9	62.5	85.5
	有	22.1	37.5	14.5
本地居住时长（年）		60.1	61.0	59.7

三 拥有不同社会资本的农村老年人的精神孤独状况

（一）家庭资本

如表4-7所示，在婚姻状况方面，有配偶的老年人有孤独感的比例明显低于无配偶的老年人，分别为32.4%和56.9%。分地区来看，发达地区和欠发达地区的有配偶老年人有孤独感的比例也明显低于无配偶的老年人，其中，发达地区有无配偶老年人有孤独感的比例差距更大，无配偶老年人有孤独感的比例是有配偶老年人的2倍多。

有孤独感的农村老年人的子女数量平均为3.6个，与无孤独感的老年人差别不大。

子女流迁方面，我国全部子女流迁到本地他处的农村老年人存在孤独感状况的比例最低，为32.2%；其他类别比例较为相近。分地区来看，发达地区和欠发达地区老年人孤独感比例最低的类别也均为全部子女流迁到本地他处，分别为27.5%和35.8%。

我国农村老年人孤独感状况在不同子女探望频率上差异不大，其中子女几乎不探望的老年人孤独程度略高于子女每月探望频率大于等于1次的老年人，为42.5%。分地区来看，发达地区老年人孤独程度低于欠发达地区，在不同子女探望频率类别中相差均为5~7个百分点。

土地流动方面，土地由自己或子女耕种的老年人有孤独感的比例最低，为36.6%；其次为土地被征用或收归集体，比例为39.7%；土地流转的老年人孤独感比例最高，为42.1%。分地区来看，欠发达和发达地区老年人孤独感比例与全国分布基本相似，因此不加赘述。值得关注的是，欠发达地区土地流转的老年人有孤独感的比例达到44.7%，因此对没有土地的老年人心理状况的关注与适当的疏导是十分必要的。

居住安排方面，独居老年人有孤独感比例最高，达到56.8%，是仅与配偶同住（比例最低，为30.7%）的近1.9倍。分地区来看，发达地区和欠发达地区老年人孤独感比例在居住安排上存在差异。首先，除与其他人同住外，欠发达地区老年人有孤独感的比例均高于发达地区；其次，仅与配偶同住和与子女同住的老年人发达地区和欠发达地区有孤独感的比例差异相对较大，均相差10个百分点以上；最后，发达地区独居和仅与配偶居住的老年人有孤独感的比例相差巨大，独居该比例约是仅与配偶同住的2.2倍。

（二）社区资本

从社会交往来看，经常社交的老年人有孤独感的比例（34.5%）低于不经常社交的老年人（39.1%），发达地区农村老年人在各类别中有孤独感的比例均低于欠发达地区老年人。在全国有老年协会的村庄中，有孤独感的老年人的比例（28.8%）要远低于没有老年协会的村庄的这一比例（40.1）。这说明，是否有老年协会对老年人的孤独感有重要影响。

有孤独感的农村老年人在本村居住的时长平均为59.5年，少于没有孤独感的农村老年人的本村居住时长。

交互分析结果明确显示,社会资本的各项指标与农村老年人孤独感有密切关联且存在地区差异。但是,这里描述的仅是二元关系,没有考虑其他因素的干扰作用。它们之间的关系可能会受到相互之间以及老年人社会人口变量的调节。接下来,本书就将通过回归分析,探讨社会资本的各项指标对老年人孤独感的独立影响。

表4-7 拥有不同社会资本的农村老年人的精神孤独状况

变量	欠发达地区	发达地区	全国
婚姻状况			
有配偶(%)	32.4	23.7	29.5
无配偶(%)	56.9	49.2	54.5
子女数量(个)	3.6	3.5	3.6
子女流迁			
全部未流迁(%)	40.7	33.0	38.4
部分子女流迁到本地他处(%)	40.6	32.0	36.9
全部子女流迁到本地他处(%)	35.8	27.5	32.2
部分子女流迁到外地(%)	41.6	32.5	39.0
全部子女流迁到外地(%)	40.6	31.8	38.8
土地承包经营			
土地被征用或收归集体(%)	45.7	33.3	39.7
自己或子女耕种(%)	39.2	30.4	36.6
土地流转(%)	44.7	36.5	42.1
居住安排			
独居(%)	58.7	54.5	56.8
仅与配偶同住(%)	35.1	24.9	30.7
与子女同住(%)	40.5	28.5	37.1
与其他人同住(%)	35.6	36.5	35.8
子女探望频率			
至少有1子女每周探望≥1次(%)	39.6	30.8	36.2
至少有1子女每月探望≥1次(%)	38.6	30.3	36.0
几乎不探望(%)	42.5	33.9	40.5

续表

变量	欠发达地区	发达地区	全国
照顾孙子女			
是（%）	42.6	33.4	39.4
否（%）	35.5	25.3	32.7
老年协会			
没有（%）	42.0	34.8	40.1
有（%）	32.0	26.3	28.8
社会交往频率			
不经常（%）	40.8	32.4	39.1
经常（%）	39.3	29.4	34.5
本村居住时长（年）	59.5	60.5	59.1

四　模型拟合

描述性分析结果显示，农村老年人拥有社会资本的各项指标、孤独感状况以及二者之间的关系呈现明显的差异（见表4-8）。接下来，笔者试图分析在其他条件相同的情况下自变量对因变量产生的影响，以回答"拥有哪些社会资本对老年人的孤独感有影响"这一问题。

为回答上述问题，本章将分四步进行分析：第一步将与家庭资本的互动的主要自变量全部纳入模型，包括子女数量、婚姻状况、子女流迁、居住安排、子女探望频率和土地承包经营；第二步将与社区资源的互动的主要自变量全部纳入模型，包括本地居住时长、社会交往频率和老年协会情况；第三步计算个体特征的影响，包括自评收入状况、性别、年龄和自评健康状况；第四步将所有变量纳入模型，形成全模型，考察在控制其他条件的情况下，自变量与因变量独立关系的差别。

（一）家庭资本的影响

模型一和全模型体现了家庭资本和家庭互动关系对农村老年人孤独感的影响。在模型一中，婚姻状况、居住安排和子女探望频率均对农村老年人孤独感具有显著影响。加入社区资本和个体特征变量后，居住安排和子女探望频率的影响出现些许变化。一是居住安排中仅与配偶同住增加了显著性。这可能与控制社区资本、个体特征的反向作用之后,其独立影响更加显现有关。二是子女探望频率对农村老年人孤独感影响的显著性消失。换言之,子女探望频率虽然会影响老年人的孤独感,但受到社区资本和个体特征的强调节作用,其影响消失。因此,如果能改变其他因素,完全可以将农村老年人孤独感的可能性降到最低。

具体来看,在模型一中,无配偶的老年人有孤独感的可能性是有配偶老年人的近2.7倍,且存在显著性,并且在全模型中显著性并未消失。可见,有配偶可以明显降低老年人的孤独感。

居住安排方面,与独居老年人相比,与配偶同住、与子女同住和与其他人同住的老年人有孤独感的可能性明显较低,并且在加入其他变量后显著性也未消失。

在与家庭资本互动的模型中,子女几乎不探望的老年人有孤独感的可能性是至少有一个子女每周探望大于等于1次的老年人的1.2倍,且存在显著性,但其显著性在全模型中消失。

此外,子女数量、子女流迁和土地承包经营对于农村老年人孤独感并无显著影响。

(二) 社区资本的影响

模型二和全模型体现了社区资本和与社区资本的互动对农村老年人孤独感的影响。在模型二中,老年人本地居住时间、社会交往频率、有老年协会均对农村老年人孤独感具有显著影响。加入家庭资本和个体特征变量后,本地居住时长、社会交往频率的显著性消失。

具体来看,与社区资本的互动的变量中,在本地居住时间越长,有孤独感的可能性则越小,且存在显著性,但该显著性在全模型中消失。

社会交往频率方面,至少有1项活动每周参加一次的老年人在与社区资本互动的模型中有孤独感的可能性显著低于未参加任何活动的老年人,但该显著性在全模型中消失。

有老年协会的村庄的老年人有孤独感的可能性显著小于没有老年协会的村庄的老年人,并且在加入其他主要自变量后显著性依旧存在。可见,社区资本对于改善孤独感有显著影响。

(三) 个体特征的影响

在个体特征变量中，男性、高龄、自评健康状况差的老年人有孤独感的可能性更大，且自评收入状况对于孤独感无显著影响。

表4-8 农村老年人孤独感影响因素的模型拟合结果

变量	模型一 家庭资本的影响	模型二 社区资本的影响	模型三 个体特征的影响	全模型
子女数量	0.975			0.952
婚姻状况（有配偶=参照）				
无配偶	2.688***			2.410***
子女流迁（全部未流迁=参照）				
部分子女流迁到本地他处	1.029			1.160
全部子女流迁到本地他处	0.861			1.001
部分子女流迁到外地	1.185			1.259
全部子女流迁到外地	1.098			1.263
居住安排（独居=参照）				
仅与配偶同住	0.790			0.712*
与子女同住	0.731**			0.665**
与其他人同住	0.681**			0.602**
子女探望频率（至少有一个子女每周探望≥1次=参照）				
至少有一个子女每月探望>=1次	1.117			1.094
几乎不探望	1.217^			1.067
土地承包经营（没有土地=参照）				
自己或子女耕种	1.035			0.949
土地流转	1.181			1.067
本地居住时长		0.989^		0.999
社会交往频率（未参加任何活动=参照）				
不经常参加		1.137		1.119
至少有1项每周一次		0.800^		0.816
至少有1项每天参加		0.926		0.864
老年协会（没有=参照）				
有		0.631***		0.690***

续表

变量	模型一 家庭资本的影响	模型二 社区资本的影响	模型三 个体特征的影响	全模型
地区（欠发达=参照）				
发达				1.319**
自评收入状况（好/一般=参照）				
差			0.874	0.866
性别（女性=参照）				
男性			1.743***	1.399***
年龄			1.018***	1.000
自评健康状况（好/一般=参照）				
差			2.019***	2.010***
截距	0.189***	0.895	0.106***	0.183***
Pseudo R^2	0.047	0.009	0.041	0.083
样本量	2977	3159	2999	2761

注：Pseudo R^2 是用来判断模型效果的统计量，取值越大，效果越好；*、**、***、^分别表示在 0.05、0.01、0.001、0.1 水平上显著。

五 总结

从本节的分析可以看出，我国农村老年人的精神孤独状况不容忽视。2015年，我国农村老年人有孤独感的比例已经接近三成，其中，总是感到孤独的老年人比例已经超过一成。更值得注意的是，欠发达地区农村老年人的精神孤独状况更为严重，2015年，中部地区有超过三成的农村老年人感到孤独，"总是感到孤独"的比例为12.1%。

此外，我国农村老年人拥有的家庭资本、社区资本也相对不足，欠发达地区农村老年人拥有的社会资本要少于发达地区农村老年人。在家庭资本方面，2011年，农村老年人仅有约2/3有配偶，子女数量平均为3.6个，但子女流迁的比例达到4/5，全部子女流迁到本地他处和外地的比例总计超过1/5，不同住子女几乎不探望的比例接近1/4，接近半数的农村老年人不与子女同住，土地被征用/收归集体或流转的比例也达到1/4。在社区资本方面，2011年，老年人在本村居住时间较长，平均超过60年；但超过半数不参加任何活动，所在村庄有老年协会的比例为22.1%。

分地区来看，在家庭资本方面，与发达地区相比，欠发达地区农村老年人丧偶率和子女全部流迁到外地的比例更高，但与子女同住的比例也更高。值得注意的是，欠发达地区农村老年人的不同住子女几乎不探望的比例接近三成，比发达地区高出12.2个百分点。在社区资本方面，欠发达地区农村老年人不参加社会交往的比例高于发达地区。尤其是欠发达地区农村老年人所在村庄有老年协会的比例仅为14.5%。

从社会资本对农村老年人精神孤独的影响来看，无配偶、独居、所在村庄没有老年协会、男性、自评健康状况差的老年人有孤独感的可能性显著更大。由此可以看出，第一，从家庭资本的角度来看，基于孝道伦理的子女亲情对农村老年人精神慰藉的作用降低，但基于爱情语义的配偶支持对老年人精神慰藉的作用非常大；第二，从社区资本的角度来看，自发、零散的与非正式资源的互动对于老年人精神慰藉的作用并不显著，但有组织的与非正式和正式资源的互动会显著降低老年人的精神孤独感；第三，伴随现代化和城镇化进程，能给予农村老年人精神慰藉、缓解精神孤独的，已经在很大程度上从代际亲情转向了朋辈支持。

第五章 供给：中国农村老年人互助状况及影响因素

基于前文对农村老年人互助需求的分析，我国农村老年人是否已经存在自发的或有组织的互助形式，服务互助和文化互助情况如何？农村老年人互助的影响因素和影响机制是什么？这种以老年人为中心的分析和探讨，恰为农村互助型社会养老的实施对象、发展方向提供了具体的靶向。需要说明的是，互助型社会养老并非只有老年人参加，在互助组织中，老年人是核心受助者，所有成员都可以是施助者。但受数据所限，故本章主要分析呈现了老年人之间的互助情况。

第一节 数据与方法

一 样本选择

2015年第四次中国城乡老年人生活状况抽样调查的有效样本量为220170人，其中，农村老年人样本量为103511人，在总样本中所占比例为47.0%。这次调查分为长表和短表，抽取了短表样本的10%填答长表问卷。本章的部分自变量属于长表问卷；实际采用的农村老年人样本量是9134人，发达地区农村样本量为3730人，欠发达地区农村样本量为5404人。

二 操作性定义与变量选取

本章的因变量是参与服务互助和文化互助状况。参与服务互助对应的问题是"G1 您是否经常参加以下公益活动"，回答"是"，则是经常参加，回答"否"，则是不经常参加。参与文化互助对应的问题是"I1 您是否经常参加下列活动"，笔者选择了跳舞（广场舞/扭秧歌）、打门球/羽毛球等、打麻将/打牌/下棋等三类需要与他人互动才能进行的体育、文艺、休闲娱乐活动衡量文化互助的指标。如果这三项中有一项是经常参加，则为经常参加文化互助活动；如果这三项全没有经常参加，则为不经常参加文化互助活动。

主要自变量是社会资本。本书将家庭层面的家庭资本操作化为婚姻状况、子女数量、外省居住子女数量，将与家庭资本的互动操作化为老年人与家庭成员间的互动和互惠，衡量指标包括居住安排、老年人给予子女的家务帮助；社区层面的互动关系操作化为老年人的非正式网络大小和正式组织资源及互动，衡量指标包括经常来往的亲戚朋友数量、是否参加家族活动和老年协会。

另外，由于老年人的个体社会经济状况和政治面貌会影响老年人拥有的社会资本的大小和利用社会资本的能力，故将其作为控制变量纳入回归方程。具体选取以下四个指标进行衡量：人口变量（年龄、性别、民族）、经济状况（自评收入状况、工作状况）、政治面貌（是否为党员）和健康状况（自评健康状况）。

三 研究方法

本章的主要研究内容是中国农村老年人互助状况（服务互助和文化互助）及影响因素。故首先采用描述性分析的方法，利用2015年第四次中国城乡老年人生活状况抽样调查数据，分析中国农村老年人的互助状况，之后利用该数据，采用二元Logistic回归方法，分别探讨影响农村老年人服务互助和文化互助的社会资本因素。

四 样本特征

（一）家庭资本情况

从婚姻状况和子女数量来看，如表5-1所示，农村老年人有配偶的比例超过七成，发达地区比例略高于欠发达地区。子女数量均值为3.5个，其中发达地区为3.2个，欠发达地区为3.6个，欠发达地区子女数量略多。

外省居住子女数量方面，无外省居住子女的比例最高，为82.1%；外省居住子女数量为 1 个的比例为 10.9%；两个及以上的比例未超过一成，其中 2 个和 3 个及以上的比例分别为 4.3% 和 2.7%。分地区来看，发达地区老年人无外省居住子女的比例高于欠发达地区 14 个百分点，达到 91.1%。可见，发达地区子女更可能留在本地，而欠发达地区子女更可能去往外地。

就居住安排来看，以与子女同住老年人占比最高，为 40.6%，但仅与配偶同住的比例接近与子女同住的比例，达到 37.5%；值得关注的是，有 14.3% 的老年人处于独居的状态。分地区而言，发达地区和欠发达地区独居比例差异不大，但发达地区农村老年人仅与配偶居住的比例明显高于欠发达地区，达到 44.1%；而欠发达地区农村老年人与子女同住和与其他人同住的比例均高于发达地区。

帮助子女方面，大多数老年人帮助过子女，不帮助子女的比例为 29.5%；其中帮子女照看家、做家务和照看孙子女的比例相近，分别为 36.6% 和 33.9%。分地区来看，发达地区老年人不帮助子女的比例略高，可能有更多可支配时间。

（二）社区资本情况

首先，农村老年人经常来往的亲属或朋友数量约为 8 个，且地区间几乎无差异。

其次，参加家族活动方面，不参加家族活动的农村老年人比例达到 70.7%，地区间几乎无差异。

最后，参加老年协会方面，村庄有老年协会且老年人参加的比例分别仅为 9.6%，不参加老年协会的比例超过九成，差距很大。

综上，发达地区的老年人拥有的社区资本和与社区资本互动的比例高于欠发达地区，但从全国总体来看社区资本拥有和互动比例均不高。

（三）控制变量

从控制变量来看，调查样本中，农村老年人平均年龄约为 69.5 岁，地区间无差异。另外，样本以女性为主，占 51.1%，发达地区女性比例略高于欠发达地区。工作状况方面，没有工作的老年人比例最高，为 64.0%，其次为仅务农的比例，为 25.3%；仅务工和兼业的比例分别为 4.9% 和

5.8%；发达地区农村老年人无工作的比例略低，仅务工的比例是欠发达地区的近1.9倍。自评收入状况集中在一般，比例为55.6%；其次为困难，比例为32.8%；认为自己收入状况好的老年人占比仅为11.7%；值得关注的是，欠发达地区老年人自评收入状况好或一般的比例均低于发达地区，但自评收入状况差的比例高于发达地区。自评健康状况以一般（41.9%）为主，好（27.9%）和差（30.3%）的比例相近，但发达地区好和差的比例差异较大，且呈现发达地区自评健康状况更好、欠发达地区更差的现象。此外，老年党员的比例仅为6.3%，发达地区比例略高；民族以汉族为主，发达地区农村老年人汉族的比例高于欠发达地区。

表 5-1 样本特征

		全国	发达地区	欠发达地区
婚姻状况（%）	有配偶	70.7	72.3	69.8
	无配偶	29.3	27.8	30.2
子女数量（个）		3.5	3.2	3.6
外省居住子女数量（%）	0个	82.1	91.1	77.1
	1个	10.9	6.7	13.3
	2个	4.3	1.5	5.8
	3个及以上	2.7	0.6	3.8
居住安排（%）	独居	14.3	15.5	13.6
	仅与配偶同住	37.5	44.1	33.9
	与子女同住	40.6	36.6	42.7
	与其他人同住	7.7	3.8	9.8
给子女劳动帮助（%）	没有	29.5	33.3	27.5
	照看家、做家务	36.6	34.8	37.5
	照看孙子女	33.9	31.9	35.0
经常来往的亲属/朋友数量（个）		8.2	8.0	8.2
参加家族活动（%）	不参加	70.7	71.0	70.5
	参加	29.3	29.0	29.5
参加老年协会（%）	不参加	90.4	88.9	91.3
	参加	9.6	11.1	8.7
性别（%）	女	51.1	51.6	50.8
	男	48.9	48.4	49.2
年龄（岁）		69.5	69.5	69.5

续表

		全国	发达地区	欠发达地区
目前从事工作（%）	没有工作	64.0	62.2	65.0
	仅务工	4.9	7.1	3.8
	仅务农	25.3	24.2	25.9
	兼业	5.8	6.6	5.3
自评收入状况（%）	好	11.7	15.2	9.8
	一般	55.6	58.4	54.0
	差	32.8	26.5	36.2
自评健康状况（%）	好	27.9	34.4	24.3
	一般	41.9	40.7	42.5
	差	30.3	24.9	33.2
党员（%）	不是	93.7	93.4	93.9
	是	6.3	6.7	6.1
汉族（%）	不是	8.1	2.6	11.1
	是	91.9	97.4	88.9
样本量（人）		9134	3730	5404

第二节 中国农村老年人的服务互助状况及影响因素

一 农村老年人的服务互助意愿与状况的变化

根据2000年中国城乡老年人口状况一次性抽样调查数据和2015年第四次中国城乡老年人生活状况抽样调查数据，2000年，农村老年人愿意为生活有困难的老年人做家务的比例为27.8%，照顾的比例为20.8%，聊天解闷的比例为65.1%，求医问药的比例为35.3%，调解纠纷的比例为42.2%[①]。但到2015年，在农村老年人中，愿意帮助社区有困难老人的比例仅为72.2%，实际经常帮助邻里的比例为37.0%。从2000~2015年的比较来看，我国农村老年人的服务互助意愿还是有所下降的。

分地区来看，西部地区农村因受现代化因素影响相对较小，守望相

---

① 在2000年调查中，社会公益活动参加情况仅访问了城市老年人。

助、邻里互助的结构性互助传统保存较好。东部地区老年人利他主义的互助意识有所觉醒，但在乡土社会受到现代化因素的多重冲击之后，实际邻里互助程度相对不高。2015年，西部地区农村老年人实际经常帮助邻里的比例最高，达到42.3%，东部地区次之，为36.3%，中部地区最低，仅为33.9%。东部地区农村老年人愿意帮助生活有困难老人的比例最高，达到74.5%，西部地区次之，为72.8%，而中部地区老年人愿意帮助生活有困难老人的比例最低，为69.7%（见图5-1）。

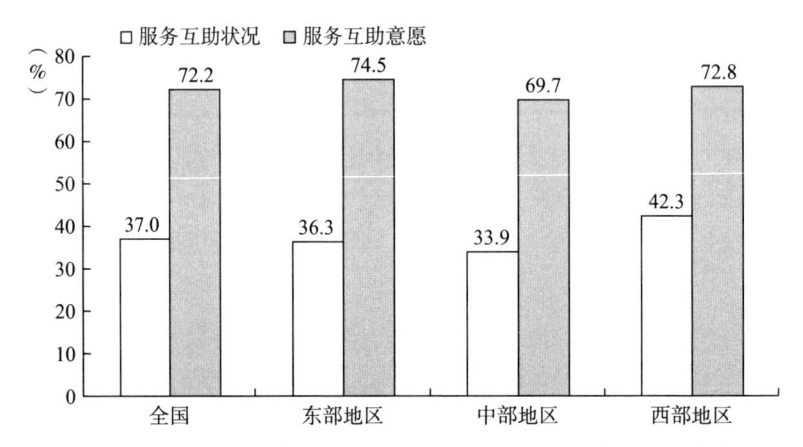

图5-1 2015年分地区农村老年人服务互助状况和服务互助意愿

二 拥有不同社会资本的农村老年人的服务互助状况

（一）家庭资本

如表5-2所示，婚姻状况方面，有配偶的老年人进行邻里互助的比例明显高于无配偶的老年人。有配偶的老年人帮助邻里的比例为40.5%，而无配偶老年人帮助邻里的比例仅为28.6%，地区间差异不大。

老年人帮助邻里的状况与在外省居住的子女数量关系不明显，随着外省居住子女增多而呈现"倒V形"，在无外省居住子女和有3个及以上外省居住子女中比例最低。分地区来看，发达地区有3个及以上外省居住子女的老年人互助状况最好，为43.2%；欠发达地区除无外省居住子女的老年人互助邻里比例（36.5%）最低外，其余比例均较为相似。综上，拥有更多家庭资本（有配偶、子女孝顺）的老年人进行邻里互助的比例更高。

从居住安排来看，独居老人进行邻里互助的最少，比例为30.2%；与配偶同住和与其他人同住的老年人邻里互助的更多，其中与其他人同住的老年人帮助邻里的最多，为43.2%。分地区来看，欠发达地区的老年人在不同居住方式上邻里互助情况均好于发达地区，发达地区仅与配偶同住的老年人邻里互助比例最高，为39.4%；欠发达地区与其他人同住的老年人邻里互助比例最高，为44.8%。

帮助子女方面，不帮助子女的老年人并没有因不需要帮助子女而较为清闲，有更多的意愿、时间和精力进行邻里互助，反而进行邻里互助的比例最低，为31.5%。照看孙子女的老年人邻里互助的比例最高，为54.6%。此外，农村老年人的邻里互助情况在帮助子女方面地区间差异极小。综上，与家庭互动更为密切的老年人邻里互助的情况也更为乐观。

（二）社区资本

社区层面的互动关系方面，与社区互动紧密的老年人邻里互助的比例明显高于不参与社区互动的老年人。

首先，参加家族活动的老年人邻里互助的比例为59.1%，高出不参加家族活动老年人22.2个百分点。

其次，参加老年协会的农村老年人邻里互助的比例为49.7%，高出不参加老年协会的老年人14.1个百分点。

分地区来看，欠发达地区参加家族活动和老年协会的老年人邻里互助比例更高。

由此可见，拥有社会资本越多的老年人越倾向于进行邻里互助。

表5-2 拥有不同社会资本的农村老年人的服务互助情况

单位：%

		全国	发达地区	欠发达地区
婚姻状况	有配偶	40.5	39.8	41.0
	无配偶	28.6	27.3	29.3
外省居住子女数量	0个	36.4	36.3	36.5
	1个	40.0	37.9	40.6
	2个	40.5	34.5	41.4
	3个及以上	39.9	43.2	39.6

续表

		全国	发达地区	欠发达地区
居住安排	独居	30.2	29.2	30.8
	与配偶同住	39.5	39.4	39.5
	与子女同住	36.1	35.4	36.4
	与其他人同住	43.2	37.8	44.8
给予子女劳动帮助	没有	31.5	31.6	31.4
	照看家、做家务	43.1	43.1	43.0
	照看孙子女	54.6	54.5	54.7
参加家族活动	不参加	36.9	37.2	36.8
	参加	59.1	56.5	60.5
参加老年协会	不参加	35.6	34.9	36.1
	参加	49.7	47.5	51.3

三 模型拟合

描述性分析结果显示,农村老年人拥有社会资本的各项指标、服务互助状况以及二者之间的关系呈现明显的差异(见表5-3)。接下来,我们就试图分析在其他条件相同的情况下自变量对因变量产生的影响,以回答"拥有哪些社会资本对老年人的互助服务状况有影响"这一问题。

为回答上述问题,本章将分四步进行分析:第一步将与家庭资本的互动的主要自变量全部纳入模型,包括子女数量、婚姻状况、外省居住子女数量、居住安排和给予子女劳动帮助;第二步将与社区资源的互动的主要自变量全部纳入模型,包括经常来往的亲属/朋友数量、参加家族活动和老年协会情况;第三步计算个体特征的影响,包括性别、年龄、目前从事工作、自评收入状况、自评健康状况、党员情况和民族;第四步将所有变量纳入模型,形成全模型,考察在控制其他条件的情况下,自变量与因变量独立关系的差别。

(一) 家庭资本

模型一和全模型体现了家庭资本和家庭互动关系对农村老年人邻里互助的影响。在模型一中,婚姻状况、子女数量、外省居住子女数量、居住安排和给予子女劳动帮助均对农村老年人邻里互助具有显著影响。加入社区资本和个体特征变量后，家庭资本自变量影响出现明显变化。一是婚姻状况和子女数量影响的显著性消失。换言之，婚姻状况和子女流迁虽然会影响老年人邻里互助的状况，但受到老年人的社区资本和个体特征的调节作用。二是外省居住子女数量的显著性有所减弱，但并未消失。这说明老年人的社区资本和个体特征对于子女数量对邻里互助的影响起到抑制作用。三是给予子女劳动帮助的影响大小有所减弱。这可能与控制社区资本、个体特征的作用之后，其影响大小受到抑制有关。

具体而言，婚姻状况在与家庭资本互动的模型中对互助观念有显著影响：无配偶的老年人进行邻里互助的可能性仅为有配偶老年人的65%，但在加入其他变量后显著性消失。

子女数量也在第一个模型中对互助观念有显著影响：进行邻里互助的可能性随子女数量的增加而减小，但在加入其他变量后显著性也消失了。

外省居住子女数量方面，相比无子女外出，有一个或两个子女外出的老年人进行邻里互助的可能性会更大；虽然全模型中子女外出对老年人邻里互助的影响显著性有所下降，但其影响大小并无太大变化。可见，子女外出对于老年人进行邻里互助有正向作用，这可能是因为子女外出的老年人更需要靠邻里的帮助。

居住安排方面，与独居老年人相比，仅与配偶同住、与子女同住和与其他人同住的老年人进行邻里互助的可能性减小，并且在与子女同住的老年人中存在显著性。独居老年人邻里互助比例更高，可能也与独居老年人更需要邻里帮助有关。

此外，给予子女劳动帮助的老年人邻里互助的比例显著高于不帮助子女的老年人。其中，"帮子女照看家、做家务的老年人邻里互助"的可能性是"不帮助子女老年人"的1.7倍，"照看孙子女的老年人邻里互助"的可能性是"不帮助子女老年人"的2.6倍。在全模型中，该显著性并未消失，但影响大小有所减弱，分别减至1.5倍和2.0倍。

综上所述，并不是拥有家庭资本越多就会带来越好的邻里互助状况，其中，子女数量多、外省居住子女数量少、与子女共同居住的老年人邻里互助比例较低，而有配偶、给予子女劳动帮助的老年人邻里互助比例较高，因此不能将家庭资本拥有的多少对于老年人邻里互助的影响一概而论，应分情况进行讨论。

（二）社区资本的影响

与社区资本的互动对于老年人邻里互助状况有显著影响。模型二和全模型体现了社区资本和与社区资本的互动对农村老年人邻里互助的影响。在模型二中，经常来往的亲属/朋友数量、参加家族活动和参加老年协会均对农村老年人邻里互助具有显著影响。加入家庭资本和个体特征变量后，显著性并未受到影响。

首先，老年人经常来往的亲属、朋友越多，邻里互助比例则越高，并且具有显著性，该显著性在全模型中也并未消失。

其次，相比不参加家族活动的老年人，参加的老年人邻里互助的可能性显著高出1.3倍，并且该显著性在全模型中也并未消失。

此外，参加老年协会的老年人进行邻里互助的可能性是不参加的老年人的1.5倍，且具有显著性；在加入其他自变量后显著性依旧存在，并且影响也并无改变。

可见，与社区资本的互动对于老年人邻里互助有十分重要的影响，并且与社区资本互动越多的老年人邻里互助比例越高。

（三）个体特征的影响

在个体特征变量中，男性、低龄、仅务农和兼业、自评收入状况更好、自评健康状况更好、党员、汉族的老年人邻里互助意愿更强，且存在显著性。

表5-3 农村老年人服务互助影响因素的模型拟合结果

	模型一 家庭资本的影响	模型二 社区资本的影响	模型三 个体特征的影响	全模型
婚姻状况（有配偶=参照）				
无配偶	0.651***			0.891
子女数量	0.929***			1.000
外省居住子女数量（0个=参照）				
1个	1.179*			1.128^
2个	1.24*			1.233^
3个及以上	1.109			1.104

续表

	模型一 家庭资本的影响	模型二 社区资本的影响	模型三 个体特征的影响	全模型
居住安排（独居=参照）				
仅与配偶同住	0.927			0.961
与子女同住	0.817*			0.814*
与其他人同住	0.903			0.887
给予子女劳动帮助（没有=参照）				
照看家、做家务	1.713***			1.504***
照看孙子女	2.55***			1.991***
经常来往的亲属/朋友数量		1.02***		1.014***
参加家族活动（不参加=参照）				
参加		2.33***		2.253***
参加老年协会（不参加=参照）				
参加		1.504***		1.505***
性别（女=参照）				
男			1.091***	0.969
年龄			0.966***	0.971***
目前从事工作（没有工作=参照）				
仅务工			1.024	1.062
仅务农			1.478***	1.229***
兼业			1.529***	1.418***
自评收入状况（好=参照）				
一般			0.836***	0.809**
困难			0.686***	0.705***
自评健康状况（好=参照）				
一般			0.934***	0.925
差			0.757***	0.83**
党员（不是=参照）				
是			1.558***	1.49***
汉族（不是=参照）				
是			1.091***	0.993
样本量	9134	9134	9134	9134

注：Pseudo R^2 是用来判断模型效果的统计量，取值越大，效果就越好；*、**、***、^分别表示在0.05、0.01、0.001、0.1水平上显著。

四 总结

与2000年相比，2015年我国农村老年人的服务互助意愿有所下降。但是，愿意进行邻里互助的比例仍然超过七成，实际经常帮助邻里的比例也达到37.0%。分地区来看，西部地区农村因受现代化因素影响相对较小，守望相助式的传统结构性互助保存较好，因此，实际帮助邻里的比例较高。而东部地区老年人利他主义的互助意识有所觉醒，但在乡土社会受到现代化因素的多重冲击之后，实际邻里互助比例相对不高。

从社会资本对农村老年人服务互助的影响来看，一是有1~2个外省居住子女、不与子女同住、可以给子女劳动帮助、经常来往的亲属/朋友数量多、参加家族活动、参加老年协会、低龄、仅务农或兼业、自评收入高、自评健康状况好/一般的老年党员参与服务互助的可能性最大。

二是家庭资本对农村老年人参与服务互助并没有明显阻碍作用。同时，家庭资本对老年人参与互助的影响受社区资本、个体特征的调节较大。家庭资本，包括婚姻状况、子女数量对老年人参与服务互助没有显著影响，给予子女劳动帮助反而对老年人参与服务互助有促进作用。但是，与子女同住，感情上的较强牵绊/互动和劳动上的互动并存，会显著降低老年人参与服务互助的可能性。

三是非正式社区资本和正式社区资本对老年人参与服务互助均影响显著，且受其他因素的调节作用较小。换言之，不论老年人的个人特征或家庭环境如何，只要能扩大非正式网络、参与到有组织的家族和协会活动中来，他们参与服务互助的可能性就会增大。

第三节 中国农村老年人的文化互助状况及影响因素

一 农村老年人的文化互助状况

如表5-4所示，我国农村老年人日常活动比较单调，以私人活动为主，达到88.8%。看电视/听广播所占比例最高，达到86.6%，其次是散步/慢跑等，所占比例达到28.5%。互助活动相对较少，在农村老年人中所占比例为13.7%，且以打麻将/打牌/下棋等为主，达到10.6%，跳舞

（广场舞/扭秧歌）的比例为2.4%，参加老年大学的比例为0.9%，上网的比例为0.5%，打门球/乒乓球/羽毛球等的比例仅为0.2%。另外，还有10.8%的老年人这些日常活动都不经常参加。

与中西部地区相比，东部地区老年人日常活动相对丰富，各类活动的参与率基本都高于中部和西部地区，西部地区老年人日常活动则最为单调。东部地区有15.1%的老年人参与文化互助活动，中部地区稍少，但也达到14.2%，西部地区最少，仅为11.0%。有15.5%的西部地区农村老年人没有经常参与列出的这些日常活动。

表5-4　2015年农村老年人的日常活动情况

单位：%

	全国	东部地区	中部地区	西部地区
互助活动	13.7	15.1	14.2	11.0
跳舞（广场舞/扭秧歌）	2.4	2.6	2.1	2.5
打门球/乒乓球/羽毛球等	0.2	0.3	0.2	0.2
打麻将/打牌/下棋等	10.6	11.3	11.7	8.2
上网	0.5	0.8	0.5	0.3
参加老年大学	0.9	1.2	0.6	0.8
私人活动	88.8	91.8	89.3	83.9
看电视/听广播	86.6	90.0	87.6	80.7
读书/看报	9.0	9.9	8.8	7.9
去影院看电影/去戏院听戏	1.7	1.8	1.7	1.7
散步/慢跑等	28.5	30.7	25.6	29.6
打太极拳/做保健操等	0.4	0.4	0.4	0.4
种花养草等	8.6	11.0	5.7	9.5
养宠物	4.7	6.2	3.8	3.9
钓鱼/书画/摄影/收藏	0.9	0.9	0.9	0.9
都没有	10.8	7.8	10.3	15.5

二　拥有不同社会资本的农村老年人的文化互助状况

老年人文化互助状况是指跳舞、打球、打牌等需要与人共同完成的文化活动的参与情况。在本章中,只要老年人参与其中一项,即为参与文化互助活动。本部分将区分不同社会资本与文化互助活动,进行双变量分析。

(一) 家庭资本情况

如表5-5所示,从婚姻状况来看,有配偶的老年人参与文化互助的比例明显高于无配偶老年人,比例分别为15.6%和9.2%。分地区来看,发达地区略高于欠发达地区,但差异不大。

参与文化互助的农村老年人的子女数量平均为3.1个,欠发达地区比发达地区农村老年人平均多0.4个。老年人文化互助的比例在外省居住的子女数量上差异不大,随着在外省居住子女增多而呈现"倒V形",在无外省居住子女和有3个及以上外省居住子女中比例最低。

居住安排方面,独居老人参与文化互助的比例最低,为10.9%;仅与配偶同住和与其他人同住的老年人参与文化互助的比例较高,均为15.5%。

帮助子女方面,不帮助子女的老年人参与文化互助的比例最低,为12.7%。照看孙子女的老年人参与文化互助的比例最高,为18.2%。综上,与家庭互动更为密切的老年人参与文化互助的比例也更高。

(二) 社区资本情况

在社区资本方面,参加家族活动的农村老年人参与文化互助的比例为19.1%,是不参加家族活动老年人的1.5倍。参加老年协会的农村老年人参与文化互助的比例为25.0%,是不参加的老年人的2倍。参与文化互助的农村老年人经常来往的亲属/朋友数量平均为10.2个,欠发达地区比发达地区农村老年人平均多0.8个(见表5-5)。

表5-5 拥有不同社会资本的农村老年人文化互助状况

		全国	发达地区	欠发达地区
婚姻状况(%)	有配偶	15.6	17.0	14.8
	无配偶	9.2	10.1	8.8
子女数量(个)		3.1	2.9	3.3

续表

		全国	发达地区	欠发达地区
外省居住子女数量（个）	0	13.5	14.9	12.5
	1	15.2	17.3	14.5
	2	15.1	17.6	14.8
	3及以上	14.2	11.9	14.3
居住安排（%）	独居	10.9	13.1	10.7
	仅与配偶同住	15.5	16.7	14.6
	与子女同住	12.7	14.4	11.9
	与其他人同住	15.5	17.1	15.0
给予子女劳动帮助（%）	没有	12.7	14.2	11.8
	照看家、做家务	13.5	14.3	13.1
	照看孙子女	18.2	19.1	17.7
经常来往的亲属/朋友数量（个）		10.2	9.7	10.5
参加家族活动（%）	不参加	13.0	13.9	12.4
	参加	19.1	19.7	18.8
参加老年协会（%）	不参加	12.5	13.7	11.8
	参加	25.0	26.1	24.2

三 模型拟合

为搞清"拥有哪些社会资本对老年人的文化互助状况有影响"这一问题，本部分将按"拥有哪些社会资本对老年人的互助服务状况有影响"的分析方法，分四步进行回归。由于方法相同，在此便不再赘述。

（一）家庭资本的影响

与家庭资本的互动方面主要在模型一和全模型中体现（见表5-6）。在模型一中，婚姻状况、子女数量、居住安排和给予子女劳动帮助均对农村老年人文化互助具有显著影响。加入社区资本和个体特征变量后，家庭资本自变量影响出现以下变化。一是婚姻状况和给予子女劳动帮助影响的显著性消失。换言之，婚姻状况和给予子女劳动帮助虽然会影响老年人文化互助的意愿，但受到老年人的社区资本和个体特征的调节作用。二是子女数量影响的显著性均有所减弱。这说明老年人的社区资本和个体特征对互助具有影响。

具体而言,婚姻状况在与家庭资本互动的模型中对老年人文化互助有显著影响,无配偶的老年人进行文化互助的可能性是有配偶老年人的59%,但在加入其他变量后显著性消失。

子女数量对文化互助有显著影响,农村老年人文化互助的可能性随子女数量的增加而减小,在加入其他变量后显著性也并未消失。

居住安排方面,与独居老年人相比,仅与配偶同住、与子女同住和与其他人同住的老年人文化互助的可能性减小,并且均在家庭资本及互动的模型中存在显著性,并且在加入其他变量后,除与其他人同住外,其他类别显著性均未消失。独居老人文化互助意愿更高,可能与独居老人更需要邻里互娱有关。

给予子女劳动帮助方面,给予子女劳动帮助的老年人文化互助的意愿高于不给予子女劳动帮助的老年人。其中,照看孙子女对文化互助的影响在模型一中存在显著性,但在全模型中显著性消失。

此外,有外省居住子女的老年人文化互助的可能性大于无外省居住子女的老年人,但外省居住子女数量对老年人文化互助无显著影响。

综上所述,并不是拥有更多家庭资本就会带来更高的文化互助意愿,其中,子女数量多、外省居住子女数量少、与子女共同居住的老年人文化互助意愿较低,而有配偶、给予子女劳动帮助的老年人文化互助意愿较高,因此不能将家庭资本拥有的多少对于老年人文化互助的影响一概而论,应分情况进行讨论。

(二) 社区资本的影响

与社区资本的互动对于老年人文化互助意愿有显著影响。模型二和全模型体现了社区资本和与社区资本的互动对农村老年人文化互助的影响。在模型二中,经常来往的亲属/朋友数量、参加家族活动和参加老年协会均对农村老年人文化互助具有显著影响。加入家庭资本和个体特征变量后,显著性也均未消失。

具体来看,首先,老年人经常来往的亲属、朋友越多,文化互助意愿则越高,并且具有显著性,该显著性在全模型中也并未消失,影响大小略有减弱。

其次，参加家族活动的老年人文化互助的可能性是不参加家族活动老年人的1.4倍，且具有显著性，并且该显著性在全模型中也并未消失，影响大小略有减弱。

此外，参加老年协会的老年人进行文化互助的可能性是不参加老年协会老年人的1.9倍，且具有显著性，并且在加入其他自变量后显著性依旧存在，影响大小也未减少很多。

可见，与社区资本的互动对于老年人文化互助有十分重要的影响，并且与社区资本互动更多的老年人有更强的文化互助意愿。

（三）个体特征的影响

在个体特征变量中，男性、低龄、仅务工和兼业、自评收入状况更好、自评健康状况更好、党员、汉族的老年人文化互助意愿更强，且存在显著性。

表5-6 农村老年人文化互助影响因素的模型拟合结果

	模型一 家庭资本的影响	模型二 社区资本的影响	模型三 个体特征的影响	全模型
婚姻状况（有配偶=参照）				
无配偶	0.593***			0.957
子女数量	0.830***			0.940*
外省居住子女数量（0个=参照）				
1个	1.093			1.002
2个	1.205			1.069
3个及以上	1.169			1.059
居住安排（独居=参照）				
仅与配偶同住	0.731*			0.744*
与子女同住	0.694**			0.697**
与其他人同住	0.700*			0.782
给予子女劳动帮助（没有=参照）				
照看家、做家务	1.142			1.013
照看孙子女	1.437***			1.107
经常来往的亲属/朋友数量	1.021***	1.013***		

续表

	模型一 家庭资本的影响	模型二 社区资本的影响	模型三 个体特征的影响	全模型
参加家族活动（不参加=参照）				
参加		1.437***		1.388***
参加老年协会（不参加=参照）				
参加		1.931***		1.856***
性别（女=参照）				
男			1.412***	1.535**
年龄			0.949***	0.955***
目前从事工作（没有工作=参照）				
仅务工			1.069^	0.998
仅务农			0.926	0.955
兼业			1.073^	1.084
自评收入状况（好=参照）				
一般			0.730***	0.886
差			0.501***	0.573***
自评健康状况（好=参照）				
一般			0.765***	0.739***
差			0.522***	0.665***
党员（不是=参照）				
是			1.596***	1.709***
汉族（不是=参照）				
是			1.929***	1.816***
样本量	9134	9134	9134	9134

*、**、***、^分别表示在0.05、0.01、0.001、0.1在水平上显著。

四 总结

从2000年和2015年的数据来看，农村老年人的日常活动比较单调，以私人活动为主。2015年，仅有13.2%的农村老年人会同朋友、邻里跳舞（广场舞/扭秧歌）、打麻将/打牌/下棋、打门球/乒乓球/羽毛球。与中西部地区相比，东部地区农村老年人日常活动相对丰富，各类活动的参与率基本都高于中部和西部地区，西部地区农村老年人日常活动最为单调。

从社会资本对农村老年人文化互助的影响来看，一是子女数量越少、独居、经常来往的亲属/朋友数量多、参加家族活动、参加老年协会的男性、低龄、自评收入状况好、自评健康状况好的老年党员参与文化互助的可能性最大。

二是家庭资本对农村老年人参与文化互助并没有明显阻碍作用，对文化互助的影响要大于服务互助。同时，家庭资本对老年人参与文化互助的影响受社区资本、个体特征的调节作用较大。在控制其他变量的前提下，子女数量多、与配偶同住、与子女同住都显著降低农村老年人文化互助的可能性。这可能是因为农村老年人经常参加的活动以打麻将/打牌/下棋等为主，带有赌博性质，子女或配偶会对老年人有一定的约束和制约。

三是非正式社区资本和正式社区资本对老年人参与文化互助均影响显著，且受其他因素调节作用的影响较小。换言之，不论老年人的个人特征或家庭环境如何，只要能扩大非正式网络、参与到有组织的家族和协会活动中来，他们参与文化互助的可能性就会增大。

第六章　发达地区乡土模式：互助服务+设施/项目

根据笔者的调研，发达地区依据自身经济、社会、人口、政策环境，已经探索了很多与地情相符、各具特色的互助型社会养老模式（主要表现为互助服务+设施/项目），在政府支持推动和村庄自发组织的共同作用之下，其特点在于：一是统筹管理评价，不少地区从乡镇或区县层面进行了统筹管理、评估，制定了相对标准化、规范化的管理评价制度；二是相对稳定运行，除居家服务之外，互助服务亦融入社区/机构养老服务设施和项目（包括老年餐桌、日间照料等）运行之中，一般主要由政府和村"两委"出资。如北京市延庆区北地村、王仲营村等地处远郊山区的小村落发展出了由村委会组织运营的互助型社区居家养老模式，同时延庆区还建立了区级统筹的关爱空巢助老项目，为独居、空巢、高龄、失能/半失能、生活困难的老年人提供上门服务。浙江省安吉县农村社区居家养老由老年协会组织运营，经历了互助服务队—养老照料中心（老年食堂）—老年大学—政府购买互助服务的发展过程。上海市睦邻"四堂间"以村民小组为单位开展互助养老，幸福老人村作为民办养老机构，整合政府、社会、村居等村内外的人力、物力、财力资源，辐射周边村落老年人，开展互助志愿养老服务。河北省威县由村庄能人建立义工组织开展互助服务，包括每月1次的饺子宴和每天为困难老人提供的上门送餐等服务，同时就餐等服务范围逐渐由特殊老年人扩展到全体老年人以及全体村民。

第六章 发达地区乡土模式：互助服务＋设施/项目

第一节 调研省份外部环境的比较分析

一 调研基本情况

课题组在北京市、浙江省、上海市和河北省进行了调研，调研具体地点如表6-1所示。调研方法主要包括个案访谈法、问卷调查法和小组座谈法等。

表6-1 北京市、浙江省、上海市、河北省居家养老调研情况

调研地点		案例名称	2015年	2016年	2018年	2019年
北京市	延庆区井庄镇北地村	老年餐桌			√	√
	延庆区井庄镇王仲营村	老年餐桌	√		√	
	延庆区八达岭镇岔道村	巾帼志愿服务队			√	
	延庆区香营乡新庄堡村	幸福晚年驿站			√	
	顺义区牛栏山镇龙王头村	幸福晚年驿站			√	
浙江省	安吉县上墅乡	上墅村老年协会			√	
		罗村老年协会			√	
	安吉县昌硕街道	双一村老年协会			√	
		天目社区老年协会	√		√	
	安吉县杭垓镇	磻溪村老年协会			√	√
	安吉县报福镇	洪家村老年协会	√		√	
		中张村老年协会			√	
		统里村老年协会			√	
		报福村老年协会	√		√	
	安吉县孝丰镇	三眼井社区居家养老服务中心			√	√
	养老机构	万康托养院	√		√	
	社会组织	乐享人生				√
	金华市金东区澧浦镇下宅村	居家养老服务照料中心	√			
上海市	奉贤区青村镇李窑村	睦邻"四堂间"		√		
	松江区叶榭镇堰泾村	幸福老人村		√		
河北省	邢台市威县孙家寨村	饺子宴			√	
	邯郸市肥乡区	互助幸福院			√	

注：表中打钩"√"表示对应的调研年份。

二 政策环境

自 2011 年以来,国家对发展农村社会养老的重视程度明显提高。① 在中央一系列法规制度的指导之下,发达地区农村社会养老发展的政策制度日趋完善。总体来看,机构养老政策出台时间更早、相关规定更加详细,但近年来有关社区居家养老的相关法规政策也在加紧制定和出台之中。

(一) 北京市

2008 年,北京市民政局出台《关于加快养老服务机构发展的意见》(京民福发〔2008〕543 号);2009 年,北京市出台《关于北京市市民居家养老(助残)服务办法的通知》(京政办发〔2009〕104 号);2013 年,北京市政府出台《关于加快推进养老服务业发展的意见》;2014 年北京市人大常委会通过《北京市居家养老服务条例》;2016 年《北京市"十三五"时期老龄事业发展规划》(京政发〔2016〕59 号)出台;2017 年北京市政府下发《关于全面放开养老服务市场进一步促进养老服务业发展的实施意见》(京政办发〔2017〕13 号)。在这些政策文件的指导之下,北京市在设施建设、补贴制度、评估机制、服务标准化、人才培养等方面,又进一步出台《关于依托养老照料中心开展社区居家养老服务的指导意见》《关于开展社区养老服务驿站建设的意见》《关于特殊老年人养老服务补贴办法(试行)实施细则通知》等 20 余项具体政策。

---

① 2011 年,国务院办公厅印发《社会养老服务体系建设规划(2011 - 2015 年)》(国办发〔2011〕60 号),提出在城乡社区养老层面,重点建设老年人日间照料中心、托老所、老年人活动中心、互助式养老服务中心等社区养老设施,推进社区综合服务设施增强养老服务功能,使日间照料服务基本覆盖城市社区和半数以上的农村社区。2012 年,新修订的《中华人民共和国老年人权益保障法》明确规定了老年人依法享有社会服务的权利。2013 年,国务院印发的《国务院关于加快发展养老服务业的若干意见》(国发〔2013〕35 号)再次提出到 2020 年,实现"全面建成以居家为基础、社区为依托、机构为支撑的,功能完善、规模适度、覆盖城乡的养老服务体系"的发展目标,其中"90% 以上的乡镇和 60% 以上的农村社区建立包括养老服务在内的社区综合服务设施和站点"。2016 年发布的《十三五规划纲要》中进一步明确指出,一是建立以居家为基础、社区为依托、机构为补充的多层次养老服务体系,二是加强老年人权益保护,弘扬敬老、养老、助老社会风尚。2017 年,国务院办公厅印发的《关于制定和实施老年人照顾服务项目的意见》(国办发〔2017〕52 号)提出要提高农村老年人照顾服务的可及性和便利性,鼓励和支持城乡社区社会组织和相关机构为失能老年人提供临时或短期托养照顾服务。

（二）浙江省

根据中央指示精神，2011年，浙江省人民政府出台《浙江省人民政府关于深化完善社会养老服务体系建设的意见》（浙政发〔2011〕101号）；2014年，浙江省人民政府发布《浙江省人民政府关于加快发展养老服务业的实施意见》（浙政发〔2014〕13号）和《浙江省人民政府关于加快发展民办养老产业的若干意见》（浙政发〔2014〕16号）；2015年，《浙江省社会养老服务促进条例》经浙江省人民代表大会通过立法，这也是国内首部由人民代表大会通过的社会养老服务地方性法规；2017年，《浙江省老龄事业发展"十三五"规划》出台。在以上指导性文件的基础上，浙江省又相继出台《浙江省人民政府办公厅关于加强养老护理人员教育培训工作的意见》（浙政办发〔2012〕138号）、《浙江省人民政府办公厅关于政府向社会力量购买服务的实施意见》（浙政办发〔2014〕72号）等覆盖养老机构建设标准、养老护理人员培训、护理服务补贴等的20余项政策文件。

（三）上海市

2010年出台上海市地方标准《社区居家养老服务规范》；2014年，上海市政府出台《上海市人民政府关于加快发展养老服务业推进社会养老服务体系建设的实施意见》（沪府发〔2014〕28号）；2015年，上海市还专门出台《关于加强本市农村养老服务工作的实施意见》（沪民老工发〔2015〕15号）、《社区居家养老服务规范实施细则（试行）》；《上海市老年人权益保障条例》自2016年5月1日起正式实施，9月上海市政府印发《上海市老龄事业发展"十三五"规划》，11月印发《上海市老年教育发展"十三五"规划》，12月印发《上海市长期护理保险试点办法》（沪府发〔2016〕110号）。总的来看，上海市的养老服务政策以制度化的法规文件为主，除以上文件之外，还包括《上海市民政局关于养老机构发展社会工作服务的指导意见（试行）》（沪民福发〔2016〕6号）、《上海市老年综合津贴发放管理办法》、《上海市老龄工作委员会办公室、上海市民政局关于推进老年宜居社区建设试点的指导意见》（沪老龄办发〔2014〕10号）等，涉及服务补贴、社会工作、宜居环境、标准化设施等20余项政策文件。

（四）河北省

2015年6月4日，河北省民政局发布《关于对养老服务机构实行奖补的意见》（冀民〔2015〕21号），鼓励和吸引社会力量兴办养老服务机构，加快发展养老服务业，满足老年人机构养老服务需求。

2016年12月2日，《河北省居家养老服务条例》经河北省第十二届人民代表大会常务委员会第二十四次会议通过，并于2017年1月1日起施行，标志着河北省居家养老工作进入依法行政的轨道。该条例明确了居家养老服务六个方面的内容，主要包括：为老年人提供生活照料、餐饮配送、保洁、助浴、辅助出行等家政服务；为老年人提供健康体检、家庭病床、医疗康复和护理等医疗卫生服务；为老年人提供关怀访视、生活陪伴、心理咨询、不良情绪干预、临终关怀等精神慰藉服务；为老年人提供安全指导、紧急救援服务；为老年人提供法律咨询和法律援助服务；开展有益于老年人身心健康的文化娱乐、体育健身、休闲养生等。该条例方便社会各界有针对性地为老年人提供服务，从不同层面满足每位老人的生活、心理等需求。

2017年，河北省政府出台了《河北省人民政府办公厅关于全面放开养老服务市场提升养老服务质量的实施意见》（冀政办字〔2017〕115号），要求全面放开养老服务市场，大力提升居家社区养老生活品质，全力建设优质养老服务供给体系，切实提高政策保障能力。

三 经济环境

根据国家统计局2016年的数据，浙江、上海、北京、河北四个地区的人均地区生产总值分别达到84916、116562、118198、43057元，在全国分别排名第5位、第2位、第1位、第19位（见表6-2）。但浙江省金华市和湖州市的人均地区生产总值均低于浙江省的平均水平，湖州市安吉县的人均地区生产总值也低于湖州市的平均水平。

从居民人均可支配收入来看，上海、北京的居民人均可支配收入均在5万元以上，浙江的居民人均可支配收入接近4万元，河北约为2万元。分城乡来看，河北、浙江城镇和农村的居民人均可支配收入均低于上海、

第六章 发达地区乡土模式：互助服务+设施/项目

表6-2 2016年北京、浙江、上海、河北经济发展指标比较

指标	浙江省	金华市	湖州市	安吉县	北京市	上海市	河北省	肥乡
地区生产总值（亿元）	47251.36	3684.9	2284.37	330.31	25669.13	28178.65	32070.45	95.33
人均地区生产总值（元）	84916	67158	77110	69073	118198	116562	43057	
居民人均可支配收入（元）	38529				52530.38	54305.35	19725.42	
城镇居民人均可支配收入（元）	47237.18	46554	45794	44358	57275.31	57691.67	28249	21672
农村居民人均可支配收入（元）	22866.07			25477	22309.52	25520.4	11919	12248
居民人均消费支出（元）	25526.63				35415.75	37458.33		
城镇居民人均消费支出（元）	30067.66				38255.52	39856.76	19106	
农村居民人均消费支出（元）	17358.93				17329.03	17070.85	9798	
城镇化率（%）	66.99	65.70	60.50		86.52	87.89	53.32%	40.46%

注：城镇化率是指一个地区城镇常住人口占该地区常住总人口的比例。
资料来源：国家统计局、浙江省统计年鉴。

北京，四地的农村居民人均可支配收入均低于对应的城镇居民水平。具体来看，浙江、上海、北京三地的农村居民人均可支配收入水平基本接近，分别达到22866、25520、22310元，而河北仅为11919元。三地的农村居民人均消费支出分别达到17359、17071、17329元，差异更小。但河北仅为9798元。换言之，即便同为发达地区，内部差异也是较大的。

城镇化率是指一个地区城镇常住人口占该地区常住总人口的比例，表征着一个地区的城镇化进程。从城镇化率来看，北京、上海的城镇化率均在85%以上；浙江作为一个拥有10.5万平方公里土地，超过5500万常住人口的省份，城镇化率也约为67.0%；河北城镇化率则相对较低，为53.32%。

总体来看，浙江省、北京市和上海市是中国经济最发达省份的代表。河北省相比之下，较不发达。

四 社会人口环境

北京市、浙江省、上海市均是人口老龄化，尤其是户籍人口老龄化程度最高的省份之一。其中，上海市、北京市的户籍人口老龄化率分列第一、第二位。而河北省人口老龄化程度相对较低。

根据浙江省老龄办发布的《2016年老年人口和老龄事业统计公报》，截至2016年底，全省60岁及以上户籍人口为1030.62万人，占总人口的比例达到21.0%。根据浙江省2010年第六次全国人口普查数据，浙江省60岁及以上常住人口为755.9万人，在总人口中所占比重为13.9%；其中65岁及以上常住人口为508.2万人，在总人口中所占比重为9.3%。到2016年，根据浙江省2016年5‰人口变动抽样调查数据，65岁及以上常住人口达到654.0万人，在总人口中所占比重达到11.7%。

根据《北京市"十三五"时期老龄事业发展规划》发布的数据，截至2015年底，北京市60岁及以上户籍老年人口约为313.3万人，占户籍总人口的23.4%，户籍人口老龄化程度仅次于上海，居全国第二位；北京市常住老年人口为340.5万人，占常住人口总数的15.7%。预计到2020年，北京市户籍老年人口将超过380万人，常住老年人口将超过400万人。

根据《上海养老服务发展报告（白皮书）》发布的数据，至2014年末，上海常住人口总数达2425.7万人，其中60岁及以上常住老年人口为452.1万人，占比为18.6%；户籍人口总数1438.69万人，其中60岁及以上户籍老年人口为414万人,占比为28.8%。根据《上海市老龄事业发展"十三五"规划》发布的数据,从2016年到2020年,预计上海市户籍人口中60岁及以上老年人口平均每年增加约20万人,到2018年预计突破500万人,2020年预计超过540万人,占上海市户籍人口的比重将超过36%。

根据河北省统计局发布的数据,至2015年末,河北常住人口数达到7424.9万人,其中65岁及以上人口为756.6万人,占常住人口的10.2%。六次人口普查中浙江、北京、上海、河北四省市65岁及以上老年人口比例及全国排名如表6-3所示。

表6-3 浙江、北京、上海、河北65岁及以上老年人口比例及全国排名

单位:%,位

	浙江	北京	上海	河北
1953年	4.08	3.31	1.98	6.24
排名	9	20	27	2
1964年	4.19	4.1	3.61	4.77
排名	5	6	12	1
1982年	5.76	5.65	7.42	5.67
排名	2	4	1	3
1990年	6.83	6.35	9.38	5.81
排名	2	5	1	8
2000年	8.92	8.42	11.46	7.05
排名	2	4	1	14
2010年	9.34	8.71	10.13	8.24
排名	9	13	6	19

第二节 浙江省农村互助型社会养老典型实践

一 互助服务+老年餐桌+老年电视大学——老年协会与专业社会组织合作

安吉县,隶属于浙江省湖州市,地处长三角经济圈的几何中心,是杭州都市经济圈重要的西北节点,属于两大经济圈中的紧密型城市。2016年

末,全县户籍人口46.6万人,60岁及以上户籍人口10.1万人,在户籍总人口中所占比例达到21.7%。2016年安吉县生产总值(GDP)达324.9亿元,按户籍人口计算,全县人均生产总值69721元。

安吉县政府自主探索创新,通过政策推动、资金支持、资源整合,利用村(居)老年协会、社会组织等的力量,动员老年人周边的非正式互助网络进行互助服务,基本构建起救助型与适度普惠型相结合的圈层化、互助型的社会养老服务供给体系,非常具有标杆作用和全国推广意义。

(一) 互助养老发展历程

安吉县互助养老的发展历程可以总结为从一元向多元转变的过程,依托的组织力量从一元的老年协会到多元的社会组织、老年电视大学、老年协会等。由于安吉县老年协会的覆盖率高且对基层老年人的组织动员能力较强,该县自发成立了老年人理事会、老年领导组、老人会、老年读报组等,负责处理农村生产生活中的移风易俗、红白事简办、纠纷调解,以及老年人文化娱乐、权益维护、互助共济等问题。因此,安吉县的社区居家养老服务一开始主要依托老年协会进行。

2006年,为解决农村老年人无人照顾的难题,安吉县一些农村老年协会自发成立了银龄互助服务队,组织低龄老年人与高龄、空巢、特困、失能老年人开展一对一、多对一结对帮扶活动,同时在传统节日开展走访慰问送温暖活动,解决这些老年人日常生活中的不便和困难。2009年,安吉县老龄办在全省率先建立首个"农村银龄互助服务社"试点,先后在报福镇统里村、章村镇章村村、上墅乡上墅村等6个村创办了首批银龄互助组织——农村银龄互助服务社(具体服务方式和服务内容在服务子系统分析中进行介绍,这里不再赘述)。

从2008年起,安吉县政府开始探索全县居家养老服务体系的建设,提出建设县、乡镇、村(社区)三级居家养老服务网络,使广大城乡居民基本享受到居家养老服务。一方面,进行硬件设施建设、提升改造;另一方面,逐步建立政府购买居家养老服务制度①。借助已经存在的村级老年协

---

① 根据《安吉县老龄事业发展"十二五"规划》,到2010年,安吉县基本建立了县、乡镇、村(社区)三级居家养老服务网络。建成县居家养老服务指导中心1个、乡镇(街道)居家养老服务中心8个、城市社区居家养老服务站18个、省级农村星光老(转下页注)

会，农村的居家养老服务照料中心/银龄互助服务社就交给老年协会运营，主要服务内容包括文化娱乐、老年餐桌和银龄互助服务（利用政府购买服务资金）等。①

但是，在政府购买村级老年协会的互助服务过程中发现，一些村庄老年协会的能力不足、徇私舞弊或者不作为，服务效果不好，故安吉县政府从 2017 年开始，转向培育社会组织，由社会组织到各村寻找护理员，为农村居家养老服务购买对象提供居家养老服务。到 2018 年课题组调研时，居家养老服务基本由乐享人生（社会组织）提供。与此同时，从 2015 年开

（接上页①）年之家 68 个。建立困难老人政府购买居家养老服务制度和居家养老服务标准自然增长机制。2010 年，全县各级财政投入 60 万元，有 583 名低保、孤寡、高龄等困难老人享受到政府购买的每月 40～70 元不等的居家养老服务。加大养老服务业政策扶持力度。2012 年安吉县人民政府发布的《关于深化完善社会养老服务体系建设的实施意见》，提出城乡社区已建的居家养老服务站、"星光老年之家"要通过设施改造、功能提升，转型升级为社区居家养老服务照料中心或小型养老服务机构。同时，建立养老服务补贴制度。对城乡最低生活保障家庭中的失能、失智老人，政府给予养老服务补贴。根据老年人或其家庭意愿，到养老服务机构接受服务的，其养老服务补贴由当地民政部门支付给相应的养老服务机构；居家接受服务的，其养老服务补贴由当地民政部门支付给提供服务的居家养老服务企业或从事居家养老服务的机构。从 2012 年起，养老服务补贴标准参照当年度重度残疾人托（安）养费用补助标准执行。有条件的地方，可将政府养老服务补贴范围扩大到中低收入家庭中的失能、失智老人以及高龄老人等。完成全县 150 名左右特困老人（城乡低保家庭中失能、失智老人）享受政府养老服务补贴的调查摸底和确定工作；完成全县 1000 名左右困难老人（城乡低收入家庭中失能、失智、高龄老人）享受政府居家养老购买服务的调查摸底和确定工作。实行动态管理，完成信息系统开发、程序编制和数据录入工作。

① 根据 2014 年颁发的《安吉县加快推进城乡社区居家养老服务照料中心建设的实施方案》，在建设经费补助方面，基础型居家养老服务照料中心建成后，经验收合格，由县级以上财政一次性补助 10 万元；标准型居家养老服务照料中心建成后，经验收合格，由县级以上财政一次性补助 15 万元；全托型居家养老服务照料中心建成后，经验收合格，并依法登记的，由县级以上财政一次性补助 20 万元。在运行经费补助方面，建立百分制考核。对考核分在 70 分以上的，由县财政每家每年给予运行补助 2 万元；对考核分在 80 分以上的，由县财政每家每年给予运行补助 3 万元；对考核分在 90 分以上的，并评为县级以上优秀居家养老服务照料中心的，运行经费补助每家再增加 3 万元。根据 2015 年颁发的《安吉县养老（居家养老）服务补贴实施细则》，居家养老服务补贴对象包括本县户籍，年龄在 60 周岁及以上经济困难的失能、失智等生活不能自理老人；享受城乡基础养老金的低收入高龄、独居、空巢等自我照护能力弱的老人；70 周岁及以上重点优抚对象和县级以上劳动模范等特殊贡献老人。具体分为四类。第一类：年龄 60 周岁及以上，低保家庭，完全失能、失智老人。第二类：年龄 60 周岁及以上，低保家庭，重度失能、失智老人。第三类：1. 60 周岁及以上，散居的城镇"三无"和农村"五保"老人；2. 60 周岁及以上，低保或低保边缘家庭，半失能、半失智老人；3. 60 周岁及以上，（转下页注）

始,在县老龄办的领导下,安吉县老年电大积极推进全国老年远程教育示范区品牌建设。老年电视大学通过送课下乡、视频教学等方式,进一步提高了老年人的文化娱乐活动层次。乐享人生承接的政府购买服务,如活化老年协会/养老服务照料中心等,亦会帮助一些运行状况相对较差的老年协会/养老服务照料中心组织各类文化娱乐活动等。2014年和2018年调研时安吉县社区居家养老服务供给状况如图6-1和图6-2所示。

总的来说,安吉县通过互助养老的方式进行居家养老服务的供给,政府承担硬件设施建设补贴和购买服务、监督管理等职责,村"两委"进行资金、组织、管理、监督等多方面的协助,依托的组织力量从一元的老年协会到多元的社会组织、老年电视大学、老年协会等,开展文化娱乐、老年餐桌、居家照护等互助服务。老年协会依托居家养老服务站开展文化娱乐、老年食堂和银龄互助等服务,同时为老年电大提供教学场所,支持老年电大和乐享人生的活动开展。政府通过购买服务的方式将银龄互助、送课下乡等交由社会组织乐享人生和老年电视大学运营,拓宽了服务主体,

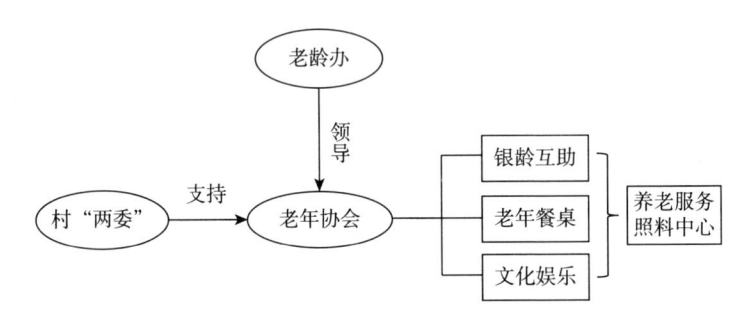

图6-1 2014年安吉县居家养老服务供给示意

(接上页注①)独居、空巢的失能、失智老人;4. 70周岁及以上,失独老人。第四类:1. 100周岁及以上的高龄老人,或85周岁及以上的独居老人;2. 低收入的,80周岁及以上独居、空巢老人,或低收入70周岁及以上,独居、空巢的半失能、半失智老人;3. 60周岁及以上,失独老人、重点优抚对象、地市级以上劳动模范和对社会主义革命和建设事业做出过特殊贡献的老人。在补贴标准方面,第一类:入住机构为15000元/年;居家养老服务为6000元/年。第二类:入住机构为12000元/年;居家养老服务为4800元/年。第三类:居家养老服务为1200元/年。第四类:居家养老服务为840元/年。对接受居家养老服务的补贴对象,在城市社区的,由乡镇政府、街道办事处按补贴标准和人数向相关合法从事居家养老服务的社会组织购买服务,并与其签订购买服务协议。在农村(含村改居社区)的,由乡镇政府、街道办事处按补贴标准向各村居家养老服务照料中心和村老年协会银龄互助服务社购买服务,并与其签订购买服务协议。

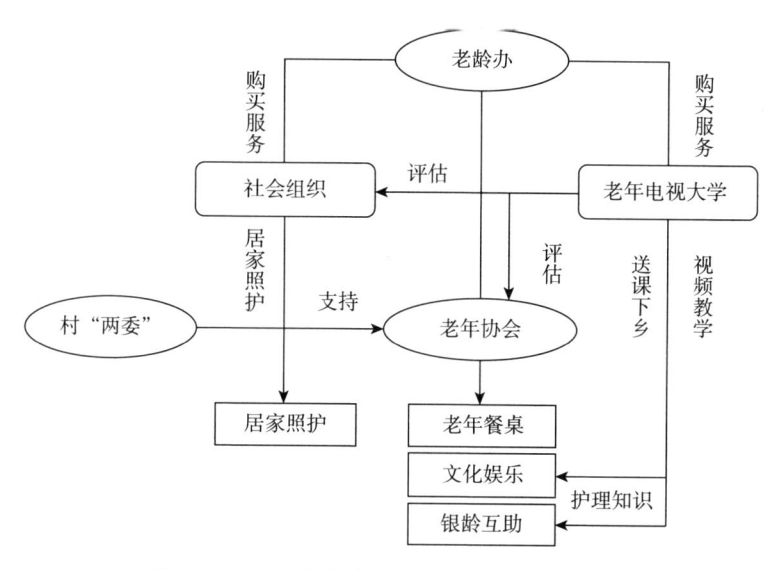

图 6-2 2018 年安吉县居家养老服务供给示意

实现了官方社会组织、半官方社会组织、民间社会组织相互合作和监督，使居家养老服务更具专业化、智慧化。在监管评估方面，老年电视大学要对老年协会、各社会组织等进行上门监督评估。相较于 2014 年，2018 年安吉县建立了更完善的养老服务模式，拓宽了服务主体，由单一的政府主导变成了多元合作提供服务。

（二）子系统分析

1. 老年协会

（1）管理子系统

安吉县老年协会是在安吉县老龄办指导和村"两委"支持之下，由老年人自愿组成，进行自我管理、自我教育、自我服务的老年人群众性组织。依托村（社区）居家养老服务照料中心、星光老年之家、老年活动中心、老年电大教学点、农村文化礼堂等场地进行面向老年人的家政、就餐、照料、护理、信息咨询、心理疏导等居家养老服务的组织协调工作。1989 年，安吉县就成立了第一家基层老年协会——山川乡高家堂村老年协会。截至 2017 年底，全县有村、社区、矿区老年协会 210 个（其中，城市社区 20 个、村改居社区 20 个、行政村 169 个、矿区 1 个），其中办理社团法人登记的有 10 个、备案管理的有 200 个，覆盖率达 100%；全县老年人平均入会率在80%以上。

(2) 组织子系统

①组织基础

安吉县老年协会历史悠久，从2006年开始，安吉县老龄办积极推广依托农村老年协会，建立"银龄互助服务社"，为农村老年人提供娱乐活动、老年餐桌和志愿互助服务，后来发展成为居家养老服务站（居家养老照料服务中心），此后，农村居家养老服务中心一直由老年协会运营。

②组织机构

在相关部门支持和指导之下，安吉县老年协会建立了相对完善的理事会组织机构。基层老年协会理事会由全体老年协会会员代表大会民主选举产生。老年协会理事会一般由5～19人组成，设主席1人、副主席1～3人、秘书长1人、副秘书长1～3人、委员若干人。建议主席由乡镇、街道担任过领导、有组织能力、身体健康、70周岁以内的退休老同志担任，秘书长由中专（高中）以上文化程度、身体健康、65周岁以内的退休老同志担任，副秘书长由大专以上文化程度、身体健康的相关人员担任。每届任期3年，可连选连任，但最多只能连任4届。在理事会成员中，女性占比在30%以上。理事会组成人选的候选人名单由乡镇（街道）老龄委与行政村（社区）"两委"商讨产生，乡镇（街道）老龄委主持召开行政村（社区）老年协会会员大会或会员代表大会的民主选举工作。选举产生的新一届理事会组成名单，由乡镇（街道）老龄委将换届选举结果报告同级党委，党委审查同意后，由党委批文，同时抄送县老龄办。

以报福村老年协会为例，报福村老年协会由安吉县组织成立，现有会员700人，大多是六旬以上老人和少数五旬老人，90岁以上的有18个，80岁以上的有112个。协会共有8名理事，6男2女，其中包括1名会长、1名副会长，理事会成员有薪水。

(3) 服务子系统

在互助养老方面，安吉县老年协会主要负责居家养老服务照料中心、老年食堂的运营以及文化娱乐、助餐、困难老人慰问和帮助等。每年运行经费（主要是老年餐桌）15万元左右。总的来看，发达农村能够将养老服务中心，尤其是老年餐桌初步运行起来，政府发挥的作用主要是建设方面（占建设成本的30%～50%），其他建设和运行经费则依靠村集体经济实力、本区县社会组织、企业和社会捐助以及老年人的给付。养老服务人员包括专职人员、兼职人员、志愿服务人员三类。养老服务人员以45岁以上的准老年人和老年人为主。其中，专职人员数量很少，一般1~2名；兼职人员几乎没有；志愿服务人员较多，绝大多数为女性、务农或退休的60岁以上的老人[①]。

案例：杭垓镇磻溪村老年协会

杭垓镇磻溪村于2018年开办老年食堂，食堂共招募两名厨师，每日工资30元。每周一到周五开放为老年人提供午餐，前来就餐的老人会在前一天晚上8点前联系食堂工作人员，由工作人员进行统计。每天中午在食堂就餐的人数有时为6~7人，有时在10人以上。80岁及以上的老人每餐收费3元（由协会每顿饭补贴2元），60~79岁的老人每餐收费5元，60岁以下及外来人每餐收费10元（见表6-4）。除了60岁及以上的老人，食堂也会为其他有需要的人提供午餐。目前，磻溪村居家养老服务照料中心食堂属于四星级老年食堂，每年可得到6万元奖励资金，村集体补贴为8万~9万元。

表6-4　磻溪村老年食堂用餐收费标准

单位：元

人群	收费标准
80岁及以上	3
60~79岁	5
60岁以下及外来人	10

案例：昌硕街道双一村老年协会

昌硕街道双一村于2014年开办老年餐桌，由老年协会负责运行。老年

---

① 为解决高龄、孤寡、独居、空巢老人吃饭难的问题，并兼顾其他居家养老的老人用餐问题，通过依托乡镇（街道）示范型居家养老服务中心建设中央食堂，设立社区助餐点，或以照料中心为基础建立社区老年食堂，自行烹饪或委托餐饮企业送餐上门等模式，2018年实现60%以上的城乡社区助餐、配送餐服务的覆盖。同时要求所有社区老年食堂、社区助餐服务点实行"六公示"，即将食品经营许可证、健康证、收费价格以及对老年人的优惠、食品安全管理制度、食品安全承诺书、举报电话上墙公示。社区老年食堂、社区助餐服务点应提供中餐服务，有条件的可提供早、晚餐服务，年度开放时间不少于300天，每天至少有10人次以上老人就餐，被服务老人或亲属满意度较高。对老年人以外群体开放的社区老年食堂、社区助餐服务点，应设置相对独立的老年人就餐区域。为老助餐企业（单位）要主动接入统一的老年食堂助餐信息管理系统，通过终端、刷卡等信息化手段对老年人就餐情况进行实时记录。不具备条件的农村为老助餐企业（单位），做到每餐登记，通过签字、记账等方式记录每日就餐人数。老年人就餐记录情况台账作为资金扶持的重要依据。

餐桌共有7名服务人员，包括1名厨师、4名送餐员、2名负责卫生者。厨师工资每月1800元，送饭人员每月1500~1800元不等，卫生等服务人员每月750元。每年村里补贴老年餐桌7万~8万元。

老年餐桌每日供应老人中、晚两餐，双休日照常运作，每年到腊月二十三日停歇。老年餐桌会提前一天公布菜谱，每餐标准为三菜一汤。就餐人数上，多则50多人，少则30多人。老年餐桌的餐费标准是70岁以上的老人每餐5元，80岁以上的老人每餐4元，90岁以上的老人本来不收费，但老人们坚持要给，故90岁以上的老人每餐3元。与磻溪村老年食堂不同的是，双一村老年餐桌还为行动不便的老年人提供送餐服务。老年餐桌一个月收一次费，交到老年协会财务室，由老年协会自己管理。

除此之外，2017年双一村老年餐桌还与种植绿色蔬菜的公司合作，村里为其免费提供优质水源，公司把一部分优质蔬菜配送给食堂。

此外，双一村老年协会还负责开展文化娱乐活动和银龄互助活动。

案例：报福镇统里村老年协会

统里村老年协会目前共有会员670多人，其中低龄老人有400多位，占会员总体的比例较高，许多60~70岁的老人仍在厂里工作。协会利用这一优势，通过组织老年人开展互帮互助、以老助老的志愿服务活动，鼓励健康、低龄老年人帮扶空巢、高龄、病残、失能老年人。

老年协会将健康、低龄、不怕吃苦的老年人分成6个小组，每组30余人，并设一位理事，各组负责各个生产队中约20位高龄老人，免费为老人提供服务，由理事每月10日汇报工作。服务的主要内容为打扫卫生、做饭等居家照料及聊天谈心、讲解形势与政策等精神交流。2017年，协会还给服务对象送去了生活用品，而志愿者没有任何资金及物质补贴。统里村的这项互助活动开始得较早，至今已经开展了16年左右，服务人员流动性不大。

此外，老年协会也会发动老年人志愿清理村里的垃圾，将老年人志愿者分组，每组负责固定区域。

案例：报福镇报福村老年协会

报福村老年协会平常会组织老年人开展各类文化娱乐活动，如爬山、组织老年运动会等。

协会还会对老年人进行节日慰问、病丧探望。每逢重阳节，协会会给80岁以上的老年人包饺子；若有老人生病，协会接到村民小组组长通知后，会派协会会员携带礼品登门探望,并为有需求的老人提供上门照料服务;若有老人去世则赠送花圈表示哀悼,协会的老年乐队为逝者提供免费吹号服务。

此外,老年协会会员如果有身体不适或失能且无人照料的情况,可以到照料中心,享受老年志愿者提供的免费照顾。同时,根据安吉县的规定,由村里选择的符合条件的高龄老人、退伍军人等也可以享受上门服务,得到志愿者的生活照料,如扫地、洗碗、洗被子等。对于需要上门服务的老人,每人每月接受服务的时长一般为4小时。

为更好地服务老人,协会开设了老年食堂、老年电视大学。老年食堂每天开放,平均每天有十多个老人前来就餐,午餐多则20~40个,少则10多个。老年协会还创办了一所老年电大,形成了一、二、三课堂结合的模式,每月上旬、下旬各上一次课,其余时间基本不上课,报福村老年电大在2019年获得了"湖州市示范型老年电视大学"的荣誉称号。

志愿者一般在本村产生,经常组织培训,每月工资1600元,但大家参与的积极性不高,主要原因为子女不愿父母参加。

案例:报福镇洪家村老年协会

洪家村老年协会在过年期间会提供舞狮子娱乐活动,平时举办太极拳等文艺活动,每月10日约有40位老年人会定期来老年协会参加活动、学习新政策、观看电视。

协会中午提供低偿老年餐桌服务,将每日就餐老人的饭、菜分别装在不同的碗里,保持卫生的用餐习惯。

协会副会长会定期拜访贫困户,提供力所能及的帮助,发放米和油;当协会成员生重病时,理事会带礼品去医院看望;当协会成员逝世时,协会副会长会出席祭奠仪式,赠送花圈炮仗。

案例:孝丰镇三眼井社区居家养老服务中心

社区居家养老与健康服务等项目结合,建立了集心理服务咨询室、家庭教育咨询室、才艺展示室、农家书屋、综合活动室、残疾人文体活动室等于一体的居家养老服务中心。服务中心平时常常组织趣味活动,丰富老人的精神生活;每逢重阳佳节,服务中心工作人员会带老人出游散心,集体组织外出看电影。

服务中心设有老年餐桌项目,每周一至周五为老人提供订餐服务。老人用餐需要提早一天预订,商家会在第二天中午统一送到服务中心的用餐地点。餐费政府按年龄给予补贴,60~70周岁补贴每顿1元钱,70~80周岁补贴两元钱,80周岁以上补贴3元钱,以此类推。

此外,服务中心还创立了"周三民意汇"工作制度,即在每月的第一个周三,民意联络员会通过走访、电话、微信等方式,广泛收集辖区内的民意民情;在每月的第二个周三,民意联络员将各自的民意民情进行整理,递交到"周三民意汇"工作站,工作站再进行整理、分类,并以座谈会的形式进行传达和讨论,共同商议解决办法;在每月的第三个周三,"周三民意汇"工作站将讨论结果进行分类,工作站能力范围内的事将及时进行处理并报社区备案,超出能力范围的由工作站及时报送社区,由社区相关部门进行处理;在每月的第四个周三,民意联络员通过家访、电话等回访形式将办理结果反馈给社区居民,并进行满意度测评。服务中心会根据反馈结果,探望独居生病老人,给予其精神慰藉。目前,社区正在招募能长期为老年人提供家政服务、陪伴、精神慰藉的志愿者。

(4) 评估子系统

老龄办等政府部门建立了基层老年协会检查验收和表彰奖励制度。每年年底前对各基层老年协会进行检查评估,对达到规范化建设标准的基层老年协会采取以奖代补的形式给予奖励。经验收符合规范化建设标准的,村(社区)老年协会按照评定的星级(4、3、2、1)每个分别奖励2万元、1.5万元、1万元、0.5万元。乡镇(街道)给予1∶1的配套奖励。并由县老龄委、县民政局、县财政局授予"1-4星级基层老年协会"牌匾给予老年协会表彰。为建立长效激励机制,由县老龄办牵头对获得"1-4星级基层老年协会"称号的基层老年协会,每三年进行一次复查。经复查依然符合规范化建设标准的给予奖励;不符合规范化建设标准的将取消"1-4星级基层老年协会"称号。

(5) 支持子系统

2014年,安吉县老龄工作委员会、民政局、财政局共同下发《关于开展基层老年协会规范化建设提升年活动和建设"乐龄工程"的实施意见》《老年协会规范化建设提升年活动和建设"乐龄工程"验收标准》,提出用2014~2016年3年的时间(2014年要完成40%以上、2015年要完成80%以上),到2016年底要实现基层老年协会规范化建设全面提升全覆盖,达到经费有保障、管理有制度、活动有场所、服务有标准。老年协会建设和运营资金主要来源有政府拨款补贴、村集体保底给付、农业合作社提供、NGO等社会组织出资、社会捐赠、服务对象缴纳六大部分。在资金方面的支持主要是落实财政资金，加大对基层老年协会的扶持力度。从2014年起，将"乐龄工程"建设纳入县乡两级财政预算。县乡两级财政连续三年安排总额2000多万元资金用于开展基层老年协会规范化建设和"乐龄工程"建设。各乡镇（街道）老龄委可以积极协调相关部门，争取政府领导支持，给予基层老年协会建设必要的经费保障。凡是能够交给基层老年协会承办的项目，采取以奖代补、转移支付、购买服务等方式，积极扶持老年协会参与公共服务项目的组织实施。各村（社区）老龄委在办公场所、活动设施、活动空间、活动经费等方面给予基层老年协会大力支持，动员社会力量资助，整合村（社区）各类闲置资源，并采取以奖代补、政府购买服务、委托承办的方式，帮助老年协会解决活动经费、办公场所、活动空间等问题。

此外，老年协会有土地的经营性收入以及村里的少量补贴，可为其提供资金支持。

2. 老年电视大学

（1）管理子系统

老年电视大学是浙江省教育型、发展型老龄工作的品牌和特色之一，经省教育厅批准，由省老龄委、省人事厅、省总工会联合创办，省财政厅、省劳动和社会保障局共同协办，于1998年秋季正式开播。① 2015年

---

① 2017年，浙江老年电视大学招生人数已经突破145万人次。而在20年前，1998年，老年电大一个学期的招生人数是1.2万人次。老年电大的快速发展，与浙江省一以贯之的大力扶持有关。从2006年开始，浙江省民政厅、财政厅就设立省级福彩公益金资助老年电大建设项目，每年投入500万元用于资助新、改、扩建教学点和购置设备设施等。2010年5月和2011年5月，省民政厅先后印发通知，要求在全省养老服务机构、城乡社区服务中心开办老年电大教学点，进一步推动基层老年电大设点办学工作。截至2017年末，全省共建有老年电大分校102家、基层教学点14897个。在课程开拓方面，老年电视大学与高校开展课题研究，对课程进行整体规划。教材从原来的省外购买到自主开发，目前学校已有21本教材被评为全国老年远程教育优秀教材，也吸引省外老年大学购买浙江省课程教学片。随着互联网的发展，老年电大不仅安装了电视，而且开辟了网上教室，随时都可点播学习。除了线上教学，还开设了线下的第二、第三课堂，包括专题辅导、报告讲座、知识竞赛，组织老年文体团队，进一步拓宽教学形式。2018年浙江省发布了省级地方标准《老年电视大学办学规范》，明确提出老年电视大学是利用现代化电视（网络）传播手段，为老年人提供方便可及的终身教育服务的学校。《浙江省老龄事业发展"十三五"规划》提出，"到2020年基本形成老年文化建设新局面，老年人普遍享有基本公共文化服务，老年教育事业更加繁荣。经常性参加教育活动的老年人口比率要达到20%以上"。

12月，通过社会组织登记，由县老龄办和县民政局直接领导，安吉县老年电视大学正式成立，其采取老年电视远程教育与实体化办学相结合的新模式，将老年远程教育与老年协会创建、"乐龄工程"建设等紧密结合，将老年电视大学教学点建设与基层老年活动中心提升改造和居家养老服务照料中心建设紧密结合，实现了全县所有乡镇（街道）、村（社区）教学点全覆盖，同时进行了老年骨干队伍建设。①

截至2018年春季学期，安吉县老年电视大学学员数量已经达到1.6万人次，占全县老年人口的15.1%。全县老年电大已建有15个乡镇（街道）教学管理站（点）、1个县直属教学点和1个校企合作的糖尿病医院教学点，同时建设了30个机关企事业单位直属教学收视班，209个村（社区）全部开设了老年电大（远程教育）教学收视点（班）。

（2）组织子系统

①组织基础

安吉县老年电视大学将老年教育与老年骨干队伍建设联系在一起。

在进行远程教育的基础上，安吉县老年电视大学开设了第一、第二课堂，根据老人需求邀请讲师，以半官方性质的社会组织身份承接政府"送课下乡"的服务，组建了由20位各类专业人才组成的老年电大讲师团，按照《安吉县老年电大讲师团管理办法》，努力实现老年远程教育优质资源的共建共享。另外，精品教学点还开展第三课堂，组织学员外出考察学习。安吉县老年电大在原有老年活动中心和照料中心的基础上推进建设，铺开教学点，与老年协会比邻而建，也兼顾了老年协会的监督与评估工作。

②服务子系统

安吉县老年电视大学成立于2000年3月，2015年12月开始实体化办学。在老年电大教学点的日常教学管理中，立足老年人学习需求实际，积极优化教育内容、形式和载体，满足老年人精神文化生活需求。一是把握老年人在养生保健、科学文化等方面的需求，积极引进优质师资，提升办学水平。每年举办时事政治、健康养生等专题讲座，邀请县委、县政府领

---

① 目前，安吉县老年电视大学内部成立了以副县长为组长的安吉县创建全国老年远程教育实验（示范）区工作领导小组，在县老年电视大学下设创建办公室，指导全国老年远程教育示范区创建工作。

导和浙江大学、上海海军医院、杭州市疾控中心等专家学者到基层教学点开展辅导讲座。二是每年开展征文、拳剑等比赛，组织书画展、摄影展、文艺会演等第二课堂，设置有"老年心理学""中老年歌咏""中老年舞蹈""中老年摄影""中医养生""智能手机""太极拳（剑）"等10多门课程，每个学员在每学期可以选择4门课程学习，讲课师资由学校派送。定期出刊墙报、专栏，编印学员文集等，调动和激发学员的积极性，先后组建了艺术团、舞蹈队、合唱团、书画研究会等老年社团，每年在重阳节前后举办老年艺术周活动。老年电大教学点学员自编自演各类节目，到基层乡镇农村开展"文化走亲"活动，拓展老年远程教育在基层的影响力。此外，根据就近就便、因地制宜的原则，安吉县设置了全国老年远程教育实验区精品收视点，提高实体化办学水平。

案例：孝丰镇三眼井社区老年电大

孝丰镇三眼井社区成立于2002年5月，占地面积约0.75平方公里，现有住户1901户，常住人口4695人。三眼井社区老年电大在县老年电大和社区"两委"的支持和指导下，以"增长知识、陶冶情操、丰富生活、促进健康、服务社会"为办学宗旨，坚持"学、乐、为"紧密结合的办学方针，努力成为让老年人老有所学的课堂、老有所为的阵地和老有所乐的舞台。自2017年春季开始三眼井社区老年电大已经办了四期，截至2019年1月，其规模已经达到250人次。

作为全国老年远程教育实验区精品收视点和老年电大社区实验班，三眼井社区老年电大坚持第一课堂、第二课堂与第三课堂同步前进。第一课堂主要是指依据教材及教学大纲，在规定的教学时间里进行的课堂教学活动。三眼井社区老年电大每周会组织学员线上收看一次第一课堂，学习如使用智能手机等生活中的实用技能，并邀请老师进行线下指导。第二课堂是指"健康24小时，愉快学习"，除县老年电大规定的课程外，还开设了健康管理、医疗保健、养生保健操等课程，内容丰富，深受老年人喜爱。老年电大每个月都会请专家或老师进行面对面辅导，老年学员会认真地做笔记，学校的授课效果良好。第三课堂是指"走出校门，融入社会"，三眼井社区老年电大每个学期都会组织一次外出考察学习活动，"走出去"与兄弟单位交流，带领老年人积极参与公益事业，广泛地开展捐款、庆典等慈善活动，不仅提高了老年人的生活和生命质量，而且扩大了老年电大的社会影响力。

在软硬件设施方面，三眼井社区老年电大拥有独特的运行机制及完善的基础设施：第一，老年电视大学在创办初期就有较完善的领导机构，由老年协会的正副会长担任班长，成立班委会，班委会成员各司其职，从组织上保证了老年电大的有序运转；第二，学校配备有比较先进的教室和完善的教学设备，如电教室、活动室、书画室等，从硬件上保证了教学活动的正常开展；第三，统一和规范化的管理，老年电大给每位学员都配发了带有本人照片的学生证，学员凭证上课，且参加第三课堂时须佩戴老年学员专用的帽子。

3. 乐享人生社会组织

（1）组织子系统

乐享人生是由一批青年志愿者创办的，2013年7月组织成立了安吉晨光公益志愿者协会；[①] 2015年申请成立安吉乐享人生社会工作服务中心并研发软硬件，帮助老人利用安装的设备进行一键联系及SOS急救措施；2016年5月，协会启动了智慧养老监控平台，通过免费为独居老人安装带有信号发射功能的"智键通"终端，为老人提供精准志愿服务。[②] 目前该协会还承接了政府购买居家养老服务、居家养老服务照料中心运营管理、活化老年协会等项目。

从成立志愿者协会到发展为社会组织/社会企业，乐享人生一直在摸索如何发展与中国国情、地情相符合的社区居家养老服务模式。目前乐享人生团队发展到85人，下设居家服务部、社区运营部、居家公益部、财务部、综合部五大部门。其主要特点在于：一是运用大数据平台实时监控特殊老年人的生活，提供应急救援；二是依托各村（居）"两委"、老年协会或自己到各村（居）的组织发动，寻找和组织志愿者群体，对留守、空巢、独居、失能、半失能老人进行上门服务，对志愿者针对应急措施、服务道德进行培训；三是对接城市社区运营居家养老服务照料中心，开展社

[①] 截至目前，共有志愿者1000多名，组织开展各项大型公益志愿活动共82次，协会志愿服务总时37711小时，个人志愿服务时间2116小时。组织开展"绿色安吉"——环境保护、"让爱走动"——关心空巢等专项志愿服务项目。5年来，先后走访帮助6078位空巢老人。

[②] 根据协会负责人介绍，目前共收到116条SOS救助信息，出动志愿服务500多次。

会化居家养老公益活动，如组织义诊、会演等，调动社会资源进行唱歌、太极拳（剑）教学，同时帮助活化社区内部老年组织。

志愿者管理方面，乐享人生每个季度会对志愿者进行一次应急知识、职业道德培训，培训合格的志愿者需在系统上进行注册，申请服务智能调度后才可以接受 App 的服务派单。对于有报酬的志愿者，来去服务对象家时都需要扫码，以此确定其服务时长，服务过程中志愿者需认真履行约定的服务内容并关切服务对象的情况。对于无偿服务的志愿者，乐享人生年底会为其颁发荣誉证书。此外，乐享人生的工作人员会在服务结束后对服务对象进行回访，根据老人的反馈对每次服务进行评分并汇入大数据平台进行记录存档。其中志愿者在路上花费的时间和超时陪伴的时长会记为公益服务时间，作为志愿者评优评先的依据。

（2）服务子系统

乐享人生计划构建一个以居家养老为基础、社区养老为依托、机构养老为支撑的社会养老服务体系，打造智能化综合养老服务产业链，为老年人提供 24 小时应急救援、居家服务。2016 年，乐享人生与另外两家社会组织合作建立互联网监测系统，对整个区域老人身体情况、分布情况以及每日服务对象的服务时长、服务内容等进行记录、分析、汇总。其中四个不同的板块用四个不同的账号进行管理。由于监管人员规模庞大，平台划区域，每一个乡镇都会有账号，分级管理自己本辖区内的服务对象。志愿者以老年人需求为根本，为老年人提供"随叫随到"，无偿与低偿、有偿相结合的"一站式"养老服务。截至目前，乐享人生已承接县政府购买居家养老服务项目、居家养老服务照料中心运营管理项目，并积极开展社会化居家养老公益活动。成立至今，乐享人生累计服务超 18000 人次，服务时间长达 7698 小时，服务满意度达 99%，投诉处理满意度达 100%。

乐享人生的服务流程包括以下几个方面。首先，在服务对象的划分方面，分为护理类对象和非护理类对象。护理类对象（一般是失能失智的老人）的服务时长为每月 20 小时，非护理对象（一般是空巢老人）的服务时长为每月 4 小时。其次，在志愿者的组织方面，主要依靠乐享人生的工作人员就近发动家政服务散户、小型服务组织或热心、懂方言的当地人，努力将他们吸纳到组织中。乐享人生按照就近原则对志愿者与服务对象进行匹配，力求缩减往返途中的时间成本，必要时可对服务对象提供紧急援助。目前乐享人生已发展了256名有固定服务对象的志愿者。其中，每位上门护理的志愿者都至少对接了附近的15位服务对象。

乐享人生还对接村和社区运营了照料中心，每周组织2~3次活动，提高老年人的生活质量。乐享人生工作人员从老年人爱好出发，举办趣味运动会、绘画、书法、插花比赛等，为照料中心聚集人气。同时拉动太极协会、艺术协会等社会资源，教老人唱歌、打太极拳。除此之外，乐享人生还有线下记录志愿者时长的配套App、用红外监测设备方便子女了解老人动向的App以及"一键呼叫"设备，且都已申请了专利。目前，乐享人生已为20多家照料中心安装了其研制的红外监测设备。由于该设备监测范围有局限，小型照料中心的安装费用在千元左右，大型照料中心的安装费用可达上万元。老人用于紧急情况的"一键呼叫"设备每个定价在200元左右，它可以通过云平台实现对讲，实时监控老年人的状况，购买后该设备直接呈现在老人及其亲属的手机上。目前，安吉县政府已经为200多位高龄独居老人购买了"一键呼叫"设备。乐享人生通过政府和个人对产品和服务的购买而获得周转资金。

（3）评估子系统

乐享人生采取自我评估与第三方评估相结合的办法，借助互联网平台，接受投诉、对管辖内的服务对象坚持回访，同时受政府、第三方评估机构的监督。

二 互助服务+居家养老服务照料中心——村委会组织运营、老年协会协助

金华市金东区居家养老服务照料中心的设立起步于当地一个村子在2012年率先进行的养老模式创新——通过开办老年食堂解决子女不在身边的老年人吃饭的问题。这种创新模式经民政部门认可后在当地7个镇的7个行政村开始试点。2013年，建设城乡社区居家养老服务照料中心成为金华市金东区十件民生实事之一。

金华市先后出台《中共金华市委办公室 金华市人民政府办公室关于深入推进农村（社区）居家养老服务照料中心建设的实施意见》（金政发〔2012〕71号）和《金华市人民政府关于加快发展养老服务业的实施意

见》(金政发〔2014〕47号),提出"到2020年全市城乡社区要形成20分钟左右的居家养老服务圈,生活照料、医疗护理、精神慰藉和紧急救援等养老服务基本覆盖所有居家老年人"的总体目标。金东区居家养老服务照料中心的建设目标是"保基本、广覆盖、可持续",到目前为止,全区共有293个居家养老服务照料中心,服务老年人4万余人,覆盖全区2/3的老年人口,每个行政村和社区基本都被充分覆盖。下面从管理、组织、服务、评估、支持子系统的角度,对它的居家养老模式进行分析。

(一) 管理子系统

金东区农村社区居家养老服务照料中心的管理子系统主要由金华市政府、金东区政府和各镇政府组成。这个子系统一方面负责系统外各种相关信息的接收、处理和内化,例如国家和省级政策文件等;另一方面,负责制定相关政策、规定,将农村社区居家养老服务落实下去。金东区政府通过制定统一的居家养老服务建设标准及规范化的服务标准,明确以村级组织为建设服务主体,采取按照统一规范化的标准建设社区居家养老服务照料中心的运行管理模式。具体的做法分为两个方面。

一是全区统一采购设备、培训厨师、规范制度。以乡镇为单位,统一购买炊具、灶具、油烟机、消毒柜、冰箱、保温彩盒、烧水机器、空调、电视机;统一培训厨师,主要开展老人的营养搭配问题和烧菜技术问题、对老人的态度等方面的培训;统一将制度钉在墙上,统一制作标识,村里可根据实际情况追加。

二是原则上居家养老服务照料中心的人员包括主要负责人、炊事员以及服务人员、老年协会成员。主要负责人一般是村"两委"中的村支书或者村主任,负责照料中心的所有大小事宜,直接对照料中心负责;炊事员负责每日两餐原料购买及制作,厨房、餐厅以及餐具的清洁;服务人员主要协助做好炊事员日常工作,做好照料中心场地的卫生清洁以及老年人的基本照看工作;老年协会成员则主要发挥监督协理作用,台账复核,菜品过秤,以及定时访问村庄老人、了解老年人实际需要。

(二) 组织子系统

在组织方面,浙江省金华市金东区居家养老服务照料中心的设立依托行政村或社区，村"两委"在居家养老服务照料中心发挥着重要的作用，村支书或村主任往往是照料中心的直接组织运营者。例如，曹宅镇桥西村、上目宋村和潘村中心村是率先开展居家养老服务工作的3个村，养老服务中心都是由村"两委"负责日常运转管理和服务，派1名村干部具体负责。该村干部主要负责老年食堂的就餐管理服务和财务管理监督（如收取与管理就餐老年人就餐费、陪同厨娘采购、预算审核经费开支等），有时还负责老年活动中心的日常管理以及配合厨娘为生病或失能老人提供上门查看和送餐服务等。

在这个组织系统中，负责具体组织管理的村干部是照料中心发展的关键。在笔者的调研中也发现，具体负责的村干部的奉献精神、责任意识和人文情怀对照料中心的运行影响非常大。如澧浦镇下宅村老年人就餐服务收费虽然最低但仍能保持略有结余，该村养老服务照料中心也是金东区为数不多的几个有真正托管服务功能的。这都离不开该村照料中心具体负责的村干部的兢兢业业、恪尽职守。

以就餐服务为例，下宅村村支书说："这个养老（服务照料）中心我就是像管家一样在管的。成本控制我觉得有两个方面。一是我们自己批发蔬菜，批发价格跟市场相差一半，成本降低一半，有时候我或村主任去买，不过大部分时候是炊事员去买，50个人就让炊事员买6斤肉，平均每位老人1两肉、3两菜。二是老人吃饭其实比较少，浪费可惜，够吃就行，所以我们实在地告诉老人打饭定量，如果需要就再盛。他们其实也是（从）苦日子过过来的，很能理解。有些老人哪一餐不来吃，还会告诉我们，让我们别做他的那份了。"

（三）服务子系统

服务互助方面，部分照料中心允许行动不便的老人由家人来取餐。此外，照料中心发动党员、老年协会成员积极参与，在照料中心负责协助工作，帮助照料中心做好买菜、菜品制作、卫生保洁等日常工作，同时承担为行动不便的老年人送餐的工作。各村党员每月15日集中到照料中心为老年人服务，看望老年人、倾听老年人心声、了解老年人需要。老年人也参与对老年人群体的服务，自助互助，例如在老年食堂的运行中，老年人自己负责刷自己的餐具，等等。文化互助方面，金东区团区委"幸福同乐园"志愿服务驿站开展祖孙同乐、心理疏导、爱心书屋等服务活动。130多支巾帼志愿服务队，近千名志愿者，每天为老年人洗衣、送饭，和他们聊天。区老龄委协同相关政府部门积极开展"敬老月"、老年节和老年文化体育活动，探索老年宜居环境建设的有效方式和途径，为老年人创造优质生活空间。

以澧浦镇下宅村居家养老服务照料中心为例。下宅村作为金东区农村居家养老服务照料中心试点之一，从2012年开始建设居家养老服务照料中心，起初由乡政府的旧楼改建，只提供就餐服务；经过重新规划修建之后，村委会和居家养老服务照料中心、便民服务中心、文化礼堂在一个类似农家乐的庭院里，提供就餐服务、住宿托管、文化娱乐、便民服务等。新建的照料中心中间是一块空地，四周是有亭廊的房间，实用并且独具江南特色。就餐服务提供中、晚餐，月初交费，收费标准如下：超过60岁但不到75岁，一人一餐1元，每月60元；75岁及以上，一人一餐0.5元，每月30元。托管服务一共13个房间，主要接收生活自理老人，如果老人生活不能自理可以自带服务人员入住，收费标准是，本村户籍老人托管费150元/月、非本村户籍老人托管费300元/月，老人签订入住协议后才可入住，如遇病危、意外事故，村里不承担责任。另外，村"两委"班子成员经过商量一致同意，每人负责一次肉饼钱，差不多3个月轮一次，每次100元左右，钱数不多，但大家有付出有感激，很是开心和谐。还有一些政府、企事业单位及本村经济相对宽裕的人员等会给居家养老服务照料中心捐款、捐米捐面。

（四）评估子系统

金东区建立了相对完善的评估系统，包括政府对居家养老服务照料中心的评估、对老年人的评估和村"两委"、老年协会的自我评估。

在对居家养老服务照料中心的评估方面，乡镇（街道）和民政局对照料中心实行年度考核制度，以此作为补助和评优的依据。金东区民政局每年按20%进行抽查，乡镇（街道）每年不定期对运行管理情况进行检查，并根据考核结果给予运行补助资金。运行补助资金6月预拨一次，年底考核拨付一次。

照料中心用餐老人年平均在20人以下的，每家每年补助2.5万元；用餐老人年平均在20人以上的,年平均每超1人增加补助1000元。年运行天数少于250天的照料中心为非正常运行,运行补助资金按实际运行天数给予补助;对年运行天数在250天以上的照料中心,按规定给予全额补助。考核结果同时也是"评星创优"的依据,三星级以上照料中心年运行天数需在280天以上,三星级以上照料中心优先评优,年度考核为优秀的照料中心或配送中心给予奖励1万元,优秀照料中心的评出比为5∶1。

在对老年人的评估上,以区低保评定结果为依据,金东区的低保户中60周岁以上老年人和75周岁以上的老年人(企事业机关离退休人员除外),按实际用餐老人数给予每人每天4元的伙食补助。

不管是对居家养老服务照料中心本身的评估还是对老年人的评估,村"两委"、老年协会始终尽力扮演好组织者的角色,积极配合各方评估检查,也随时随事自我监督反省、评估检查,完善做事方式、提高办事效率。

(五) 支持子系统

在资金上,居家养老服务照料中心的资金来源多样,来自各级政府、社会爱心企业、社区或村集体、老年人群体和党员,充分发挥了自上而下、自政府到民间、自集体到个人的作用,使居家养老服务照料中心能够正常持续运营(见图6-3)。

具体地,建设资金主要来省、市两级,省、市分别在各照料中心验收通过后一次性补助5万元;运行资金主要来自区级政府的支持,标准为一个照料中心一年补贴2万元,同时一餐一人补助2元(按照实际就餐人数)。社会爱心企业捐赠形式不限,捐款捐物都可,支持力度也不一。以澧浦镇居家养老服务照料中心为例,大北农公司每年拨出1000万元专款专用于居家养老服务照料中心,支持澧浦镇居家养老服务照料中心的运营。除此之外,每个村子根据实际情况向老年人征收每人每餐2元的餐费(有的金额为0.5元、1元,根据不同年龄、不同村落的经济状况而略有不同)。个别村的居家养老服务照料中心充分调动老年党员的积极性,发动老党员为照料中心捐款,用于改善老年人伙食状况。

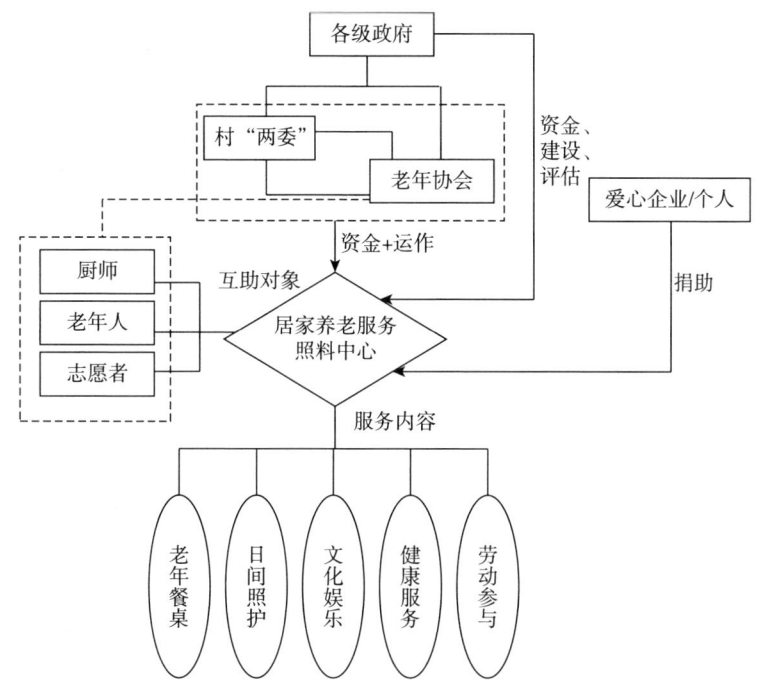

图 6-3 金华农村社区居家养老服务系统示意

第三节 北京市农村互助型社会养老典型实践

一 互助志愿服务——区级统筹

笔者在北京延庆农村调研发现，不少山区农村人口居住分散，不宜建设驿站，且大多数老年人收入水平较低，不具备购买社会养老服务的能力，互助志愿服务是这些农村更为实际可行的服务供给选择。在这种模式中，村集体负责管理组织村内的互助服务队伍，目前以为空巢独居的高龄、贫困、失能半失能等救助型老年人提供上门服务为主，服务内容包括生活照料、精神慰藉以及巡视探访等，服务质量由社会组织和政府进行评估。

延庆区政府一直非常重视农村互助志愿服务工作的开展，互助志愿服务氛围浓厚，延庆区妇联从 2002 年开始就鼓励各村成立巾帼志愿服务队，自发组织村里妇女对孤寡老人进行节日慰问、送饭、清洁卫生等。很多农村都建立了自己的互助服务队伍。

2016年，延庆区慈善协会以各村已经存在的互助志愿者力量为依托，提高了互助服务的统筹管理层次，在全区开展慈善"1+1"关爱空巢助老项目，逐步覆盖了延庆区15个乡镇。[①] 该项目的资金主要来源于政府购买服务和社会捐款。以北京市延庆区八达岭镇岔道村为例，该村最早（2004年）由村妇女主任成立亲情服务队，带领一些村里的妇女逢年过节去看望孤寡、行动不便的老人；2008年，在延庆区妇联的统一规划下，亲情服务队改名为"巾帼志愿服务队"，不仅逢年过节探望，而且为高龄、独居、经济困难的本村老年人提供上门理发、做饭等服务；2016年，八达岭镇岔道村的巾帼志愿服务队就作为一支村级互助志愿服务队，编入关爱空巢助老项目，受区慈善协会的统一组织管理和评估。该服务队目前共有14名互助志愿者，由村妇女主任（1人）、村委工作人员（4人）、乡村医生（1人）和村里妇女（8人）构成，为该村6名无人照顾的老人提供上门服务,[②] 包括生活照料服务（每月给老年人理发至少1次，助医、助洁、助餐至少2次，农忙时提供助农服务等）、医疗保健服务（量血压、测血糖、整理药品、健康指导等每月至少上门服务2次）、巡视探访以及精神慰藉等服务。互助志愿者可以获得一定的资金补贴，例如给老年人理发1次，补贴10元；助医、助洁、助餐，每次补贴20元；助农1次至少3个小时，

[①] 延庆区慈善协会于2008年9月19日正式成立，是由从事和支持慈善事业的单位，以及关心热爱慈善事业的个人，自愿参加组成的，经北京市延庆区社会团体登记管理机关依法核准登记的非营利性社会团体法人。目前慈善"1+1"关爱空巢助老项目已经建立了区、乡镇、村三级管理体系。在区级层面，区民政局/老龄办负责项目指导、监管，区慈善协会负责项目整体策划、运行和管理。在乡镇层面，每个乡镇组建1支助老服务队，并成立慈善志愿服务工作站，由服务站站长（乡镇民政工作负责人）和助老服务队队长共同负责辖区内项目的组织实施。在村级层面，根据受助老人人数设置互助服务队小队长若干名，主要负责组织互助者上门服务、记录服务情况并向服务队小队长报告。为了规范互助者服务行为，延庆区慈善协会还编制了《延庆慈善"1+1关爱空巢助老项目制度汇编"》，将22项相关制度汇编成册，包括互助者服务管理、考勤、学习、考核、宣传等制度，让互助愿者人手一册学习了解。在评估方面，实行定期巡查回访工作机制，延庆区慈善协会通过电话、上门回访的方式，每月不定期了解各村服务开展情况、受助老人满意度，及时解决存在的问题。

[②] 该村6户需要上门服务的老人中有5户是能够生活自理的空巢、独居老人，还有一户老人全家除儿媳以外均患有失智症。

补贴100元。① 除服务补贴外，区慈善协会也会根据各助老服务队的实际需求，为其提供工具补贴、交通和通信补贴、宣传费等方面的资金支持，并给所有互助志愿者购买了人身意外伤害险。

二 互助志愿服务+老年餐桌——村委会组织运营

北地村地处延庆山区，位置偏僻，四面环山，110国道从村东穿过，区域面积1.1万多亩，其中山场面积9911亩、耕地面积29亩。截至2016年2月，北地村有57户共计105口人，村民平均年龄50多岁。在2009年以前，北地村村民以种植玉米、高粱、蔬菜等为主，以草药采集业为辅。2009年，借助110国道穿村而过、车流量比较大的优势，北地村先后投入160万元在国道两边建立起两大三小共五处临时停车点，都于当年实现了租赁经营，并获得了收入。临时停车点由村集体经营，给村民分红，2009年村民人均得到近3000元的"分红"，2015年则超过4000元，远高于从前种地的人均收入。

王仲营村位于延庆县城东南8公里处，辖域面积1.58平方公里，共有79户176人，姓氏以王、霍、张、闻为主。自2008年起，王仲营村开始发展五味子等中草药特色种植业和肉鸡养殖业。五味子种植规模从2008年的150亩发展到2016年的450亩，平均亩产值近7000元，总产值超过300万元。到2014年，王仲营村的经济总收入在500万元左右，人均劳动所得超过16000元。

王仲营村和北地村两村老年人境况相似，村里的年轻人大多在外打工，留守在村里的多是老年人，这些老年人白天没人提供照护，吃饭"饥一顿饱一顿"，在家待着且少有人过问，"有个磕磕碰碰也没人知道"。为解决老年人就餐问题，北地村以村集体为单位探索过老年餐桌建设；2012年，延庆县进行养老管理服务中心试点建设，北地村和王仲营村均在第一批试点建设的村级养老中心之列；2013年，北地村成为延庆县首家获得

---

① 每次参与互助服务的志愿者共享1人次的补贴款，每次的服务记录和服务花费按月逐级上报到区慈善协会，由区慈善协会统一拨付补贴资金。虽然开始发放补贴，但根据笔者的调研，互助服务队并不看重金钱上的回报，甚至还有一些回避。在访谈过程中，一位服务队队长表示："我们都是自愿做这些的，因为我们都做了好多年，谁也不会为了这点补贴，以前没有补贴的时候，我们自己搭钱也做。"

"全国敬老文明号"这一光荣称号的村级敬老单位。

下面分别从管理、组织、服务、支持子系统对这两个村的互助型社会养老模式进行分析。

(一) 管理子系统

延庆区离北京市区较远且农村较多,养老问题一直备受关注。2012年,延庆县进行养老管理服务中心试点建设,全县建成井庄镇、珍珠泉乡、旧县镇、沈家营镇4家乡镇级养老中心和井庄镇北地村、千家店镇河南村、八达岭镇石峡村、井庄镇王仲营村4家村级养老中心。

养老管理服务中心试点的建设遵循2011年3月北京市民政局联合北京市商务委员会、北京市公安局等多家单位印发的《北京市居家养老(助残)服务单位管理规定(暂行)》:各级居家养老(助残)工作主管部门对居家养老(助残)服务单位的管理负总责,各级商务、卫生、工商等相关部门,按照各自职责,做好居家养老(助残)服务单位的服务与管理工作。同时养老管理服务中心试点的建设享受北京市养老助残的相关优惠政策,如2012年2月《关于2011年养老(助残)餐桌和托老(残)所规范化建设单位奖励资金使用有关事项的通知》规定:2011年试点单位奖励资金总额5200万元,按照2011年规范化养老(助残)餐桌和托老(残)所建设数量,平均每个试点单位按5.2万元标准拨付。

(二) 组织子系统

北地村和王仲营村的养老管理服务中心工作均由村委负责组织和开展。村"两委"的工作包括老年餐桌的运作、财务管理、人员招募和管理等。

村"两委"组织开展社区居家养老服务有其独特的优势。首先,村委来自群众,能更好地服务群众。村民委员会是由村民选举产生,村民自我管理、自我教育、自我服务的基层群众性自治组织。村民推选出的村民委员会成员均有长期的本村生活经历,是村集体的一员,对于村集体出现的问题有着更充分的了解,更加能够分辨出所遇问题的轻重缓急,在考虑问题时能够综合多方面因素,因而更适合本村事务的管理,养老服务方面也不例外。例如北地村的村主任对于老年人吃饭问题的解决方案的设计,综合考虑了老年人需求、本村硬件设施基础、村财政收入等,最终形成以村财政支出开办老年餐桌的服务形式。

其次,村民委员会由村民选举产生,因而是获得村民广泛支持的人员,这就为其对村集体的管理和重大事项决策提供了群众基础,有利于各项工作的开展。还是以北地村为例,村委提出以村财政维持老年餐桌运营,村财政是村民共有的,村委对财政的支配方案得以实现,主要原因是村民对村委的支持和信任。

事实上,在村委的引领下,北地村通过建立停车点增加村集体收入,王仲营村通过发展五味子等中草药特色种植业和肉鸡养殖业获益,两村均实现增收,而村集体财政收入正是增加村民福祉的经济基础。村委带领村集体发展经济,村民积极响应,最终的福利又都反馈给村民。这两个村村委为村民谋福利,村民支持和信任村委,村民与村委之间的互助形成良性循环,推动农村良风益俗的形成,为这两地养老服务的发展提供了很好的组织基础和社会环境。

(三) 服务子系统

在老年餐桌服务上,北地村的做法是雇用三名本地农村妇女常年为老年人做饭。从4月到11月间是一日三餐,冬季(农闲时候)是一日两餐(餐数确定的依据是当地老人的生活习惯,山里老人习惯于农耕、山里砍柴的生活,农忙时三餐,农闲时两餐)。三名妇女的工资是每月2200元左右。王仲营村则是雇用两名享受"4050"待遇的人员[①],兼顾做饭和保洁工作,为老年人提供午餐和晚餐,每月工资1400元。老年餐桌在为老年人提供免费就餐服务的同时,创造了农村再就业机会,充分利用农村赋闲的劳动力,一举两得。

这两个村的养老管理服务中心除开办老年餐桌为老年人提供免费就餐服务之外,还提供各种娱乐和健康服务。北地村为村内老人提供托老服务,并设置了棋牌室、聊天室,让老年人老有所乐;每月5日、15日、25日定期为老人进行免费体检,并建立健康档案,密切关注老年人的身体健

---

① "4050"人员是指处于劳动年龄段中女40周岁以上、男50周岁以上的,本人就业愿望迫切,但由于自身就业条件较差、技能单一等原因,难以在劳动力市场竞争就业的劳动者。其中相当一部分是原国有企业的下岗人员,他们为改革做出了贡献,但随着年龄增长,就业也愈益困难。

康。王仲营村养老服务管理中心为老年人提供休闲娱乐场所和设施，以及根据需要而定的简单的日间照护服务。

为了弥补农村老年教育的空白，使农村老人像城里老人一样生活、学习，2014年延庆区教委以社区教育中心为主体开展了"老年教育向农村延伸"活动，并将大庄科乡沙塘沟村和井庄镇北地村作为试点开展老年教育活动，此外，还制订了有针对性的"红歌红舞沙塘沟、尊老养生谷北地村"的老年教育培训计划。对老年人进行培训教育，发展老年人进行文化互助，是使老年人互相给予精神慰藉的一种手段，老年人在接受教育的同时加强了和外界的接触、增加了互相之间的交流，并且收获了知识或本领，真正实现"老有所学，老有所乐"。

（四）支持子系统

经济支持方面，北地村和王仲营村都将本村的财政作为养老服务的经济支撑。除了北京市老龄委给予养老服务中心一次性建设补贴9万元和北京市民政局每年发放老年餐桌奖励2万元外，北地村集体为老年餐桌"颐年餐园"提供了开展的场所，每年还从财政上列支20万元作为运营资金；王仲营村的养老服务中心的运营每年花费也在15万元以上，除去自给自足的蔬菜部分，仍需要村集体支出10万元左右。同时，资金中也有来自社会捐赠的，如外出打工的年轻人对家乡老人的回馈等。

总结来讲，这两个村的经济支持都来自上级补贴奖励以及村集体的财政支出，并且村集体的财政支出占相当大的一部分。而这种资金互助的结果是老年人享受了福利型（完全免费）的老年餐桌和其他服务（见图6-4）。当然，这种纯福利型的养老服务模式具有一定的特殊性，更适用于经济状况好、组织基础强、思想统一的远郊、小型村落。具体来讲，一是只有村集体具备财政收入，才有可能设立福利型老年餐桌；随后，作为基础的支持子系统因为有实业的支撑保障了管理-组织-服务-支持系统结构的稳固，进而带动服务的可持续进行。只不过这里的反馈机制运行的依据是从村民个体的感知中获取的，没有具体的标准，但其反馈的信息有正负两个方面，当服务系统提供的服务令人满意时，则反馈正面的信息，从而坚定村民支持村财政投入老年餐桌的想法。最终老年人获得服务的满足感和老年人子女养老负担的减轻、村内爱老敬老风气的形成进一步巩固了这个管理-组织-服务-支持系统结构。二是运行资金来自村集体，提供服务的人员来自村集体，接受服务的对象来自村集体，管理和组织是由村集体进行。资金互助、服务互助、文化互助在村集体内部互相影响，减少了从发现问题到解决问题的中间环节，各子系统联系也更加直接和紧密，这在小型村落中尤其明显。

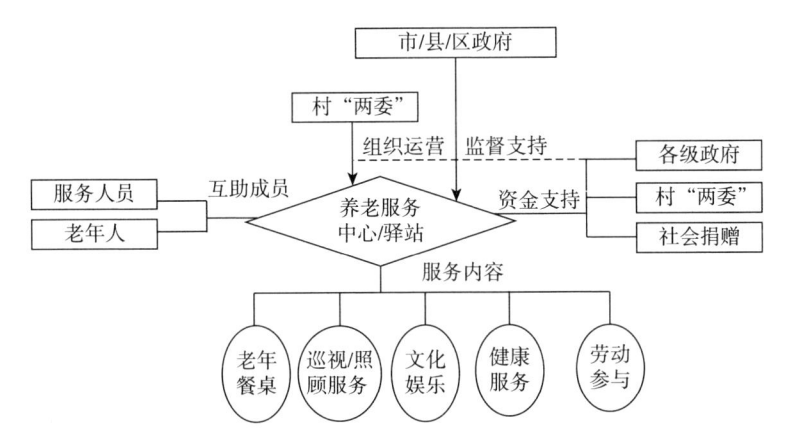

图 6-4 村"两委"组织运营互助志愿服务+老年餐桌模式示意

三 互助志愿服务+综合服务

北京的近郊农村以及城乡接合部地区，人口较为集中，与互助志愿服务+就餐的老年餐桌（养老驿站）不同，该类农村幸福晚年驿站的运营主体及资金来源以社会企业为主，企业链接与整合社会资源的能力更强，除了动员农村社区内的人力、经济等资源外，还能链接其他服务商以及吸引社会捐赠，且连锁化的企业运营大大提升了驿站管理和服务的标准化、规范化水平，驿站的服务内容也更加多样化和专业化，除了休闲娱乐与助餐外，驿站还可以提供日间照料以及专业康护保健等服务。

但是，总体来看，由企业运营的农村幸福晚年驿站仍处于试点起步阶段，受收入水平以及消费意识等影响，老年人购买日间照料、康护保健等服务的比例相对较小，驿站目前主要提供休闲娱乐或者休闲娱乐+就餐服务，单依靠政府的部分购买服务和补贴难以支付企业高额的运营成本，经营性收入不足，亏损问题较为普遍。当然，在调研过程中，笔者也发现了一些通过开源节流以降低运营成本、提高收益的有效措施，主要就是将互助志愿服务加入驿站运营之中，降低成本的同时增加驿站的宣传力度，同时推动社区居民共同参与社区治理。

如笔者调研的顺义区龙王头村幸福晚年驿站，由连锁企业易来福①运营。该企业在进入农村社区后，积极与村"两委"协商，争取他们的资金支持，最终达成协议，村内老年人来驿站就餐（早、中、晚三餐），村集体会给每人每月补贴200元，老年人自己只需付400元/月。目前每天有20~30位老年人来驿站用餐，还有13位身体不便需送餐上门的老人。还有一些驿站通过"雇用"农村社区领袖人物及互助志愿者，以低人力成本获得高工作回报。

第四节 上海市农村互助型社会养老典型实践

一 互助服务+睦邻"四堂间"——以村民小组为单位

奉贤区地处上海市南部，全区行政区域土地面积720.44平方千米，截至2016年末，全区有共8个镇、2个街道、1个社区、175个村民委员会、116个居民委员会，南桥镇为区政府所在地。根据上海市老龄科学研究中心2016年上海市老年人口和老龄事业监测统计信息，截至2016年12月31日，奉贤区全区户籍人口53.19万人，其中60岁及以上老年人15.89万人，占全区户籍人口的29.9%。

根据奉贤区民政局2014年发展报告书，2014年10月，奉贤区通过试点先行，启动城市化居住小区"睦邻点"建设，并鼓励引导有条件的农村地区，以自愿、自发、互助、互帮的形式，开展农村宅基睦邻"四堂间"养老服务，实行农村宅基区域内老年人的居家互助。2015年奉贤区民政局提出要探索远郊农村养老服务新模式，试点推行农村宅基睦邻"四堂间"助老服务建设，开展农村"长者照护之家"试点工作。根据2015年奉贤

---

① 北京易来福居家养老服务有限公司成立于2016年2月，是北京市顺义区的本土私营企业，公司旗下还拥有北京市顺义区居家养老服务中心、北京易来福家政服务有限公司及北京易连科技有限公司。业务范围涉及：居家养老服务、家政保洁、居家护理、健康咨询与健康管理、物业劳务、软件开发、系统集成和电子机械产品、养老设备租赁等。目前顺义区10多家驿站都是由易来福运营。

民政工作总结，2015年奉贤区创新农村养老服务新模式，完成了25家农村宅基睦邻"四堂间"创建，为老年人提供助餐、文化娱乐、精神慰藉等服务（见图6-5）。

根据奉贤区民政局2015年发布的《奉贤区创建农村宅基睦邻"四堂间"指导意见》，所谓"四间堂"，即吃饭的饭堂、聊天的客堂、学习的学堂、议事的厅堂。其中，议事堂是村民小组自建自治的固定场所，各村民小组根据自己的实际情况制定议事规则，当村里有需要解决的问题时，先由代表在议事堂讨论达成初步意见，然后召集村民代表大会决议，最后召开户代表大会确定。议事堂讨论是村民小组的各项事务的决策基础，议事堂讨论—村民代表大会—户代表大会，是村集体商议重大事件的制度流程，同时它也是睦邻"四堂间"在村民小组和村集体两级管理组织之间信息互通的制度保障。根据奉贤区政府工作报告（2017年1月9日在上海市奉贤区第五届人民代表大会第一次会议上发布），截至2016年底，奉贤全区177个行政村，已创建农村宅基睦邻"四堂间"108家。下面从组织、服务、评估、支持子系统对它的居家养老模式进行分析。

（一）组织子系统

睦邻"四堂间"的组织运行交由各村，由村委出资租用闲置的农村宅基用房，配备必要的厨房设备、休息场所、娱乐设施等，具体是由村民小组负责运作。一般是以宅基为基础，两个村民小组建一个"四堂间"。以村民小组而非整个村落为单位开展养老服务，是上海不同于其他地方的创新做法。事实上，笔者在调研中也发现，在很多有几百人甚至上千人的较大村落里，以村落为单位的养老服务中心是没有办法覆盖村里所有老年人的，一般是住所离养老服务中心比较近的老年人更多参与，如老年餐桌、文化娱乐等，居住较远的老年人较难参与到互助养老之中。而这种以村民小组为单位开展的养老服务在很大程度上克服了这一困难。

与此同时，以村民小组为单位构建睦邻"四堂间"，具有更强的感情基础。与大村落相比，一个小组里的村民一般是宗亲关系，居住距离近，感情也更亲近。村民小组这种组织形式形成后，将组内村民聚集在"家族"的环境中，因为血脉相亲，村民小组的老年人之间的互帮互助水到渠成。

（二）服务子系统

"四堂间"本质上是一个集就餐、老年活动、宅基课堂、民情收集、老年人志愿服务、调解等各种功能于一体的村民活动点（见图6-5）。以老年人自愿、互助的形式，自我管理、自我发展、自我约束，为所在地的农村老人提供助餐、文化娱乐、精神慰藉、上门服务等养老服务。服务提供者主要包括村委派驻/雇用人员、老年人互助、志愿者三类。

从老年餐桌服务供给来看，目前奉贤区对老年人的助餐服务方式大致有三类：一是通过村委会购买服务，引入社会组织运营；二是通过镇政府向餐饮企业统一订餐，配送至全镇所有睦邻点；三是由本村低龄老人服务高龄老人，自主运营助餐项目。在村委会购买社会组织服务和镇政府统一订餐配送方式中，企业、社会组织的引入减轻了村级经营管理的负担，但难点在于持续运营的成本较高。而低龄老年人自主运营的方式相对减轻了经济负担，也充分利用了老年人群体的富余劳动力，在发达地区经济相对落后的农村较具推广意义。

以笔者所调研的青村镇李窑村为例。青村镇李窑村的老年餐桌由村里运作，集体出资聘请本村的妇女负责做饭、清洁等一应事项（其他村还有妇女干部、志愿者轮流掌勺的）。老年餐桌有固定的场所，配有煤气、电视、空调等，因此平常也会用这个场所搞活动，水电费、房租则都由村里负担。场所内的所有钥匙均交给烧饭阿姨保管，因此实际上这位烧饭阿姨还承担着场地管理的责任。老年餐桌经费的具体运转过程是：前来就餐的老年人将钱交到村里，村里开具收据给老年人，并将上交的钱转交给烧饭阿姨，用于购买食材等。李窑村老年餐桌的收费较低，老年人花5元钱左右就能吃一顿午饭，有1荤2素1汤。老年餐桌为腿脚不方便、孤寡、子女不在身边的老年人就餐提供了便利。李窑村的这种运作模式，诚然结构简单、运营方便，但由于村老年餐桌饭菜供应和场所的管理都由烧饭阿姨一人负责，因此服务质量在较大的程度上取决于烧饭阿姨，不确定性因素较多。因此，村庄在推广这种模式的同时应该进行适当的改善和创新。

从文化娱乐活动开展来看，睦邻"四堂间"开展的文化娱乐活动有定期活动和不定期活动。如柘林镇迎龙村名为"幸福苑"的"四堂间"，每月都会有两项服务：一是医疗服务，长期跟踪每位老人的身体健康情况；

二是文体服务,让老人在家门口就能听戏看戏。再如柘林镇华亭村名为"华庭园"的睦邻点,它拥有自己的活动安排表,表上有"柘Young爱·悦读""社区服务·卫生保健""宅基法治·小季说法"这样的常规定期活动,也有"爱心企业·暖心慰问"这样的不定期活动,还有"妇女微家·包粽子"这样的节庆时令活动。老人在睦邻点就是置身一个大家庭,在这个家庭里,老年人互相交流、互帮互助,驱散了晚年生活的孤寂。同时致力于为老服务事业的公益人士加入这个家庭,他们专业的服务能力、诚挚的服务态度可以部分弥补代际亲情的缺失。

从健康服务开展来看,有体检义诊这样的医疗服务,包括眼科或B超或验血或口腔或血压等多方面检查;还有养生和健康知识讲座这样的预防和知识普及服务,例如"老年人应该知道的健康知识"科普讲座或老年人心理健康讲座、卫生保健小课堂等。前者如前面提到的柘林镇迎龙村幸福苑对老年人身体健康情况的长期跟踪;后者如前面提到华庭园的"社区服务·卫生保健"活动。

此外,在运行中的老年餐桌部分还为卧床在家、行动不便或遭遇突发情况的老人,送餐上门;有的还在试点以"助餐点和居家养老"为延伸,为老年人提供义诊服务、便民服务、志愿服务等特色服务等。如庄行镇的"四间堂"每月组织志愿者上门为老人提供理发、磨剪刀、补鞋、修雨伞、配钥匙、洗衣服等免费服务。有些睦邻点老年人群体还自发组织进行乡村河道治理的检查和维护工作,为"生态村组·和美宅基"的建设助力,充分利用老年人的富余劳动力,构建睦邻点与老年人的双向服务互助机制。

(三) 评估子系统

睦邻"四堂间"的评估主要由奉贤区民政局委托的第三方组织进行。根据评估情况,由区、镇两级政府通过以奖代补的方式进行奖励。

(四) 支持子系统

经济支持主要来自各级政府、村集体、社会捐赠。在"四堂间"建设方面,房子一般是在村里闲置的宅基地上建造的;经费组成则为上海市民政局拨付1万元、奉贤区财政拨付1万元、奉贤区老年基金会拨付1万元,其他由村集体承担,爱心企业也会有部分捐赠。此外,每年有大约1万元的保底运营经费,包括奉贤区拨付 5000 元、镇民政拨付 5000 元。在政府支持、媒体宣传的作用下,社会爱心企业也在通过捐款或捐物方式不断改善"四堂间"的经济和设施状况。例如南方集团、柘中集团等企业就为全区的睦邻"四堂间"配备了电视机、空调等硬件设施,还分别认领一定数量的"四堂间",为其提供一对一的资金补贴。①

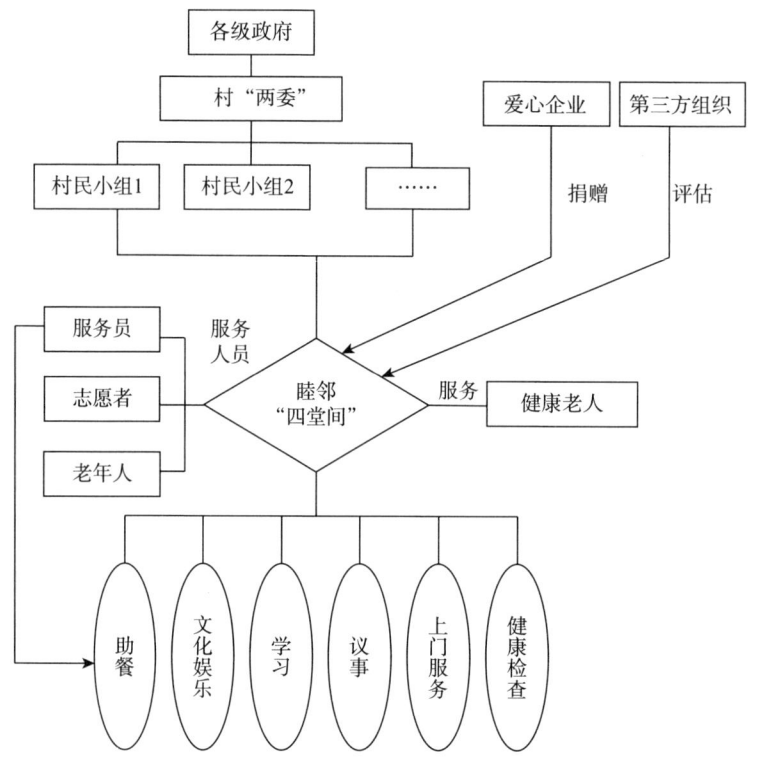

图 6-5 上海市奉贤区睦邻"四堂间"示意

二 互助服务+幸福老人村——机构养老、资源多元协同

上海市堰泾村幸福老人村是上海市首家公益性农村养老机构,由 3 个公益人士投入 400 余万元,租用村民宅基地,利用各自社会资源,自发创办推广,旨在为本村以及临近村的老年人提供 24 小时照顾护理、日间照料

---

① 《奉贤年内将建 108 家睦邻"四堂间"提供"一揽子"养老服务》,新华网上海频道,http://www.sh.xinhuanet.com/ 2017-04/24/c_136231185.htm。

托养等服务，同时辐射周边村落的老年人，为他们提供文化娱乐、餐饮、上门护理等服务。

目前，幸福老人村建筑面积为1600平方米，分5个区域，设置床位49张，总占地面积约8400平方米。幸福老人村打破了以往传统的养老服务模式，创新养老服务机构建设。一是以机构为服务基地，辐射周边农村社区；二是以互联网为宣传阵地，寻求公益爱心捐赠；三是充分利用各类资源，实现政府、社会、企业、个人的多元协同；四是开放志愿者服务平台，丰富机构内外老年人的生活。这种模式已经得到上海市政府、松江区政府的重视。2015年，幸福老人村获批为上海市政府实事项目和2015年松江区重点项目。

幸福老人村作为非营利组织，接受各级政府、民政局的管理，也获得政府的床位补贴等优惠。① 同时，由于三位投资人都有各自的工作，所以老人村的具体运营主要由聘请的园长负责。

服务提供者主要包括厨师、护理员、健康老年人、志愿者。幸福老人村的陪护类岗位，优先聘用本村或当地的适龄劳动力。目前的护理员共有7人，基本年龄都在55~60岁。园长负责运营和财务；护理员做一天休一天，24小时不间断值班，负责照护工作和早餐准备；厨师负责午餐和晚餐。

入住老年人也成立了自己的老年工作委员会，进行自我管理，效果很好。老年工作委员会每个月开一次例会，对近期出现的问题进行总结或者互相之间指出一些不恰当的行为。老年工作委员会成员是由全部入住老年人投票选出的，当选后有各自的胸牌以及负责管理的工作范围，例如环境卫生、娱乐等。一般他们只负责查看，并将情况汇报给工作人员或者志愿者。当入住老年人之间发生矛盾时，老年工作委员会成员也会负责调解或劝告，还互相敦促改正坏习惯，例如戒烟或者控制抽烟数量等。与此同时，老人在日常生活中也会进行自助服务，如自己打扫卫生、自己收拾餐具等。

志愿者多是以团队形式过来参观老人村、服务老年人的，也有三四个

---

① 每个床位可以获得市级和区级一次性建设补贴各1万元，老年餐桌、养老服务照料中心每年根据服务人数，也可以获得部分补贴。

人自发组织过来帮忙端汤盛饭的情况；志愿者们有时候还带点水果糕点过来。有个长期志愿者，自身有轻微智障，属于低保户，就住在幸福老人村的隔壁村，每天过来帮忙，机构给他提供一天三餐。

从服务内容来看，幸福老人村为入住老年人提供照料和护理服务、开展文化娱乐等活动，包括微孝厨房、微孝课堂、微孝农场等。在微孝农场里，老人也帮忙干活种菜，农作物供老人们食用。在微孝厨房里，老年人制作的糕点接受外面客户的预订。在微孝课堂里，老年人和志愿者共同制作的剪纸、插花等多次在网上进行义卖。

与此同时，幸福老人村也为周边村落老年人提供服务。如幸福老人村为100多个困难、孤独或空巢老人提供免费早餐。老人可以是住在幸福老人村的也可以是村外的。资金由爱心企业、组织和爱心人士资助，例如松江餐饮协会；汇集到一起的资金交由松江慈善基金分会管理。由于达到相关要求的老年人多但资源有限，微孝早餐采取每三个月换一批老人享受的模式，过来吃早餐的老年人会帮忙洗碗、打扫食堂卫生，帮忙打点早点。

从服务对象来看，幸福老人村常住老人的平均年龄为80岁左右。因为年纪较大，所以不主张遇事直接自己解决，但提倡互相帮助，比如帮忙找工作人员等。幸福老人村有70%的老人基本都自理，对于不能自理的老人，经过对老年人的失能评估后收入两级到五级的老年人（一级是非常健康的，按照规定不能收；六级是需要一对一照顾的，根据规定养老机构有能力照顾这个老年人群体才能收纳）。身体较差的老年人床位费包括护理费和食宿费等，最高3200元每月，身体较好的2000元左右，均是一月一交，要退款时退押金和代办费，方便管理。

幸福老人村的老年人床位分通铺、两人间和八人间，男女老年人分住。此外，幸福老人村的居住环境也是其亮点之一，它打破了传统的机构养老单调的生活模式，解决了老年人机构养老呆板、闭塞、压抑的宿舍楼和楼群的居住环境问题。幸福老人村改造的房屋完整保留了农村老宅的生态结构，也留住了农村自然气息。村陌中不失现代，古朴中又显新颖，村舍被小桥、流水、涵养林包围。幸福老人村不像是个机构，更像是道风景，在这样的环境里居住，老年人能获得更多身心上的惬意感受。

第五节 河北省农村互助型社会养老典型实践

一 互助服务+饺子宴——村庄能人+义工组织

威县,是河北省邢台市辖县,位于邢台市东南部,东与清河县接壤,西与广宗县交界,南与临西县、邱县毗邻,北与南宫市相连。截至2016年底,威县总面积1012平方公里,辖9镇7乡1个省级高新区1个国家级农业科技园区522个行政村,截至2018年底,威县全县人口62万人,其中60岁以上老年人10.42万人,老龄化比例约为16.8%。威县曾是典型的农业大县、工业小县,近年来坚持以快补晚、后来居上,各项经济指标增速连年在全省位居前列,县域综合实力在河北省的排位5年上升了62个位次,创造了"威县速度""威县模式",获得了"中国最具特色经济发展潜力县""河北省经济发展先进县"殊荣,被誉为欠发达地区后发崛起的典范。

河北省邢台市威县孙家寨村因青壮年外出务工,成为典型的"空心村",全村共有320户1238人,有接近1/3在本地或外地务工,65岁及以上老人133人,其中包括7位孤寡老人、80多户不与子女同住的空巢老人。

该村的互助组织成立要晚于互助服务——饺子宴。饺子宴发起人是本村的1名在外工作后返乡的80后,① 他返乡之后发现农村老年人面临的最大养老需求就是缓解精神孤独,故倡导每月初一、十五为老年人开办饺子宴。② 在开办饺子宴的同时,他也组织孝道讲习班,招募义工,③ 后来成立义工组织,从只有他1人张罗到目前在村里工作的长期义工人数超过

---

① 因为他坚持弘扬孝道文化、以孝治村,连续六年不间断举办饺子宴,同时为村里老人送饭、洗脚、理发等,他已经获得感动河北年度人物、河北省道德模范、河北省优秀志愿者、美丽河北·最美志愿者、"中国好人"、全国孝道之星等多项荣誉称号,并被授予全国道德模范提名奖。同时,伴随他在村里威信的提高,2017年他当选为村党支部书记。
② 老年人参与聚餐包饺子,村内村外老年人都可以来吃。
③ 义工没有工资,管一日三餐,一年补贴1万多元。我们采访了一位读大学时在这里实习后来留下工作的青年义工,他说虽然工资不多,但他在这里很开心、内心很平和,他不想赚多少钱,只是想能尽可能多地帮助别人。

20人。

邢台孙家寨村动员了村内外的义工和志愿者群体，除了饺子宴那天有50~100名来自各地的义工过来帮忙，其他时候常住在村里的义工①也有20人左右。与此同时，在影响力扩大之后，政府项目支持和社会物品资助接踵而至。每次饺子宴，大家会给这段时间过生日的老人祝寿，附近的民间剧团、秧歌队都来演出，还有理发师给老人们义务理发。志愿者有本村村民、中学学生、公务员、企事业单位工作人员，也有县城和邻村的百姓、义工、退休人员等。

邢台孙家寨村形成了粮油米面满足本村需求的同时外销、接受物品捐助的良性循环体系。他们承包流转130亩村民土地，带领村民种植了30亩有机莲藕、100亩有机小麦。借助饺子宴形成的光环效应，有机莲藕、"孝道面粉"等都成为孙家寨村的品牌。另外，还有由村民捐出、由义工管理的7亩菜园，满足蔬菜自给。在此基础上，村里也接受社会上的物品捐助（不接受资金捐助）。据介绍，自营收入基本可以满足互助养老的支出。②

二 互助服务＋互助幸福院——老年人"自助－互助"

肥乡区隶属于河北省邯郸市，东与广平县交界，南与成安县相连，西与邯山区接壤，北与永年区、丛台区、曲周县毗邻，总面积约503平方千米。截至2018年，肥乡区辖5个镇4个乡。截至2017年末，肥乡区户籍人口为40.9302万人，全年出生人口5693人，出生率为13.81‰，死亡人口2593人，死亡率为6.29‰，自然增长率为7.52‰。2017年，肥乡区常住人口城镇化率达到47.15%，比上年提高了6.69个百分点，实现地区生产总值（GDP）110.0618亿元。2018年9月29日，河北省政府发出通知，正式批准肥乡区退出贫困县序列。

肥乡互助幸福院最初是由村民自发组织，后得到市领导的重视，成为

---

① 根据笔者的访谈，这些义工没有工资，但是住在村里包一日三餐和住宿，每次过节会发1000~2000元过节费。日常工作包括每天为空巢老人做饭、送饭，每周为全村老年人蒸爱心馒头，农忙时候为全村人做饭，开展老年人文化娱乐活动，提供上门洗脚、理发、收拾卫生等服务，种植有机蔬菜等。虽然收入微薄，但是他们都愿意付出，并且在其中得到了精神上的很大满足。

② 物品捐赠方面，村民基本都会送菜、送面，2017年有一位爱心人士捐赠1吨食用油，一个爱心厂家捐赠200多千克木耳。用不完的捐赠物品村里还会再组织二次捐赠。

"幸福工程"的一部分。河北肥乡互助幸福院的运行机制如图6-6所示。

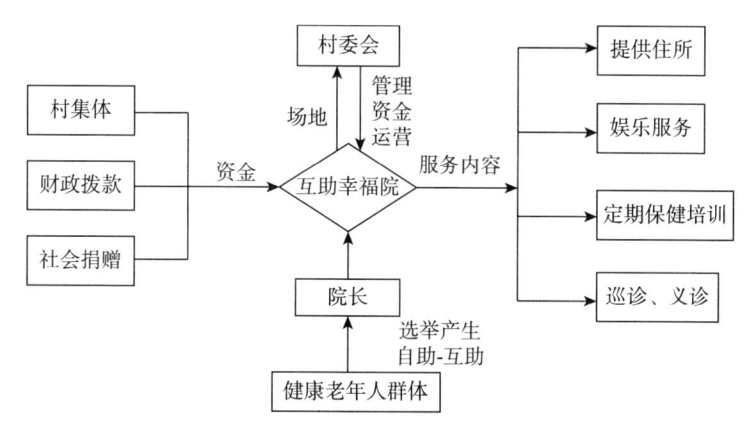

图6-6 河北肥乡互助幸福院运行机制示意

（一）管理子系统

肥乡互助幸福院基本实现了全市的统筹管理。互助幸福院积极接受志愿者、医疗服务，与肥乡相关志愿协会及政府合作医疗机构联系密切。互助幸福院院长一职由村委会相关工作负责人担任或院内老人选举出一人担任，主要工作是维持互助幸福院正常运作，解决互助幸福院运作中遇到的问题。互助幸福院规章制度由院长发起，根据互助幸福院的实际情况，自发建立具体的系统的规章制度，设立互助幸福院管理、服务章程，由院长和老人自发共同遵守。部分制度细则如下。①

1. 院长职责

（1）热爱本职工作，尊重住院老人，想院民所想，急院民所急。

（2）发现院民情绪异常，及时向院民管理服务委员会报告，并通知其子女。

（3）召集院民协商解决院内日常生活中遇到的困难，开展互助服务。

2. 院民公约制度

（1）以院为家，爱护公物，各宿舍、各人配发的物品要妥善保管、使用。

---

① 该规则最初由前屯村时任村委会主任蔡清洋为幸福院制定，后被政府部门采纳，成为幸福院的共同规范，但各地区幸福院根据实际情况可稍作变动。

（2）搞好团结，互敬互爱，不闹矛盾。

（3）自觉维护互助幸福院室内外公共卫生，保持干净、整洁。

（4）室内个人卫生，坚持一天一清扫，门窗常擦拭干净、勤洗衣物、勤晒被褥，生活用品要放置有序。

3. 院民管理服务委员会职责

院民管理服务委员会由本村村主任负责，由村班子2～3名成员组成。

（1）负责受理院民入院和离院申请，签订协议。

（2）负责互助幸福院内水、电、暖等日常运转公共费用收支。

（3）负责互助幸福院院民矛盾调解和文艺节目演出活动。

（4）负责组织动员外出经商务工人员回报乡亲及有经济实力的社会力量、志愿者，参与农村互助幸福院建设。

（5）负责互助幸福院及周边环境安全保卫工作。

4. 互助幸福院伙房制度

（1）爱护公物，勤俭节约。

（2）使用厨房用具，不要争抢，用完随手清洗干净，方便其他院民使用。

（3）不用霉变食材做饭，不吃变质食物。

（4）保持食堂内清洁卫生，勤消毒，预防疾病。

（5）自带食品，米、面、油等自行保管好。

（6）关好厨房门窗，禁止无关人员进入厨房，预防意外事故发生。

（二）组织子系统

满足老人居住需求方面，一个幸福院中，通常有十多个老人，最多的有30人，最少的有1个人。我们调研了解到，老人除药品外其他支出不多。互助幸福院的老人是免费入住，除了自身所需的部分生活费，不需要缴纳任何其他资金。每个互助幸福院内设有一名院长，由居住的老人集体选举产生。院长一般既是管理者也是居住者，但三里堤村幸福院[①]的院长由村干部兼任，并不与老人们共同居住，只扮演了管理者的角色。

---

① 三里堤村幸福院建在村里的金元小区附近，由独立的三层楼房及院落构成，居住环境总体比平房好，取暖与小区共用一个系统。

互助幸福院院长负责管理互助幸福院的日常运营、矛盾调解、与村委会方面联系的工作。当互助幸福院基础设施损坏，由院长负责报修，需购置物品时，可凭发票找村集体报销；当老人遇到突发状况时，院长负责第一时间联系医生或老人子女；院长还需召集老人们商讨互助幸福院存在的安全隐患等问题，并及时解决问题。老人居住情况受互助幸福院具体规模影响，有两人一间的，也有三四人一间的，每一间屋子里的老人又成立一个小组织进行集体互助。小组织中，老人们在生活中互帮互助，自发组织相关生活娱乐活动。

互助幸福院还为老人们提供相关医疗服务，实行"医养结合"模式。其主要模式为：通过与入住村互助幸福院老年人签订服务协议，与村卫生局合作，为老人提供养生康复、医疗等服务，满足互助幸福院老人的居家养老健康服务需求。与村庄的医院建立医疗契约服务关系，开展上门诊视、健康查体等活动，实现居家养老与机构养老结合。

前屯村时任村主任蔡清洋提出了建立互助幸福院的最初构想，前屯村互助幸福院的建设、运行和管理都是由村集体负责，院长由村委会主任兼任，常务副院长由院民民主选举产生，负责院内日常事务管理，院里还从院民中提名几位副院长分别负责生活、卫生、调解、菜园种植事务。由于村干部本身就是村中的一员，其村干部职位也是由村民直接选举产生，是得到大多数村民认可的关键少数，所以村干部和本村的老年人不存在陌生隔阂，当老年人发生意外时，可以迅速找到村干部及时处理问题。

（三）服务子系统

秉承"互助"为主理念的肥乡区互助幸福院，其服务人员主要为村委会干部和互助幸福院里居住的老人，老人们互帮互助。所有互助幸福院均没有额外雇用其他专业或非专业的服务人员。

所有的互助幸福院为每位老人提供宿舍床位、伙房，以及老人的用水用电等必需的基础服务。部分互助幸福院还为老人设置了单独的活动室，在每个宿舍都安装了液晶电视。供暖方面，互助幸福院均采用集中供暖的方式，供暖入户以地暖为主，极少数互助幸福院还在采用暖气片供暖。

服务提供来源上，一方面，互助幸福院与肥乡学校（小学、高中或大学）、医院、社会企业对接，接受外来人员的志愿服务；同时，互助幸福院的老人之间也在提供相互服务。

互助幸福院还为老人提供多样的娱乐服务，部分互助幸福院活动室配有电视、VCD、锣鼓、象棋、军棋、纸牌等方便老人娱乐的物品，大部分互助幸福院不会举行节日性质以外的活动。三里堤村幸福院只在过年期间号召老人们一起包饺子，和村委会的干部一起吃年夜饭，只有少部分互助幸福院会在院内办一些娱乐活动。互助幸福院初办时院长还号召院里老人扭秧歌、做操等来保持身体健康，现在随着老人年龄增长活动不便，大多数互助幸福院很少再进行类似活动。

医养结合方面，主要有三项基本服务内容。一是定期培训。卫生室医生为每一位新入住互助幸福院的老人进行健康体检，提供义工探访、上门巡诊、陪诊、个案管理等服务；建立健康档案，使养老服务突破简单的家政志愿服务范畴。二是定期巡诊。巡诊医生主要有区级主任医师、中级职称的专科专家、农村卫生室人员以及乡镇卫生院老年病专科医生。由区级医疗机构进行一次健康检查，为老人建立健康档案，分片包乡定期巡诊。三是提供具体医疗服务。对患有高血压、糖尿病的老年人逐个建立健康档案，建立随访、咨询、体检、督导服药信息平台，为互助幸福院老人进行健康管理，适时提供医疗服务。需门诊治疗的，医生可直接到老人宿舍为其治疗。

（四）评估子系统

互助幸福院的管理评估，总体采用院民自治的办法，民政部门对院民中的管理骨干通过不同形式加强培训和指导。县、市、省级政府、国家级领导会不定期到互助幸福院考察调研。

互助幸福院受到村委会的直接监管，村委会定期对互助幸福院安全运行情况等方面进行检查。在互助幸福院居住的老人们对互助幸福院的满意程度是随着时间延长而递增的，老人们从起初进院的抗拒到后来感到舒适。

资金方面，民政部每年划拨给互助幸福院运营资金，会进行定期巡查和监督，但该评估属于民政部门内部的监督机制。

（五）支持子系统

互助幸福院物资主要有三种来源。一是村集体支出，整合农村资金，通过"一事一议"，会议表决通过，将部分资金用于互助幸福院建设。二是财政拨款，由乡镇政府统筹使用。肥乡区财政每年至少拿出 300 万元建设和运行经费，改造提升 20~30 家农村互助幸福院。三是社会捐赠。然而肥乡区互助养老从其资金支持上看，基本上依赖于政府补贴。一个互助幸福院一年会得到 2 万~3 万元民政拨款的扶持资金。大部分互助幸福院依靠民政经费仅仅能满足水电等费用，需要由村集体负担基础设施维护等相关费用。互助幸福院不以营利为目的，但为老人聘请专业服务人员或者是购买服务，均需要资金支持系统的支撑，故而互助幸福院亟须完善资金支持系统，才能真正解决服务问题。

总结来看，互助幸福院充分利用老人之间的互助，并给老年人提供免费水电及其他基本设施。而在物质需求得到一定程度的满足后，老年人心理健康和精神状态方面的养老需求就显得尤为重要。互助幸福院让两个或两个以上老人同住一间宿舍，互相提供服务，白天互相陪伴。用老人的话讲："有人陪着说话唠嗑很幸福，比一个人在家里好多了。"入住互助幸福院的老人，有的因子女外出打工、经商无人照顾，有的因失去老伴，独自住在老房子里，长期处于孤单、寂寞、无奈的生活状态。入住互助幸福院后，老人的居住环境和生活条件大大改善，互助幸福院也为老年人之间进行交流沟通提供便利。他们在互助幸福院内打牌、看电视、聊天，有利于改变孤独、抑郁的精神状态，树立积极乐观的生活心态，安度晚年。

但是这种互助幸福院的运营方式存在明显不足之处，主要表现在以下几个方面。

（1）服务缺乏专业性。肥乡互助幸福院服务人员主要为村委会干部，以及依靠互助幸福院里居住的老人互帮互助。互助幸福院基本上未额外雇用其他专业服务人员，提供照顾缺乏专业性，导致有照顾需求的老年人无法入住，而没有照顾需求的老年人入住需求又较小。

（2）资金可持续性不足且缺乏有效监管。肥乡区互助养老的资金支持基本上依赖于政府补贴，缺乏内生造血机制，且民政部所划拨资金由民政部门内部自行监督，缺乏外在的有效监督机制，入住幸福院的老人要满足单身、年龄 60 岁以上、生活自理等条件，缺乏规范标准的互助机制。

（3）互助幸福院面临合法性及定位不清的困境。有些幸福院是自行成立的村内互助组织，并未向政府报备，且存在互助幸福院与养老院定位不清的问题。

（4）互助人员不稳定，年龄偏大。参与互助的人以志愿精神和人情关系为基础，互助人员以老年人为主。

（5）利用率低，资源浪费。肥乡有很多幸福院运营状况欠佳，幸福院并未得到充分利用。例如西尚壁村互助幸福院实际只有 6 人居住，而且其中 3 人虽然有床位但大部分时间居住在家；白落堡村空旷的幸福院只有几位老人，闲置了许多房间和床位；幸福院最少的只有一位老人居住。

第七章　欠发达地区乡土模式：以开展互助服务为主

与发达地区相比，欠发达地区农村在政策、经济、社会、人口环境等方面均处于劣势地位。但是，基于农村老年人需求、传统文化、组织力量以及政府政策推动，不少欠发达地区也探索出了以互助服务为主，同时进行资金互助以发展互助服务的有效模式，十分具有推广意义。如吉林延边由老年协会管理运行的农村居家养老服务大院，吉林松原由村"两委"组织运行的互助服务队+托老所，四川由社工机构（益多公益服务中心）和老年协会共同运行的农村居家养老服务中心等，广西宜州由老年协会运行的老年人互助服务项目等，集合了政府、公益基金会、农村社区、老年人家庭等多方力量，在政府财政支持力度相对不足的情况下，通过共兑支出、自我创收等形式，开展了多种多样的文化娱乐活动和居家养老服务项目，取得了较好的效果。

第一节　调研省份外部环境的比较分析

一　调研基本情况

课题组在河南省、四川省、吉林省和广西壮族自治区进行了居家养老调研，调研情况如表7-1所示。调研方法主要包括个案访谈法和小组座谈法等。

表7-1　河南、四川、吉林、广西居家养老调研情况

省份	地点	案例名称	2014年	2015年	2017年	2018年
河南	商丘市夏邑县车站镇	车站镇幸福院	√			

续表

省份	地点	案例名称	2014年	2015年	2017年	2018年
河南	商丘市夏邑县车站镇	福星苑老年公寓	√			
	商丘市夏邑县车站镇	基督教活水泉老年公寓	√			
	商丘市刘堤圈村	互助幸福院	√			
四川	成都天府新区三星镇河山村	社会组织+老年协会		√		
	雅安芦山县清仁乡大板村	社会组织+老年协会		√		
	雅安芦山县清仁乡横溪村	社会组织+老年协会		√		
吉林	龙井市智新镇光新村	农村居家养老服务大院			√	
	龙井市东盛涌镇东盛涌村	农村居家养老服务大院			√	
	龙井市东盛涌镇龙山村	农村居家养老服务大院			√	
	延吉市八道康乐长寿园	私立养老院			√	
	延吉市福利院	公立养老院			√	
	松原市兴原乡单家村	农村居家养老服务大院				√
	松原市新民乡河西村	老年托养照顾所				√
	松原市伯都乡杨家村	老年托养照顾所				√
	松原市兴原乡于家村	老年托养照顾所				√
	松原市伯都乡井发村	农村居家养老服务大院				√
	松原市民政局	12349平台				√
广西	宜州市庆远镇围村	老年协会				√
	宜州市庆远镇畔塘村	老年协会				√
	宜州市石别镇清潭村	老年协会				√
	宜州市安马乡木寨村	老年协会				√
	宜州市安马乡白屯村	老年协会				√

注：表中打钩"√"表示对应调研年份。

二 政策环境

与发达地区相比，欠发达地区的老龄产业和老龄事业发展时间相对更晚，发展进程相对缓慢。但近年来笔者所调研的吉林省、四川省、河南省和广西壮族自治区均密集出台了多项政策文件，推动本省城乡老龄产业和老龄事业的发展。

（一）吉林省

2014年，吉林省政府下发《吉林省人民政府关于加快养老服务业发展的实施意见》(吉政发〔2014〕9号)和《吉林省人民政府关于促进健康服务业发展的实施意见》(吉政发〔2014〕14号)。

2015年9月,吉林省民政厅印发《吉林省民政厅关于加强农村养老服务大院建设的指导意见》(吉民发〔2015〕48号),提出按照"村级主办,互助服务,群众参与,政府支持"的原则,以服务农村老年人为导向,整合现有资源和政策,在行政村或较大自然屯建设农村养老服务大院。到2020年,全省70%以上的行政村建立农村养老服务大院,已建成的逐步提升服务能力,使其成为功能完善、制度健全、充满活力、作用明显的农村养老服务平台。

同月,吉林省民政厅下发《关于健全农村老年人关爱服务体系的实施意见》(吉民发〔2015〕49号),提出到2020年,全面建成以政府关爱为主导、家庭关爱为基础、社会关爱为主体的农村老年人关爱服务体系。

(二) 四川省

2015年,四川省政府发布《四川省养老与健康服务业发展规划(2015—2020年)》,目标是到2020年,养老服务设施覆盖所有城市社区、90%以上的乡镇和60%以上的农村社区,每千名老年人拥有养老床位数35张以上。全省基本形成养老服务业市场化格局,品牌养老服务企业规模化发展。

2017年10月,四川省民政厅出台了《四川省民政厅关于开展农村养老服务体系建设试点工作的指导意见》,确定在绵阳市、眉山市、邛崃市、金堂县、剑阁县、遂宁市安居区、蓬安县、华蓥市、平昌县开展农村养老服务体系建设试点工作。民政厅、财政厅安排资金5400万元支持试点地区开展工作。

同月,四川省印发《四川省"十三五"老龄事业发展和养老体系建设规划》,提出到2020年,实现90%的城镇社区和60%的农村社区纳入居家社区养老服务网络。同时,要优化发展城乡社区老年教育,到2020年,县级以上城市原则上至少有1所老年大学,50%的乡镇(街道)建有老年学校。

2018年1月,四川省人民政府办公厅印发《四川省人民政府办公厅关于制定和实施老年人照顾服务项目的实施意见》(川办发〔2018〕6号)和《四川省人民政府办公厅关于全面放开养老服务市场提升养老服务质量的实施意见》（川办发〔2018〕5号），提出要推进农村养老服务模式创新。整合基层老年协会、日间照料中心、村（社区）综合服务设施等涉老资源，把农村中心敬老院建成农村区域性养老服务中心，实现"农村中心敬老院向区域养老服务综合体转变，公建民营向合作经营、购买服务等方式转变，养老服务对象向农村老年人全覆盖转变，单纯生活保障向医疗护理、文体娱乐、精神慰藉等共享转变"。

（三）河南省

2011年，河南省政府印发《河南省人民政府关于加快推进社会养老服务体系建设的意见》（豫政〔2011〕80号），提出到"十二五"末，全省基本形成以居家养老为基础，以社区服务为依托，以机构养老为支撑，资金保障与服务提供相匹配，无偿、低偿、有偿服务相结合，政府主导、部门协同、社会参与、公众互助，布局合理、规模适度、功能完善、运营良好、服务优良、覆盖城乡的养老服务新格局。

2014年，河南省政府印发《河南省人民政府关于加快发展养老服务业的意见》（豫政文〔2014〕24号），提出要健全养老服务政策体系、加快发展居家养老服务、加快发展社区养老服务、加快发展养老服务机构、壮大养老服务产业等主要任务。

2016年，河南省民政厅、河南省发展和改革委员会印发《河南省民政事业发展第十三个五年规划》提出，一是争取到2020年末，符合标准的日间照料中心、老年人活动中心等服务设施覆盖所有城市社区，90%以上的乡镇和60%以上的农村社区建立包括养老服务在内的社区综合服务设施和站点，每千名老年人拥有养老床位数达到35张，护理型床位比例达到30%。在少数民族聚居的地方建立的养老服务机构应考虑少数民族风俗、生活习惯。二是提升农村养老服务质量。依托行政村、较大自然村，充分利用农家大院等，建设日间照料中心、幸福院、托老所、老年活动站等互助性养老服务设施，逐步提高特困人员集中供养标准，改善特困人员集中供养机构供养设施水平，推进特困人员集中供养机构社会化改革和转型升级，打造区域性养老中心。充分发挥村民自治功能和老年协会作用，督促家庭成员承担赡养责任，组织开展邻里互助、志愿服务等与老年人相关的活动。

（四）广西壮族自治区

2014年，广西壮族自治区政府出台了《广西壮族自治区人民政府关于促进养老服务业加快发展的实施意见》（桂政发〔2014〕51号），提出到2020年，全区建立起以居家为基础、社区为依托、机构为支撑，布局合理、功能完善、规模适度、覆盖城乡的养老服务体系。

2015年，广西壮族自治区政府出台了《广西壮族自治区人民政府关于建设养老服务业综合改革试验区的意见》（桂政发〔2015〕33号），提出到2020年，基本建成功能完善、覆盖城乡的养老服务体系，符合标准的社区居家养老服务中心基本覆盖城镇社区，每千名老年人拥有护理型床位超过15张，健康养老服务业及相关产业增加值达到2000亿元。

2017年，广西壮族自治区政府印发《广西老龄事业发展"十三五"规划》（桂政发〔2017〕68号），提出到2020年，养老服务体系更加健全。养老服务供给能力大幅提高、质量明显改善、结构更加合理，政府运营的养老床位数占当地养老床位总数的比例不超过50%，护理型床位数占养老床位总数的比例不低于50%，65周岁以上老年人健康管理率在70%以上。

2019年，广西壮族自治区民政厅出台了《广西健康养老产业发展专项行动计划（2019—2021年）》（桂民发〔2019〕33号），提出大力发展居家和社区养老服务，大力推进专业化养老机构，大力推进健康养老产业。

三 经济环境

根据国家统计局2016年的数据，吉林、河南、四川、广西四省份的人均地区生产总值分别达到53868元、42575元、40003元、38027元，在全国分别排名第12位、第20位、第24位、第26位，吉林的排名在中等水平，但河南、四川、广西排名较后。

从居民人均可支配收入来看，吉林的居民人均可支配收入将近2万元，河南和四川、广西的居民人均可支配收入则在1.8万~1.9万元。分城乡来看，吉林的城镇居民人均可支配收入低于河南、四川和广西，但农村居民人均可支配收入高于河南、四川和广西，吉林城乡居民间收入水平差距相对其他三省份小。具体地，吉林、河南、四川、广西四省份的农村居民人均可支配收入分别为12122.94元、11696.74元、11203.13元、10359元；

四省份的农村居民人均消费支出则分别为9521.43、8586.59、10191.58、8351元。由此可见，四省份的农村居民人均可支配收入和消费支出水平不同，四川省农村居民消费更高、观念更开放。

从城镇化率来看，河南、四川、广西的城镇化率不足50%，吉林的城镇化率较这三省份高，达到55.98%（见表7-2）。

表7-2 2016年吉林、河南、四川、广西经济发展指标比较

指标	吉林	河南	四川	广西
地区生产总值（亿元）	14776.80	40471.79	32934.54	18317.64
人均地区生产总值（元）	53868.00	42575.00	40003.00	38027.00
居民人均可支配收入（元）	19966.99	18443.08	18808.26	18996.57
城镇居民人均可支配收入（元）	26530.42	27232.92	28335.30	28324.00
农村居民人均可支配收入（元）	12122.94	11696.74	11203.13	10359.00
居民人均消费支出（元）	14772.55	12712.34	14838.52	12638.29
城镇居民人均消费支出（元）	19166.38	18087.79	20659.81	17268.00
农村居民人均消费支出（元）	9521.43	8586.59	10191.58	8351.00
城镇化率（%）	55.98	48.50	49.21	48.08

资料来源：国家统计局网站。

四 社会人口环境

在笔者调研的四省份中，吉林省面临少子化、空心化问题，四川省则是外出打工大省，这两省人口老龄化情况均非常严重。

根据吉林省统计局发布的数据，2016年，吉林省常住人口为2733.03万人，65岁以上常住老年人口数量为300.6万人，在总人口中所占比重达11.0%，与2010年相比上升了2.62个百分点；吉林省户籍总人口为2645.5万人，60岁以上户籍人口为527.8万人，在户籍总人口中所占比重达20.0%。

根据2010年第六次全国人口普查数据，四川省是常住人口老龄化程度排名第二的省份，65岁及以上老年人口比例达10.95%，重庆排在第一位（11.72%）。根据四川省统计局发布的2015年全国1%人口抽样调查主要数据公报，四川省60岁及以上人口为1672万人，占总人口的20.38%，

其中65岁及以上人口为1094万人，占总人口的13.33%。

根据广西壮族自治区统计局发布的2015年全国1%人口抽样调查主要数据公报，广西壮族自治区60岁及以上人口为709.33万人，占总人口的14.79%，其中65岁及以上人口为478.2万人，占总人口的9.97%。同2010年第六次全国人口普查相比，60岁及以上人口比重上升1.68个百分点，65岁及以上人口比重上升0.73个百分点。

河南省的人口老龄化水平相对较低。根据2010年第六次全国人口普查数据，河南省65岁及以上老年人口比重仅为8.36%，在全国排名第17位。在六次全国人口普查中，吉林、河南、四川、广西四省份65岁及以上老年人口比例及全国排名如表7-3所示。

表7-3 吉林、河南、四川、广西65岁及以上老年人口比例及全国排名

单位：%，位

	吉林	河南	四川	广西
1953年	3.46	5.13	4.23	4.62
排名	19	3	8	6
1964年	3.23	4.26	2.72	3.28
排名	18	4	23	16
1982年	3.98	5.23	4.68	5.11
排名	23	9	15	10
1990年	4.52	5.83	5.71	5.42
排名	24	8	10	14
2000年	6.04	7.1	7.56	7.30
排名	23	13	10	12
2010年	8.38	8.36	10.95	9.24
排名	16	17	2	10

第二节 吉林省农村互助型社会养老典型实践

一 互助服务+居家养老服务大院/私立养老院——老年协会和企业组织运行

延边朝鲜族自治州占地4.33万平方公里，下辖延吉、图们、敦化、珲

春、龙井、和龙 6 市和汪清、安图 2 县，首府为延吉市；总人口 212 万人，其中朝鲜族人口 75.9 万人，占全州总人口的 35.8%，占全国朝鲜族总人口的 43%，是中国最大的朝鲜族聚集地。2016 年，全州实现地区生产总值 915.1 亿元，城镇常住居民人均可支配收入 23700 元，农村常住居民人均可支配收入 9680 元。

笔者于 2017 年 6 月到延边州调研了老年协会组织运行的农村居家养老服务大院和私立养老院，感受颇深。延边州是朝鲜族聚集地，区域内居住着朝鲜、汉、满等多个民族的人民，有些行政村为纯朝鲜族村，有些行政村是纯汉族村，但绝大多数行政村为多民族大杂居小聚居，民族团结是延边州老年协会得以发展的力量源泉。朝鲜族有尊老敬老的美德，民族间相互影响、相互融合，共同进步、共同发展，造就了延边州特有的尊老文化，使延边州的老年人拥有着崇高的社会地位，推动了老年协会作用的发挥。虽然延边州属于欠发达地区，各级政府和村"两委"没有足够经济实力去承办福利性或半福利性的如老年餐桌等服务，但在各级政府和村"两委"的指导扶持，尤其是标准规范的各级老年协会的有力组织下，老年人基于共同需求，围绕互助场域自发开展了多样的互助服务。

笔者认为未来应探索在有条件的欠发达地区农村开展机构养老与社区居家养老互联互通，机构辐射社区居家养老服务的互助型社会养老体系，这也是欠发达地区农村互助型社会养老服务的一种理想模式（见图 7 - 1）。

下面是对农村居家养老服务大院和私立养老院运行情况的分别介绍。

(一) 互助服务 + 社区居家养老服务大院——老年协会运营

从 2009 年起，延边州开始建设农村居家养老服务大院，老年协会开始承担居家养老服务大院的组织运行责任。

这里的老年协会有着较长的发展历史。20 世纪 80 年代初，延边州龙井市东盛涌乡（1992 年东盛涌撤乡建镇）各村的老年读报组逐渐自发组成老年协会。到 1984 年，吉林省延边州成立延边朝鲜族自治州老年协会。至今 30 余年，延边州老年协会日益发展壮大，朝鲜族社会"孝敬父母应受到褒奖，不孝敬父母应遭受谴责"的良好社会风气一直存在，老年人拥有崇高的社会地位。延边州老年协会的作用包括制定村规民约、调解纠纷、弘扬敬老文化等。

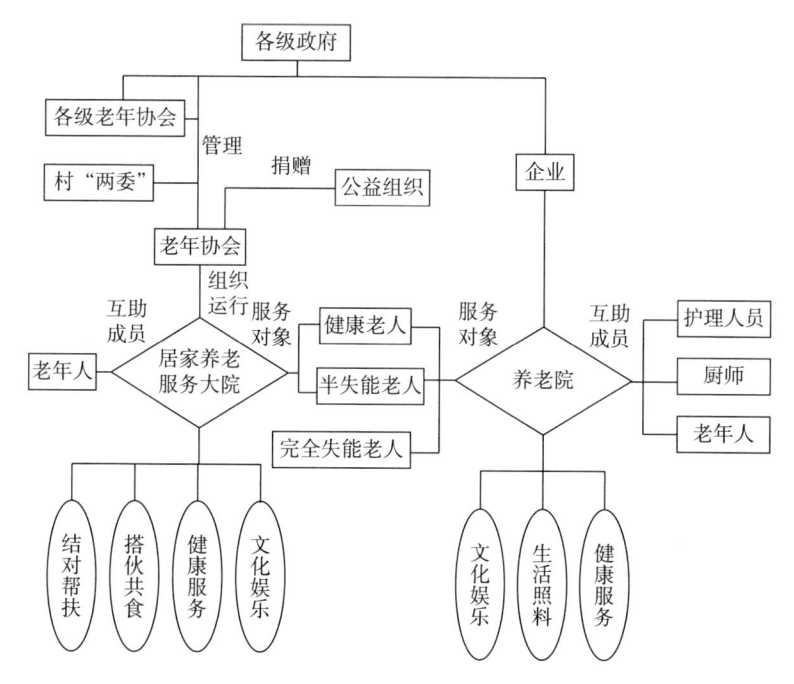

第七章 欠发达地区乡土模式：以开展互助服务为主

图 7-1 欠发达地区农村互助型社会养老服务的一种理想模式

下面从管理、组织、服务子系统对它的居家养老模式进行分析。

1. 管理子系统

在延边州，老年工作的主要和直接管理者是老龄办，州、县（市）、乡镇（街道）、村（社区）四级已全部建立了老年协会。老龄办与各级政府和村"两委"一起协同管理农村老年协会、拨付农村老年协会运行经费、帮助处理农村老年协会面临的各项问题、提高老年协会内部治理能力和标准化建设水平，以保障老年协会顺利运行。

2. 组织子系统

幸福大院的组织工作主要由村老年协会负责。其发展思路主要包括以下两点。一是所有农村老年协会都有办公场所和活动室，可为服务开展提供场地条件。老龄办、老年协会通过政府投入、社会赞助和整合社会资源等方法，结合各县（市）在改造和新建村委会（社区）办公室时统筹规划建设或利用村里闲置房屋，为所有老年协会都配备了办公场所和活动室。二是（县）市级老年协会采取总会或联合会的形式，并延伸到村（居）一级老年协会，最大限度整合老年人力资源，为服务开展提供组织条件。如龙井市通过建立市老年总会的方式实现了老年协会、老年体育协会、老年科技协会"三会合一",村(居)一级老年协会据此也实现了老年协会、老年体育协会等"多会合一",内部下设各类兴趣活动小组,从纵向管理、横向联合两个方面强化了老年协会的组织能力。

3. 服务子系统

服务人员主要来自老年人的自助互助和一些志愿者的志愿服务。在服务内容方面,由于延边州仍属于欠发达地区,需要大量政府补贴或较强村集体经济实力支撑的老年饭桌等项目没有开展,但在老年协会的组织下,文化娱乐、结对帮扶、搭伙共食、健康服务等活动同样满足了当地老年人的需要。

在文化娱乐方面,朝鲜族人民能歌善舞、多才多艺,故老年人的文化娱乐活动更是丰富多彩。延边朝鲜族自治州的各级部门和老年人自发组织的文化活动逐年增多,各村已经组建了各种各样的文艺队、秧歌队、演唱团等老年人文艺团体,加入文艺团体的老年人大部分是在50岁至70岁之间。笔者到龙山村进行调研时,在幸福大院活动的老年人很少,负责人解释道:"今天没什么人,因为大家都去参加广场舞比赛了,进复赛了。"

除了文艺活动外,延边老年人参与体育活动的热情也很高。门球是延边的特色体育活动,延边的门球场地众多,东盛涌镇早在20世纪90年代就开始有门球场了,以前全镇八九十个屯,总共将近40个门球场,后来因屯里人外出,人口减少,场地缺乏保养而荒废了。现在经过农村现代化建设后,几乎每个村都有一个门球场,有的村还有两个标准的带看台的门球场,门球设施是体育局免费配备的。老年人参加、观看门球运动的热情也较高。

在对老年人的结对帮扶上,有两种形式:一种是志愿者自发的帮扶,多是低龄身体较健康的老年人与高龄失能、半失能的老年人结对,平时自发提供上门照顾服务;另一种是包保。以笔者调研的龙井市光新村为例,负责人介绍:"咱们这里还有居家安康服务大院,有个照料室,还有志愿者结对帮扶的形式,由两个人或党员或村里老年协会的人员照顾一个不能自理的老人,上门提供理发、打扫卫生服务。结对的形式挺好,老人也愿意互相帮助。平常老年人都在一起活动。""现在精准扶贫,对五保户有包保,以龙井村为例,所有的机构不管隶属哪个政府部门,都要下来包保包村,包保的对象是村里的贫困户,每个人都有自己对应的包保户,包保对象有困难可以直接给我们打电话。光新村是个省级贫困村,村里共有128户贫困户,其中基本包括了所有没有子女或失能半失能老年人家庭。"对于五保户的包保帮助方式也是因人而异的,"有一个老人是五保户,没子女,没结婚,还相对比较年轻,我们把他送到延吉的养牛场打工了,那边包吃包住,现在帮他解决收入来源问题,将来没有劳动能力就可以到敬老院,五保老人(在敬老院的开支)是国家掏钱"。

志愿者结对属于自发的志愿行为,志愿者与需要照顾的老年人结对后,往往会产生情感上的联系,在此基础上低龄老年富余劳动力获得了开发,结对的双方还能够通过零距离的交流沟通互相给予精神慰藉。包保的方式则充分利用基层党政机关工作人员去实现兜底工作。两种帮扶方式结合,共同给予了需要帮助的老年人较好的有针对性的帮助。

在搭伙共食方面,老年人就餐方式既不是老年人全免费的福利型老年食堂,也不是采用统一收取老年人餐费的方式维持老年餐桌的运营,而是由幸福大院提供炕、锅、煤炭、煤气等,老年人自己种菜,带过来做(冬天需要买菜)。村里有老年田,分旱田和水田,老年人自发耕种,老年田一年收入总共3万~4万元,基本够老年人活动使用;村里每年也会给老年协会一两千元;此外还有爱心人士、爱心企业的捐赠。

在健康服务方面,对于没儿没女没人管的老年人,大队出钱送他们入住养老院。大队针对老年人支出的经费来源主要包括:油坊、卫生所给予老年活动的赞助,一次两三百元;老年人每人每年上交60元;大队其他收入来源;国家征地补偿款。这些各渠道汇集的资金,最终回馈到老年人服务上。

(二)私立养老院:服务员+自助互助服务

1. 组织子系统

延吉市八道康乐长寿园位于延吉市八道村,是一家私立养老院,以"提供老人干净舒服的环境、健康美味的饮食,以幸福快乐的心情度过余生"为宗旨,集住宿、医疗、康复、娱乐于一体,接收能自理、失能、半失能老年人。养老院人员主要由护理员、外包的厨师以及老年人组成。

2. 服务子系统

长寿园的接收对象来自周边州及各地方，甚至有来自黑龙江的老年人（可能是有亲戚在附近）。

在生活照料方面，长寿园有餐饮、清洁卫生、文化娱乐、医疗保健等服务设施，每个房间配有电视机、热水器，楼内有棋牌室、阅览室、医务室、娱乐室等，前后院种植各种蔬果，供老人享用；每月为老人提供理发服务，每年与脑科医院、朝阳川医院、爱尔眼科医院合作给老人体检11次；给困难老人送衣送被，捐赠物资；给老人提供临终服务和处理后事。

在文化娱乐方面，不仅长寿园会定时有组织地给老人们开展精神文化活动，老人们也会自发地开展活动，互相交流。长寿园每月10日，为老人们讲述身边的热门话题，使老人们更加了解时事；每月20日，开展传递健康常识及快乐生活的方式方法；每月30日，举办各类文艺会演。每周一、三、五下午老人们还会到院子里自发组织演唱大擂台。来自城市或农村的老年人在这里相会、互助。

长寿园护理人员总共10个，照顾62位老年人，比例大约为1:6；接收的老年人中失能老年人有18个，半失能的有20个。长寿园护理人员工资2800~3000元/月，在同地区同业内工资水平不算低。服务队伍不稳定，人员难找、难留住，且护理人员大多没有受过正式职业素质和道德教育，素质较低。这也是私立养老院遇到的共同问题。

3. 支持子系统

在资金支持方面，长寿国由企业投资建成，运行所需资金主要来自园区老人的托养费。收费标准为能自理老年人每人每月1200元，半自理的每人每月1500~1600元，完全不能自理的老人每人每月2000~2200元，均包括作息、吃饭、洗浴等服务。就经营情况来看，长寿园每月有部分盈余。

在场地支持方面，目前八道康乐长寿园占地面积5000平方米，建筑面积2550平方米，可为108位老人提供服务，当前有62位老年人入住。长寿园通过出让土地方式获取国有土地使用权，每平方米100元，土地使用费一年一万多元；长寿园内用水为60米地下水，用电享受民非企业价格。长寿园建筑单层楼层高度达370厘米，设计预想是20年不过时。

4. 评估子系统

长寿园定期接受各级政府、民政局的监督。

二 互助服务+托老所——村"两委"组织运营

松原市,是吉林省下辖的地级市,位于吉林省中西部,地处哈尔滨、长春、大庆三角地带,松嫩平原南端,坐落在美丽的松花江畔。松原与包头、呼和浩特、鄂尔多斯一起被称为"中国北方经济增长四小龙"。经济总量位居吉林省第三位。

松原市政府通过政策主导、资金补贴、平台建设等方式,在松原市各个村庄建立老年协会,得到了村"两委"的大力支持。老年协会吸纳爱心志愿者,成立志愿服务队,无偿、低偿地为高龄、失能、半失能、独居老年人服务。在此基础上,老年协会与各地村"两委"共同孵化的村级老年人集中托养照顾所应运而生,集住宿、吃饭、娱乐、生活照顾于一体,凸显了互帮、互动、互娱的特点。

下面是松原市互助养老的具体演变过程。

(一) 发展演变过程

松原市农村互助养老的发展演变过程如图7-2所示。

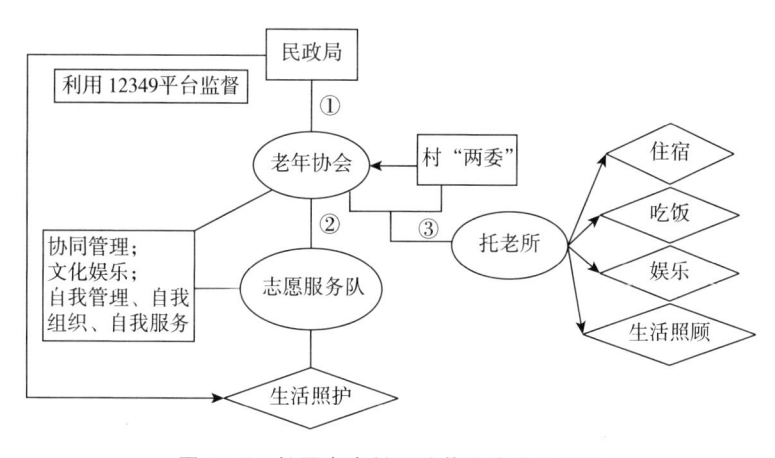

图7-2 松原市农村互助养老的发展演变

1. 第一阶段:成立老年协会(互助组织)

在松原市民政局的主导以及村"两委"支持下,2012年成立了松原市老年协会,在此之后松原市每个村庄均建立了老年协会,并订立了统一的基层老年协会章程,由村支部书记担任会长。老年协会主要承担了村庄协同管理、文化娱乐，自我管理、自我组织和自我服务的功能，满足了村内老年人的部分养老需求，该阶段为松原农村互助养老模式的形成奠定了基础。①

2. 第二阶段：发展志愿性、救助型的居家养老服务

伴随老年协会的规范化发展，以及其所提供的服务无法涉及难以出门的失能、半失能老人这一问题迫切需要得到解决，2008年，依托老年协会，松原市成立志愿服务队，从2012年开始，松原开始探索由政府为高龄、失能、半失能、独居老年人购买服务，由志愿服务队提供具体服务的模式。②截至2017年3月，各个村庄共发展农村为老服务志愿者800多人，全年累计服务6000余次。志愿服务队的成员在与同村老人的长期对接服务中产生了深厚的情谊，根据课题组的调研，虽然对老人的上门服务通过政府购买服务的方式进行，但是在血缘、亲缘、地缘形成的非正式互助网络的基础之上，这种低偿服务渐渐演变成一种公益性和志愿性的服务，即使所提供的服务已达到收费上限，如果老人有困难和需求，志愿服务队成员仍会继续上门为其提供生活照料服务，由此也保证了该服务模式的可持续运行。为有效监督志愿服务队的服务质量以及服务态度，民政局利用当地的12349平台联系被服务老人，获得老人对志愿服务队的反馈。

3. 第三阶段：发展低偿型、适度普惠型的社区托养服务

为了进一步满足当地的养老需求，使养老服务惠及更广大老年人群体，自2017年开始，在政府的主导推动下，村"两委"和老年协会探索建立了村级老年人集中托养照顾所（以下简称"托老所"），一般由村妇女主任担任执行院长，为老年人提供住宿、吃饭、娱乐以及生活照顾服务，有效结合了前两个阶段的服务功能，尽可能多地满足空巢、独居、高龄、

---

① 2015~2017年，松原市相继完成了939个基层老年协会的规范化建设任务。根据《在松原市开展"农村居家社区养老服务试点工作"相关要求》规定，基层老年协会要有办公场所；有各种档案、台账等；有组织机构（上墙）；有活动、管理制度（上墙）；有老年志愿者服务人员；有老年协会标识等。

② 根据《政府购买基层老年协会开展农村居家养老服务工作实施细则》要求，政府购买服务的对象为"五保"、低保、优抚对象以及60岁以上的贫困、失能、半失能、空巢、独居等特定老年群体。要明确服务对象、服务范围、服务标准、服务程序（上墙），成立志愿服务队，做好监督管理。在政府购买服务的行政村中，志愿者人数不得少于被服务老人总数的10%，服务时间不得少于政府购买服务时间的5%。

孤寡老人的基本生活需求。① 托老所现已发展至成熟稳定阶段，农村居家养老服务正在有序进行中。托老所实际是从无偿的、救助型、政府负责的居家养老向低偿的、适度普惠型、政社企合作的社区养老转型，从单纯的服务互助向服务互助+资金互助转型，同时将社区养老与居家养老融合起来，凸显了互帮、互动、互娱的特点。② 截至2017年3月，总投资达到180万元，床位共计70张，入住老人有63人。

（二）子系统分析

松原农村养老模式主要由两大部分组成：村庄志愿服务队和托老所。志愿服务队主要由村庄内部因各种原因而无法外出务工的中老年妇女组成。志愿服务队为居家养老的空巢老人提供有偿服务和志愿服务。有偿服务部分由松原市民政部门通过政府购买实现，并通过12349平台进行监督管理。值得一提的是，有偿服务的标准大大低于市场价格，属于低偿服务，具有明显的互助性质。在有偿服务的基础上，市民政部门明文要求志愿者提供大于有偿服务数量的志愿服务。通过盘活村庄已有的人力和文化资源，松原市民政部门以较低的成本激发了村庄的互助精神。

托老所的建设与运行是政府、村庄和社会共同合作的结果。在政府的指导和支持下，村庄整合各方资源建立托老所，为有需求的老人提供低偿养老服务，主要接收对象为村庄内部子女外出务工的空巢老人。老人通过缴纳300~500元/月的费用可以在托老所享受吃住、娱乐以及日常照顾的服务。托老所由村集体来管理，接受市民政部门的指导与监督。工作人员是本村村民，更有利于为老人营造熟悉的生活环境。

---

① 托老所运营管理规则：托老所根据老人的实际需求，配备适宜的生活、娱乐设施。托老所要有舒适的居住空间、宽敞的多功能活动用房、必要的康复保健和常用药品、齐全的餐厨设施、基本的清洁设施、统一的开水供应及实用的纳凉取暖设备等。托老所要建立健全消防、食品、人身、用电等安全管理制度，村要落实安全管理责任。村委会要保证本场所作为托老所永久使用，不得改作其他用途，如确有需要改作其他用途或拆迁，必须报乡镇（街道）同意，并有同样的场所进行替换，同时报民政局备案。
② 根据松原老龄办印发的《关于老年托养所建设标准的通知》，要求在建设经费上，政府补贴资金与村自筹资金1:1配套，市区的补贴资金不超过15万元，村自筹资金不少于15万元，建筑面积每平方米不超过1050元。且托老所全体工作人员均为义务服务，不享受补贴，每个托老所核定服务员、炊事员各一名，工资报酬由托老所自行解决，不纳入政府的财政补贴范畴。

松原养老服务的递送具有典型的圈层结构，以政府为代表的自上而下的层和以村庄为代表的横向的圈有机配合，共同打造了松原养老模式。下面从管理、组织、服务、支持、评估子系统对它进行具体分析。

1. 管理子系统

松原市的农村社区居家养老主要由政府工作人员进行自上而下的指导和支持。首先，松原市建设有 12349 平台，该平台由松原市老龄办和民政局合作开通，设立在松原市民政局内，老龄办的 4 名工作人员在此值班。老年协会依托 12349 平台为政府提供各项数据，同时该平台还发挥了重要的监督作用。① 其次，老龄办与各级人民政府与村"两委"协同管理农村托老所，松原市民政部门负责设计、指导和监督托老所的建立与运行所配套的规章制度、管理机制，② 村"两委"（志愿服务队）负责具体运行，相互配合，各司其职。③

---

① 12349 为老便民服务平台除了监督功能，还采取 OTO 商业运作模式，打造线上及线下平台。线上是指老人、社区居民足不出户拨打 12349 平台电话，平台指定能够上门服务的加盟商进行服务（该服务目前使用较少）；线下指的是平台指定的加盟商对老人、社区居民走出家门进行打折优惠服务，采取"卡对牌"的形式进行。老人、社区居民持"为老便民服务一卡通"，加盟商由松原市惠安便民服务协会挂牌。

② 托老所运行管理规则有如下三点。一是托老所要将文化养老、快乐养老、工作养老、自治养老、环境养老融入日常运营管理中，突出互帮、互动、互娱。集中养老的托老所要完善智能管理系统，使之与松原市 12349 为老便民服务平台实现互联互通，建立"四级养老服务网络"，接受平台监督。二是托老所的土地、房屋、设备和其他财产，属于国家投资的依法归国家所有；属于村、社区集体共同投资的，归村和社区集体共同所有，并明确各自所占份额。三是规范托老所内部管理，配备专（兼）职管理人员。按照村（居）民自治的原则，建立健全各项规章制度，明确经费使用、人员聘用、就餐住宿、设备管理、矛盾调处等事项的责任。

③ 县（市、区）民政局职责：1. 指导托老所的日常管理工作；2. 定期对各乡、镇托老所安全运行情况进行安全检查，对存在的问题进行督察整改；3. 对各乡、镇托老所运行管理工作进行量化考核；4. 其他事项。乡、镇人民政府职责：1. 加强托老所的运行管理工作，乡镇党委书记是第一责任人；2. 为托老所的运营管理筹集资金；3. 托老所管理要做到制度健全、责任明确、管理到位、运行规范经常；4. 落实托老所运转、建设经费，强化托老所管理服务人员的管理和监督，杜绝各类违法乱纪情况及不安全事故发生；5. 如发生安全等突发事件，应在 30 分钟内上报县（市、区）政府和县（市、区）民政局，因未能及时上报导致事件恶化的，追究相关人员责任；6. 按月向县（市、区）民政局上报托老所运转情况。村委会职责：1. 具体负责本村托老所日常运行管理；2. 为托老所运转筹集资金；3. 及时上报突发事件，并做好相关处理工作。志愿服务队职责：1. 作为政府购买的试点村，志愿服务队要严格按照《政府购买基层老年协会开展居家养老服务工作实施细则》实施；2. 各县（市、区）民政局、老龄办要将政府购买基层老年协会开展居家养老服务工作列入 2018 年民生项目加以推进；3. 积极倡导鼓励低龄、健康老人参加养老志愿服务活动，由村老年协会组织实施推行志愿服务记录工作，为年迈需要时储蓄劳务时间。

2. 组织子系统

（1）松原农村互助养老在基层自治与各主体共治中实现有效结合

在自治层面，村集体是整个互助养老的运行和管理主体，村庄人员是组织和服务的主体。①托老所由村主任或村支书牵头组织，具体日常管理由妇女主任负责，主要为60岁及以上、身体健康、生活可以自理的空巢老人提供服务。②妇女主任每天在托老所上班负责协调管理，同时妇女主任又是志愿服务队的负责人，负责组织、管理志愿者，并带动更多人投入养老事业。③对基层老年协会来说，主要为出门困难的高龄、失能、半失能老人等群体提供养老服务，作为服务人员与服务对象之间的桥梁，依托政府购买服务项目，将困难老人的服务需求与志愿服务队的服务供给有效对接，保证本村老年人需求的及时满足。

以单家村为例，为更好地调动服务人员的工作热情，保证养老服务的质量，单家村采取六人倒班制度，六名工作人员均来自志愿服务队，由村中留守妇女组成。每人每月在托老所工作五天，值班期间负责托老所内全部事务；非当班期间，剩余五人仍以两人或三人一组的形式，上门为四五十户家庭养老的老人提供服务，尽可能满足大多数老人的养老需求。

共治方面，在自治的基础上，村委会连同市老龄办（民政局）、爱心企业和村集体实现共同治理。一些爱心企业（尤其是油田企业）在村组织的大力宣传下也给予了赞助。

（2）由政府主导推动，村委会为管理主体

无论是托老所的建设运转还是老年协会服务的购买，政府都起到了领头羊的作用，开创出养老事业新局面。从老年协会的成立到12349平台的建立，协会依托该平台为老人提供服务，再到在农村进行养老大院（托老所）试点工作，松原市民政局探索出了符合本地实际的双重互助养老模式。在政府为养老工作搭建起平台后，养老服务还是由村委会（村民）负责具体运行，如村主任的统筹管理、村妇女主任的日常协调管理以及村妇女主任组织村内留守妇女等人员成立志愿服务队，为村内困难老人提供上门服务。这也是松原的特色所在，即利用村"两委"对全村居民（而不仅是老年协会对老年人）的动员能力，组建起以农村妇女（不局限于老年人）为主的志愿服务队伍。

以井发村的托老所为例，法人是村支书，负责整个项目的宏观管理；

具体日常管理由妇女主任负责。在对外的关系方面，虽然市老龄办在资金和实物方面都给予了大力支持，但不干涉托老所的具体管理，放权给村庄管理。不过，托老所的建设和基本模式是由市老龄办统一推动的。另外，在每一个托老所老龄办都安装了无死角的摄像头，以进行有效的服务监督和安全保护。井发村的志愿服务队的组织和管理也是由村委负责，其中妇女主任具体参与和负责日常的管理。志愿服务队的人员由妇女主任发动，并组织其为老人服务。

（3）基层治理三委合一，组织领导能力提高

村级治理组织为三委，具体为村支部委员会、村民委员会和村务监督委员会，村支书兼任老年协会会长。村级"三委"班子是党和政府联系农民群众的桥梁和纽带，是党领导农村工作的基础，村书记作为三委合一的核心，对养老组织的运行提供了坚实的组织保障。在养老服务模式已建立的村庄，基本上都是三委合一，大大提高了村庄组织领导能力。三委合一有利于从多方面整合服务资源，动员村集体人财物资源，稳定托老所的收入来源，维持托老所的有效运作；担负起监督和管理的职责，督促老年协会、托老所等切实发挥各自效用，真正做到为有需要的老人谋福利。

3. 服务子系统

针对农村不同群体老年人的养老服务需求，松原农村养老模式将集中养老与居家养老进行了有机结合。一是通过建立托老所、集中托养照顾所，满足空巢、高龄农村老年人故土难离、就地养老的需求。二是政府购买志愿服务队的服务，明确四大类服务内容并对服务对象进行分级分类，有针对性地开展老年人个性化居家养老服务。

（1）服务人员

在集中养老模式（托老所）下，服务人员主要为在托老所中负责管理的妇女主任以及为老人提供日常照料服务的工作人员，如炊事员、保洁员等。在分散养老模式下，服务人员主要为由妇女主任带头领导的50岁左右的留守妇女（志愿服务队成员），以及具有志愿精神的邻里乡亲。

以单家村为例，志愿服务队由六七名不外出务工的，年龄在40~50岁的年轻妇女组成，该团队由妇女主任统一管理。这些服务人员在托老所建成以后，除上门提供服务外，采取轮班制，六人倒班，保证所内每天有一名服务人员，负责做饭、打扫卫生，每人每月在托老所服务五天，非值班

时间仍以志愿服务队的形式入户提供家政服务，有效调动了大家的工作积极性。且在对六个村落进行调研后发现，在松原市农村养老模式下，提供养老服务的人员不仅包括村内的志愿者及托老所内的工作人员，邻里乡亲在得知老人需求后，在力所能及的范围内也愿意主动提供帮助，村屯内几乎所有人都是隐形的服务人员。

(2) 服务对象

在集中养老模式下，托老所的服务对象为生活能够自理，无精神疾病、传染病和其他影响集体生活疾病的本村和周边村60周岁以上空巢、独居和五保老人。

托老所主要通过提供生活居住、日间照料和休闲娱乐等方式为老年人服务：为因子女外出务工或外迁出嫁等原因，身边无人照顾的独居、空巢、高龄老人提供生活居住服务；为有就餐临时需求的老人提供日间照料服务；为本村全体老年人提供休闲娱乐、康复保健、精神慰藉等服务。

分散养老模式下的服务对象则涵盖了失能、半失能或患有严重精神疾病、传染病的老人，因其出门不便，老年协会通过政府购买服务的方式，在老人家中开展相关帮扶工作。

在单家村农村居家养老服务大院中我们采访到了两位"特殊"的入住老人。其中一位是来自哈尔滨的部队老人，在退休之后回老家游玩，偶然了解到这个托老所，通过考察发现这里养老条件良好，契合农村政策，村风正气，再加之本身就是老家所在地，亲属都在该村屯，便在这里暂时居住下来。另外一位是来自北京的老人，原来与孩子一同住在北京，由于行走不便加之平时孩子上班经常独自在家，无法习惯。老人在海南也有房子，但是由于饭菜口味和南方的温度问题，最后选择回老家养老，他认为这里空气质量较好，食品绿色，托老所内也有同龄老人可以一同交流，对老人的吸引力较大。在托老所内基本的生活需求都能得到满足，再加上自身的经济能力能承担得起每月缴纳的费用，老人普遍感到满意。

在井发村采访到这样一位入住老人，目前和老伴一起在托老所内生活。在该村托老所开业之前和老伴分开居住在老年公寓内，一年交费5.5万元（老伴交4万元），费用由四个孩子承担。老人现已入住一个多月，对托老所的饮食、服务、卫生和费用各方面都很满意，且所内厨师和服务人员都来自村内，互相之间比较熟悉，整体评价良好，比较支持此养老模式。

(3) 服务内容

在集中养老模式下，托老所负责为入住老人提供生活服务（饮食、洗衣、卫生等基本生活需求）、精神服务（陪老人散步、聊天或参加娱乐、体育等活动对老人进行心理保健教育）、健康服务（定期体检、对生病老人及时提供医疗救助服务）、法律服务及信息服务等内容。

在分散养老模式下，主要提供以下四大类服务。

医疗服务类主要包括：陪护就诊，测量血压、血脂、血糖，上门静点（不含医疗费），按摩及康复指导（需持有专业的资格证件）及老人需求的其他医疗服务。

家政服务类主要包括：上门打扫（包括室外），上门洗衣、做饭，理发，维修家电及老人需求的其他家政服务。

生活照料类主要包括：外陪助浴，陪同购物，代缴各种费用，代购各种物品，对重点服务对象建立定期巡查制度及老人需求的其他生活服务。

精神关爱类主要包括：心理慰藉，陪同散步，调解纠纷，看展及其他有利于身心健康的服务。

以井发村为例，在生活照顾服务外，老年协会还会组织歌唱等活动娱乐身心，但是由于东北气候等原因，举办户外活动只限于五一至十一期间。在暖和些的时候会召集村中老人举办文娱活动，且活动基本不需要经费。在稍冷的时候，由于下雪地滑、村内老人居住分散以及气温较低等原因，老人们一般会选择在家休息，所以老年协会不会集中组织活动。托老所的老人冬天会在附近散步，工作人员也会考虑老人的安全，且在后院也陆续安装了健身器械供老人活动使用。

在于家村，老年协会下的老年服务队由10名志愿者组成，定期为二三十户分散居住的老人（不能自理、难以出门）提供上门服务，多是提供些打扫屋子、做饭擦背的服务，也会帮忙包饺子。但是在集中托养模式下有这么一种情况，即老人本身愿意在托老所居住且经济上可以承担每月的费用，但是碍于子女的面子（农村养老观念）不得不选择居家养老；或是老人本身和子女都能接受集中托养的形式，因经济无法负担得起而陷入"空巢老人、孤寡老人"的境地，但是还可以享受短期的上门服务。

(4) 服务流程

在集中养老模式下，托老所中的服务人员为入住老人提供洗衣、做饭等日常服务，满足其基本生活需求；对于老人需要的其他特殊服务，所内的工作人员也尽可能及时满足，为入住老人营造良好的生活环境。

在分散养老模式下，当老人有服务需求时，向村老年协会提出申请，协会将指派工作人员拨打12349为老服务电话，12349平台人员接到电话后通知基层养老服务协会提供相应服务，服务人员服务结束后要向平台提供相关的信息以及影像资料以证明其服务质量。在服务完成后，12349平台会及时进行电话回访，征求被服务老人的意见，其中服务人员一周中有被老年人投诉5次及以上情况的，则取消协会服务资格，且不予拨付资金。

在实际操作中，由于邻居间彼此熟悉，关系较为亲近，该模式在推行过程中逐渐演变为：家中老人出现服务需求时，会直接电话联系志愿服务人员，服务人员在接到老人的需求电话后，尽快提供上门服务，缩短了中间环节，优化了服务过程。

例如，在井发村，志愿服务队由妇女主任带头，有10名成员，三四人分为一组开展服务，统一在一个时间上门服务、在同一时间收工，一般一天可以为三四户老人提供服务，根据老人家里的卫生情况安排清扫频率，由于村屯之间距离比较远，志愿者会选择开车或骑摩托车的方式出行，收费标准也较低，在一定程度上可视为志愿服务。

在与单家村志愿服务队成员的沟通中了解到：她们之前专心在家务农，协助丈夫种地，从2017年开始从事养老服务工作（没建成托老所之前），团队中的七名成员负责村内四五十户老人。日常是两三人为一组去60岁以上的老人（子女不在身边）家里服务，多是打扫、洗衣、做饭、买菜、聊天等内容，村中老人大约一周能服务完一个轮次，一轮结束后再从头轮流服务，每月能为每位老人提供2~3次上门服务。且她们也给老人留下了联系方式，若老人在其余时间需要服务，会直接通过联系志愿者的方式来寻求帮助。在村中建成托老所之后，团队中每天会安排一人在托老所值班，其余人依旧按照顺序为老人提供服务，且只拿一份工资，多是做些爱心性的工作。

4. 支持子系统

托老所是一个非营利性的社会组织，其建立和运营均离不开各方的支持。托老所的支持主要来源于政府拨款、村集体经济、企业赞助以及村民补充四个方面。

(1) 以政府拨款为主

2017年，松原市民政局、老龄办开始老年托养所建设试点工作。2018年，吉林省政府将托老所建设纳入省政府重点民生项目加以推进，全市共完成14个托老所建设任务，并在11月中旬全部投入使用。占地面积合计40544平方米，建筑面积4391平方米，总床位352张，入住老人352人，入住率100%，总投资约517万元，具体情况如表7-4所示。

表7-4 2018年老年托养所建设情况统计

序号	县（区）乡镇	占地面积（平方米）	建筑面积（平方米）	总床位（张）	入住老人（人）	总金额（万元）
1	宁江区善友镇托老所A	6000	270	20	20	31.752
2	宁江区善友镇托老所B	1500	270	32	32	31.752
3	宁江区善友镇托老所C	1800	300	30	30	35.28
4	宁江区毛都站镇托老所A	500	339	24	24	39.8664
5	宁江区毛都站镇托老所B	1000	336	32	32	39.5136
6	宁江区毛都站镇托老所C	3200	300	20	20	35.28
7	宁江区毛都站镇托老所D	1500	200	10	10	23.52
8	宁江区伯都乡托老所A	3600	300	20	20	35.28
9	宁江区伯都乡托老所B	2000	270	20	20	31.752
10	宁江区大洼镇托老所	4000	300	40	40	35.28
11	哈达山示范区托老所	1500	340	18	18	39.984
12	乾安县让字镇托老所	2944	416	30	30	48.9216
13	乾安县所字镇托老所	10000	430	32	32	50.568
14	长岭县永久镇托老所	1000	320	24	24	37.632
合计		40544	4391	352	352	516.3816

(2) 村庄为托老所提供了重要的资金支持

在村庄层面，一方面，村集体经济为托老所提供重要的资金支持；另一方面，村委干部积极发挥组织和协调能力，积极向社会募集资金和实物，对托老所的持续运行起到了重要的作用。村民也为托老所的日常经营提供了部分支持，村民捐助、村集体收入都构成了托老所的资金来源。

第七章　欠发达地区乡土模式：以开展互助服务为主

（3）国有企业扮演了重要角色

以井发村托老所为例，由于松原市地处东北地区，冬季气候十分寒冷，为了让老人在冬季时正常生活，托老所必须供暖。因为托老所的面积相对较大，所以冬季的取暖费成为托老所一笔较大的开支，一年有3万~4万元。这笔费用主要是由当地最大的企业——吉林油田负担，这样一来，托老所的经济负担便大大减轻。

以河西村为例，油田企业的赞助基本解决了托老所每年的冬季取暖费这一大难题，有些企业每逢佳节还会寄送一些生活用品。

（4）个人和其他市场主体也起到了补充作用

在河西村托老所的建设过程中，个人和社会筹资20万元。通过志愿服务队的大力宣传，外地企业尤其是油田企业在托老所筹建过程中发挥了重要作用，托老所每年冬天10万元的取暖费，9万元都由油田企业赞助。另外，村中的爱心人士以及村民的捐助也为托老所的运营提供了部分资金支持，村民捐助一年有3万~4万元，主要是村民生产剩余物品出售后的资金以及劳动工资（主要有扫院子以及国家扶贫项目）所赚的；托老所拥有的两个园子所产的蔬菜等全部无偿供应给托老所。

除这四个方面的支持外，村庄也会根据各自的实际情况每月向入住老人收取300~500元的费用，包含在托老所内起居、用餐活动等基本生活需求，较低的收费标准也更加真实地反映出在村庄建设托老所所坚持的实际、实用、实效的原则，以及为老人提供更方便、安全、优质服务的目标，这部分收入也为托老所的可持续运行提供了资金支持。

收入方面多方合力，资金从多源流汇入，同样在支出方面，松原的农村养老模式也提倡尽可能地减少不必要的开支，为托老所的运营储蓄能量。托老所内的工作人员和志愿服务队成员大多是由农村留守妇女组成，工资开支每人控制在1500元左右（全勤），充分利用了农村闲置人力资源，以较低的成本为老人提供具有低偿性、志愿性甚至福利性的服务，充分激发了工作人员的志愿精神和公益精神。

5. 评估子系统

托老所主要有村庄内部道德舆论监督和政府监督两种反馈机制。

（1）内部道德舆论监督

大多数村庄托老所的评估以服务过程中老人是否满意为主，不满意的老人可以非正式的闲聊（舆论压力）或者是正式的报告向管理人员提出，督促服务质量的提升。在课题组对入住老人的访谈中，大部分老人对服务是十分满意的。志愿服务队也是以老人的满意度为主要机制，不满意谁的服务，老人可以要求下次不选择他来提供服务。

（2）政府监督

12349为老服务信息平台，形成了居家养老智能化及监督、管理政府购买老年协会服务的网络系统，保障为老服务质量。首先，在服务完成后，平台工作人员记录服务相关信息，上传服务时间、服务内容以及服务过程中的影像资料，随时进行电话回访，征求老人的意见，并记录在案。服务人员在一年当中被老年人投诉5次及以上的，则取消服务资格，且不予拨付服务资金，以保障服务的能力和水平。其次，平台建立了松原市"12349"便民服务微信公众号，定期发布有关养老工作信息，实现信息公开。最后，平台也负责受理群众的投诉和举报，并对投诉和举报的情况进行调查，提出处理意见。

第三节 四川省农村互助型社会养老典型实践

一 互助服务+养老服务中心——村庄内部多社联动

该模式由成都益多公益服务中心发起，笔者主要调研了芦山和成都的项目点。通过几年的探索，益多公益形成了一套成熟的助老服务和在地推广模式。[1] 其特色在于通过社工组织进入农村地区，活化农村老年协会，开展各项文化娱乐、居家上门服务的同时，帮助老年协会寻找生计模式，在没有项目支持的情况下，能够维持自身的可持续运转。芦山和成都的区别在于政府的介入程度，芦山县的农村互助养老服务项目资金来自基金会购买服务和自筹，成都则主要来自政府购买服务。本部分将对芦山与成都

---

[1] 益多公益服务中心成立于2009年，2012年注册成立成都高新区益多公益服务中心。目前建立了70余人的专业社工公益团队，并能够整合普通志愿者，发展专职的爱心人士，提供为老服务。2010年，益多公益首创"社护"（社工+护理）模式，以社工服务、护理服务和志愿服务为三大支柱；2017年益多公益开始将核心服务对象从全体老人聚焦于更需要社会关注和帮扶的失能失智老人，并通过技术输出、培训、督导等形式，将助老服务的理念和成熟的技术模式推广到全国，打造专业助老支持性机构。

第七章 欠发达地区乡土模式：以开展互助服务为主

项目进行比较分析。

芦山县，隶属于四川省雅安市，位于四川盆地西缘，全县面积1166.39平方公里。截至2016年底，辖4乡（宝盛、龙门、清仁、思延）5镇（芦阳、飞仙关、太平、大川、双石），40个村委会、7个居委会、255个村民小组、28个居民小区。2016年底，全县人口为121008人，其中城镇居民62518人，农村居民58490人。①芦山县是5·12汶川地震和4·20芦山地震重灾县。地震后，为了更有效地协同社会组织和志愿者服务有效参与抗震救灾和灾后恢复重建，按照省委、省政府的统一部署，雅安地震灾区成立了各级抗震救灾社会组织和志愿服务中心。"4·20芦山强烈地震抢险救援阶段，先后有700余家志愿服务组织来到灾区开展志愿服务工作"；"到过渡安置阶段和灾后恢复重建阶段时，据不完全统计，依然长期坚守雅安地震灾区开展志愿服务的组织共有69家，建立了120个服务点"。②大批志愿者和志愿服务组织的涌入以及政府对志愿服务组织和活动的规范给芦山营造了很好的志愿环境，为芦山发展由公益团体、社工机构推动的农村社区居家养老提供了基础条件。

成都市是四川省省会，也是全国15个副省级城市之一。截至2016年，成都市辖锦江、青羊、金牛、武侯、成华、龙泉驿、青白江、新都、温江、双流、郫都11个区，简阳、都江堰、彭州、邛崃、崇州5个县级市，金堂、大邑、蒲江、新津4个县。此外，成都市还有国家级新区——成都天府新区直管区、国家自主创新示范区——成都高新技术产业开发、国家级经济技术开发区——成都经济技术开发区。2016年末，成都市户籍总人口为1398.93万人，其中，城镇人口784.60万人，乡村人口614.33万人。2016年全市实现地区生产总值（GDP）12170.2亿元，按可比价格计算，比上年增长7.7%。城镇居民人均可支配收入35902元，比上年增长8.1%；农村居民人均可支配收入18605元，比上年增长9.4%。③在芦山的养老模式探索得到肯定后，益多公益开始将试点范围扩展至成都天府新区直管区的多家日间照料中心。

---

① 资料来源：芦山人民政府网。
② 熊蕊：《将"正能量"效果最大化 进一步有序有力有效服务群众和灾后重建》，《雅安日报》2013年7月19日，第1版。
③ 资料来源：http://www.chengdu.gov.cn/。

(一) 管理子系统

芦山的养老服务模式中引入了社工机构益多公益,益多公益以项目形式,承接各慈善机构和基金会的项目,开展工作活化老年协会。因此,在芦山的模式中,养老服务的开展不仅受到各级政府部门的管理,还受到相关的慈善机构和基金会的约束,其直接管理者则是益多公益。

与芦山的养老服务模式类似,成都农村的养老服务模式中也引入了社工机构益多公益,益多公益也以项目的形式,承接各慈善机构和基金会的项目。但不同的是在成都的案例里,益多公益提供的服务是由政府购买的。一般情况下,街道政府统一建设硬件,民政部门提供3年的资金支持——以一个站点/中心为单位,第1年运营经费20万元以内,第2~3年的运营经费15万元以内,益多公益负责提供运营服务。

(二) 组织子系统

在芦山的农村居家养老服务模式中,组织工作开始是由村委或老年协会在做,但基本没有达到较好的服务老年人的效果,主要呈现三种状态:第一种是只有一个挂名的会长,整个机构是个空壳;第二种是有会长、会员,但是没有资金来源,什么活动都没有开展;第三种情况好一点,但也仅仅是开展过少量活动,老年协会的影响力和作用都没有发挥出来。[①] 2013年,益多公益以社会组织的身份协助芦山老年协会探索全新的养老模式。

益多公益虽然参与养老服务,但只是作为辅助,老年协会和村委才是真正的组织者。因此,全新养老模式的探索过程要从改革完善村委和老年协会着手,活化当地村委和老年协会。在这种改革完善过程中会遇到各种平衡的问题,比如在完善老年协会过程中的平衡问题,因为再小的机构权力调整,都会触动某些人的神经。在雅安市芦山县的一个村,益多公益就遇到了这种情况。最初因为缺乏活动资金,当地老年协会的会长非常积极地配合益多公益举办各类活动。但几次活动过后,当益多公益提出要帮助协会重新建立领导架构、成立理事会时,会长当即表示不同意,尽管协会

---

① 吴浩:《农村养老 九大碗里"尝新鲜"》,《四川日报》2016年8月25日,第9版。

多数成员同意，但他依然不积极，老年协会的各项活动也逐渐陷入停滞。经过沟通，益多公益提出为会长选一位秘书长，会长负责总揽全局，具体工作由秘书长主持，这才得到会长的认同。秘书长选出后工作非常积极，迅速在老年群体中树立了威望，同时会长和秘书长配合紧密，老年协会变被动接受帮助为主动寻求出路，承接村上的保洁工作，为老年协会创收。

在成都的农村养老模式里，政府购买益多公益的运营服务，益多公益运营日间照料中心，因此益多公益成为直接的组织者，安排专门的工作人员驻守街道政府建设完成的村级站点，村"两委"和老年协会协助开展活动。以三星镇河山村为例，益多公益在站点派驻了两名工作人员（三星镇人）。

河山村老年协会自20世纪70年代成立以来，已经经历了4届会长，会员由几十人发展到五六百人。会长、组长是老年协会的具体负责人，组长分为大组长和小组长两级，大组长管理的区域是一个小的村（河山村有3个小村），小组长负责的则是村中的村小组（基本与之前的生产队一致）。在日常的沟通联络（比如会议通知）中，一般采取以小的村为单位，大组长通知小组长的形式。老年协会的会员身份自由，老年人个体"自愿进退"，会费也是非强制性的"自愿缴纳"，会员会在每年的重阳节收到价值20~30元的节日礼品。

（三）服务子系统

益多公益的服务对象主要是失能、半失能老人，它把主要目标精准聚焦于矛盾最突出的农村失能老人护理问题上。在芦山，益多公益主要通过中国扶贫基金会的项目开展居家上门服务。在服务人员的安排上，益多公益依据成都慈善总会购买的居家养老护理员培训项目，在芦山县设立乡村居家养老护理员培训项目：招募当地60岁以下妇女或低龄老人进行居家养老护理培训，考核评估培训质量，并制定一套乡村居家养老服务管理制度，对服务质量进行监管。护理员考核合格后由益多公益工作人员带领为芦山县失能、高龄老人制订护理计划，完善服务手册，开展居家养老上门服务。目前芦山县内的护理员提供服务的安排是，一个护理员对应一个村，全县共700多个老人，配备10多个护理员。护理员培训项目共培育了90多个护理员，除去各村配备的10多个护理员，其他均有能力并可以参加其他的项目或自主做护工,例如到县里服务等。①

具体而言,益多公益常驻工作人员是专职,护理员全部是兼职的,可以在相关规定下自行安排时间和路线上门给老年人提供服务。护理员年龄一般要求不超过60周岁,基本是吸纳的本村或本地方人(年龄可放宽到70岁);实际运行后家里有牵挂(有老有小)的留守妇女是护理人员骨干。护理员一般一个月给老人提供一次服务,服务时间在半个小时至一个小时,服务内容即是根据老人的需要而确定的。护理员的报酬根据项目资金来定,也会根据服务内容如测血压、测血糖等的不同而不同,但有上限。专职的站点工作人员中有具有医学背景的专业护理人员,由他们来教其他护理员学习清理褥疮等工作。

此外,有了益多公益的参与和活化,老年协会组织活动意愿和组织能力也提高了,各个站点的各种活动热闹开展。如清仁乡大板村每年年末组织团年饭,重阳节举行文艺活动,每月探望失能老人和高龄老人,还有日常文艺活动等。

益多公益在成都开展的活动从2014年开始,主要围绕居家养老服务中心的运营开展。以河山村为例,起初小组形式的实践在当地老年人中接受度低,达不到社工的期待;后来站点对它进行了本地化,建立了以文娱类为主,辅以手工、学习类等的各类小组,其中手工小组还开展过义卖活动,筹得基金,用于帮助当地困难的独居老人(积累的基金至调研时仍有余额)。

走访实践主要是在民政部门的项目资源支持下,社工、志愿者走出站

---

① 接受养老服务的老人有些还担负着照顾家中孙辈和监督他们学习的重任,有的老年人提出希望志愿者能教孩子学习、做作业等,因此益多公益为老人照顾的孙子女开设了一间课外教室。每周一到周六放学后孩子们可以到这里写作业,平均收费每人每月150元。课外教室开办后,原本压在老人身上的辅导功课的担子没有了,这样一来"护理老人时,老人心情都不一样了",养老服务的开展更加顺畅,老人更加轻松快乐。考虑到想来参加培训提供服务的护理员很多也都因担负着照顾家中小孩(子女或孙子女)、辅导他们学习的重任而没有时间和精力投入护理工作,课外教室同样接收护理员的子女、孙子女。因为志愿者文化程度普遍高于老年人和护理员,在辅导小孩功课上更加在行,而这个课外教室又非常的独特,结果站点上的这个辅导班比专门的辅导班接受度和受欢迎度更高。帮老年人和护理员辅导孩子功课探索的成功,提高了老年人接受服务的满意度:志愿者辅导孩子,护理员负担减轻更加投入地参与到服务中,老年人更加舒心地接受服务。此外,课外教室帮助农村留守妇女照顾孩子,这些妇女有了富余的时间和精力可以到县城服务,相当于在扩大农村妇女的再就业。

点，开展上门服务。走访旨在走出站点，发现更多需要关心的老人，比如分散居住的老人、需要护理的老人，以及发掘老年人更多的需求如卫生清洁、慰问、冬季取暖、血压血糖检测等。在站点活动方面，益多公益把空间资源充分利用起来，在站点组织新颖的集体活动，把城区的一些活动引入农村，例如给老年人过七夕，在活动中鼓励结婚多年的夫妇现场"秀恩爱"等。当地村民从未庆祝过七夕，这种新颖的活动吸引了不少老年人的参加。各种活动的开展不仅丰富了老年人的生活，而且带动了整个社区的氛围。此外，活动还有提供营养早餐和每个月定期的有主题的饮食小组"共餐"。

在服务人员方面，主要是社工与志愿者。社工招募上，倾向于当地人，考虑到他们对当地更为熟悉，提供帮助更方便，且资源动员能力更强。志愿者招募上，也主要是吸纳当地赋闲（没有家务/农活之累，空闲时间对于参加活动是个很重要的因素）劳动力。通过吸纳有服务经验或服务能力的社工、当地人员和志愿者三方，养老服务中心建立起了服务组织，并向当地志愿者和人员提供服务、专业社工提供指导的结构发展。

笔者调研时，他们执行的主要是"幸福相邻"居家养老服务项目，始于2014年，由阿里基金赞助。益多公益对该项目采取了"社工+护理"的模式，具体的项目内容分为三部分：一是培训当地社区工作人员成为合格的居家养老服务志愿者，河山村共有志愿者3名；二是帮助运营站点，河山村的运营包括为老年人开展的各类兴趣（唱歌、手工、跳舞、电脑）小组，节日时令的庆祝活动，小卖部、"麻将桌"的经营（老人来麻将室打麻将，需要交少量份子钱）；三是提供上门服务，包括居家护理的各项内容，如测血压、血糖，洗头擦身等。

(四) 评估子系统

服务评估主要包括两个方面。

一是对护理员的监督与评估。护理员要通过服务学习和实践具备专业居家护理技能方能上岗。护理员第一次为失能、半失能老年人提供上门服务时，必须由益多公益的工作人员陪同，后续的服务中益多公益会以现场拍照的形式监督评估护理员的工作态度和水平。

二是对项目本身的评估。益多公益请了来自香港的第三方机构，从项目的角度对益多公益的探索进行了评估。评估耗时3个月，最终的评估报告中写道：该项目服务农村老人，项目更多关注如何将村委和老人连接起来，从操作层面来说，项目的可复制性非常高。

（五）支持子系统

芦山居家养老服务的支持子系统是维持整个居家养老服务系统运营的创新之处、特色和关键，更是益多公益探索的重点问题——求解"钱从哪儿来"和"怎样长期运行下去"。

首先，益多公益的养老服务主要以项目形式进行。芦山开展的项目有：成都慈善总会购买的居家养老护理员培训项目（20万元），旨在给100个村镇老年人提供居家护理服务；中国扶贫基金会购买的乡村老人可持续发展项目（50万元），旨在活化老年协会。成都开展的项目主要是民政部门购买的"幸福相邻"居家养老服务项目。

其次，益多公益探索帮助老年协会建立生计基金项目以实现创收。一是让老年协会"开公司，做生意"，选择什么项目应该由老年协会成员自己决定。二是设立失能老人关怀基金和居家养老服务队：从经营项目的收益中，拿出固定的30%作为基金，用来资助失能老人或为相关护理员提供补贴；培养一支具备一定专业素质的居家养老服务队，队员视服务质量和人数，每月可以从失能老人关怀基金里领取数额不等的补贴。

具体地，芦山县大板村和横溪村有不同的尝试。

①大板村九大碗服务生计项目。大板村老年协会九大碗服务队，通过一年时间探索出出租九大碗工具和承包九大碗服务获得收入的方式。

②横溪村老年茶坊生计项目。横溪村老年协会茶坊与文艺表演队，通过一年时间发展出经营茶坊、提高文艺队技能外出演出的方式获得收入。

这两种生计方式均增加了老年协会活动费及居家养老服务中心/驿站运营费，使老年协会工作更好地开展，居家养老服务中心/驿站持续运营，村里老人得到更多的关怀，共同构成了守望互助-芦溪助老基金项目的内涵。

河山村有两项生计项目：小卖部和麻将桌。生计项目的部分收入作为居家养老服务资金中的生计基金，为养老服务提供了必要的资金支持，使养老服务实现可持续的循环。具体来看，麻将桌的一年收入超过2万元，除固定的社区工作人员外其他事情交由志愿者做。小卖部的经营实行全部外包，承包人目前是3位老人，每年缴纳8000元到老年协会。经营项目收入的30%作为生计基金，用于特困失能老人的日间照护，以及其他老人的临时特需照护等；40%用于老年协会内部事务；30%作为老年协会活动经费（见图7-3）。

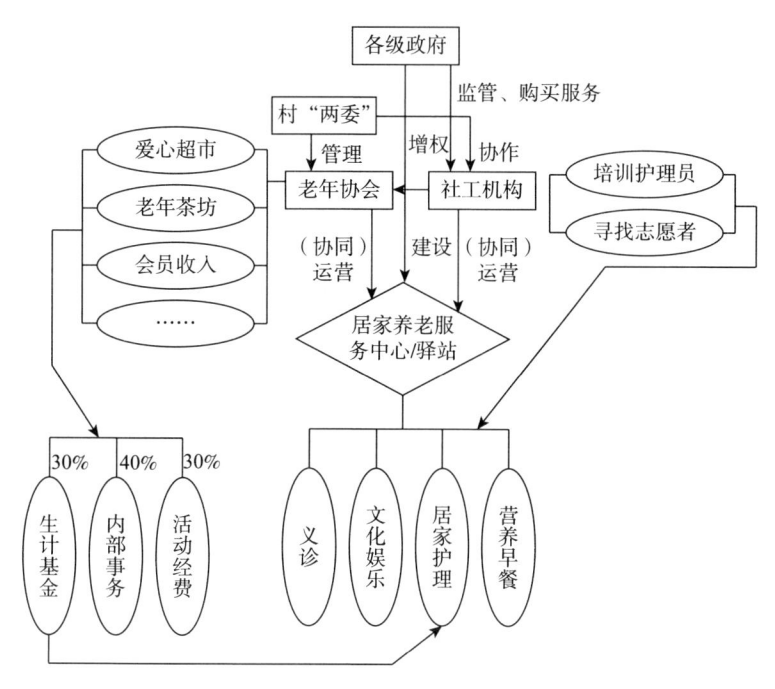

图7-3 四川雅安市芦山县和成都市三星镇河山村
公益机构参与的居家养老服务系统示意

二 互助服务+社区综合治理——社区/村居、老年协会和专业社会组织的合作

邛崃隶属四川省成都市，自古为"天府南来第一州"，地处成都平原西南部，位于成都市"半小时经济圈"，距离成都市区约65公里，是川西地区重要的交通枢纽和西藏连接四川的重要物资集散地。总面积1377平方公里，辖24个镇乡（街道），人口66万人。邛崃享有"国家级生态示范市""省级卫生城市""成都市社会治安综合治理模范市""中国食品工业百强县（市）"等荣誉称号。截至2017年底，邛崃市现有户籍人口约66

万人，60 岁以上老年人口 15.58 万人，占全市户籍人口的 23.6%。

（一）互助养老寓于社区综合治理模式之中的案例分析

邛崃市的互助养老是寓于社区综合治理模式之中的，也即通过社区（村居）、社会组织、社区自组织等多社联动，在专业人员的指导之下，激发社区（村居）居民自助－互助，不仅提供养老服务，而且提供其他各类服务，在此基础上达到提升社区综合治理水平的目的。具体实施方案是：市民政局发挥牵头抓总作用，充分整合部门资源，积极调动社会力量参与养老、扶幼等各类服务，连接社区、社会组织、老年协会，实现联动，搭建"政府主导、社会参与、全民关怀"的综合服务平台。下面将以案例的形式具体阐述社区综合治理中互助养老的两种模式，并对其进行子系统分析加以说明。

1. 案例：冉义镇党建综合体

邛崃市冉义镇党建综合体属于与党建联合搭建的旨在提供志愿服务和为老服务的社会组织，由党建引领党组织在义渡社区经营创新，共建共享，尝试开辟"党委开路，党建铺路，党员致富"的新路子。根据冉义镇提供的材料，冉义镇党建综合体自 2018 年 3 月 28 日建立起，已发展了 6000 名爱心志愿者，其中 60 岁以上老年志愿者有 180 人左右，固定参与活动的志愿者有 200 余人，以党员居多。

（1）组织子系统

党委发挥带头作用，积极组织，通过"三问"——问居民、问议事会、问监事会，充分了解社区居民需求，有的放矢地组织活动，把每一分钱都花在刀刃上；厘清活动流程，敲定活动安排；根据民众反馈不断改进工作流程，提高功能区服务质量；通过"三审"——社区初审、镇分管领导复审、镇党委终审三步走，审慎决策，对社区居民负责；通过"三投入"——政府投入资金、社会组织投入服务、居民投入精力参与，促进党群凝聚，发挥群策群力。冉义镇党建综合体真正落实了以问题为导向，以群众需求为标准，整合群众力量，设置党代表之家、留守儿童之家、日间照料之家等 27 个功能区。

在发展过程中，冉义镇党建综合体为更好地管理志愿者，探索出了爱心积分制。社区首先根据志愿者参与的活动大小来初步设定每小时的积分，然后将初级评定结果上报镇分管领导，复审同意了之后再上报冉义镇党委，双方均无异议后该积分等级评定生效。然后社工根据志愿者服务的时长来进行该项目爱心积分的最终核算。且每次志愿活动的时长会同步更新到成都市志愿者平台，受到双重认定。每次志愿活动的爱心积分可以累计，志愿者账户根据积分量划分等级。当账户积分累计达到32级的时候，志愿者即可兑换爱心超市的日常生活用品。目前超市的兑换比例是一个爱心积分抵一块钱。

社区以冉义镇党支部为引领，整合联动微治理平台、网格化服务管理平台、"雪亮工程"监管平台，构建了"三合一"的智慧社区信息中心，建立起养老服务"关爱地图"。依托邛崃市"幸福养老关爱"平台，以"1+3+N"养老服务模式，建成6817名60岁以上老人"关爱地图"，实现精准养老服务。同时建立留守儿童"关爱地图"。深度运用信息化技术，给辖区50名留守儿童佩戴智能定位胸牌，保持及时可控可管。

（2）服务子系统

在服务队伍构成上，主要是志愿者，同时聘请5名有定额工资的社区社工。在6000多名志愿者中，社区根据其意愿登记安排他们加入不同的志愿者队伍，每个队伍分管一个志愿板块。目前有7个固定志愿者队伍，分管7个志愿板块。在每个板块志愿者们又推选出4名骨干，由他们带领其他志愿者完成板块志愿工作。志愿者大多是本社区的人，各个志愿者队伍由于涉及专业不同，队伍职业、年龄比例也不尽相同——学业辅导的志愿者以学校教师为主，医疗志愿者以医生为主，高龄老人的照顾服务志愿者以低龄老人居多。

在服务内容上，建立商品采购、积分管理、货品领取制度，强化党建、道德、公益、文明等七个方面的志愿服务。为了保障服务精准回应村民的需求，引进社工组织入驻社区，通过问卷调查、入户走访等方式，了解群众需求，整合镇机关、社区干部、群团、学校、医院和其他社会组织力量，有针对性地制定服务订单38项，搭建党群活动服务平台，开展"430空间作业辅导""读书会""关爱留守儿童""幸福的社区晚年生活"等各项活动，为社区党员和群众提供教育、管理、培训、展示、服务和娱乐等综合性服务。

针对留守老人或者是居家空巢老人的志愿服务安排相对特殊，他们更需要心理上的慰问，志愿服务队会定期安排志愿者上门陪伴老人。此外，政府也对这部分老人有特殊照顾，以300元/人的价格为他们在党建综合体购买了居家养老服务。以后的发展方向是志愿者会亲自上门询问老人的一些习惯和需求，掌握一对一的信息，拓展工作计划，为老人量身定做关爱方案。而社区失能、半失能老人由于情况更为特殊，他们的需求比较刚性，社工组织能力有限，社区需要求助民政局。由社工组织来收集这部分老人的资料，报到社区，再由社区向民政局汇报，然后三方联动开展志愿帮扶。

在服务创新上，围绕"三去一改"，用"家"居文化理念调整功能区域。例如，便民大厅拆掉传统的服务窗口柜台，改为零距离、无柜台、开放式的交流互动式平台；摆放舒适沙发、茶几等家具，变"柜台式办公"为"沙龙式咨询"，实现"一对一"座谈式服务，进一步凸显社区主责主业，切实把党群活动服务中心打造成"易进入、可参与、能共享"的邻里中心和温馨家园。

（3）评估子系统

冉义镇党建综合体社区内部大小活动，需经过社区初审、镇分管领导复审、镇党委终审三步走，由监事会主要负责。

（4）支持子系统

在资金支持上，主要来源是政府和爱心企业。政府支持表现为购买社区服务（2018年政府购买义渡社区的服务费用在50万元左右）及捐赠，爱心企业支持表现为企业援助（企业运送物资到社区待售区进行爱心义卖，党建综合体从每次义卖所得中抽取一定的利润维持自身发展）及捐赠。除社区设立的捐赠区，政府和爱心企业定期对五保户、残疾人以及60岁以上的老人进行捐赠。除此之外，社区还利用存量集体建设用地，采用市场化的方式，引进社会资金合作开发建设党群服务综合体900余平方米，不断满足村民对活动阵地的需求。

在技术支持上，义渡社区搭建了一个全社区共享的微信公众平台，实时更新有关党建综合体对社区贡献的信息。

2. 案例："瑞云好生活"社区综合治理

瑞云物业公司作为一个中介性机构，对外连接了企业与第三部门的市场性资源，对内培育了自组织。其主要是从社区需求出发，抓住小区本地居民多的特点，找出原来村落有威望的人，或者是退休的干部、村主任、退伍军人、教师、老党员等具有号召力的人，聚集起来成立了小区的自组织。其模式主要在以下几方面发挥作用：社区老幼照料问题；社区居民矛盾调解问题；社区绿化建设问题；社区文化归属感问题；同时成立了综合帮扶自助组织，以自组织互助服务推动社区综合治理，促进了社区内部的稳定。下面对该模式进行具体阐述（见图7-4）。

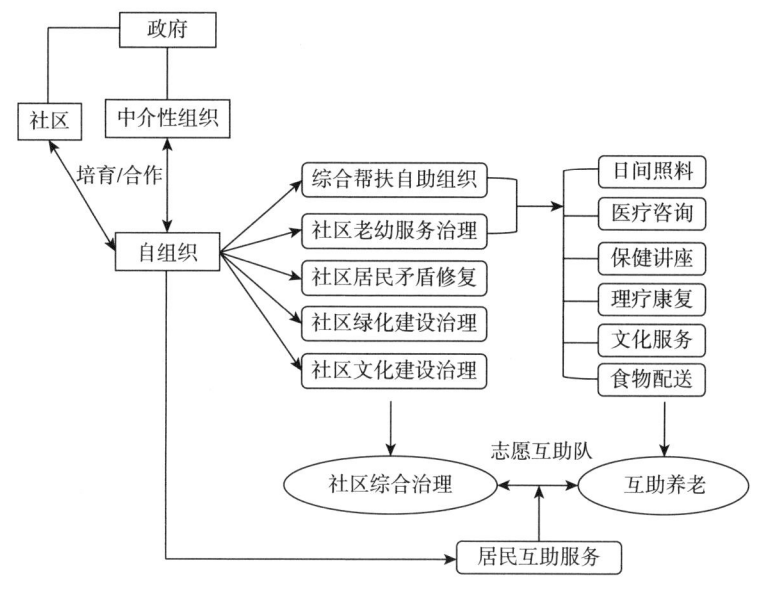

图7-4 互助养老+社区综合治理模式

（1）社区老幼服务治理

瑞云物业公司于2016年伊始在小区内部成立了日间照料中心。该日间照料中心依托小区，距离老年人居住地近；利用小区内公用的住房，成本低，且可作为公司对于业主的回馈性福利；此外，服务专业化不输市场且价格低廉：对服务人员进行专业的培训，待其取得养老服务的证书之后，再为老年人提供专业化的服务。目前，瑞云物业公司使用其模式在邛崃市区共运营了三个日间照料中心。

以玉带社区老年照料中心为例。玉带社区老年照料中心集日间照料、医疗咨询、保健讲座、理疗康复、文化服务、食物配送等服务项目于一体，照料中心室内设有康复义诊室、心理慰藉室、按摩理疗室、日间照料室、文化活动室、综合服务室、助餐室、理发室、助浴室、洗衣室、阅览室、书法区、多功能活动区等多个功能室、区，室外设置有文化长廊、棋牌活动点、健身点、茶歇处、观景池塘、健身步道等功能区域，为社区居民提供全方位的服务。根据社区、街道、民政部门所提供的需要服务的老年人的信息，中心派工作人员上门摸底，了解情况，并根据老年人不同的情况及需求为其进行专门的服务定制，个性化地安排具体服务，以满足老年人多元的个性化的需求。

（2）社区居民矛盾修复

2016年，瑞云物业公司试图建立一个调解社区邻里矛盾、维护社会关系的社会组织，因此，针对社区居民矛盾修复的自组织应运而生。瑞云物业公司借助本地居民有威望的优势，与居委会做邻里关系的一种"修复"。

（3）社区绿化建设治理

绿化组织是针对社区的绿化建设和日常维护问题而成立的。

绿化组织在规划社区绿化时，首先联系第三部门，请到专业的义工，根据小区的实际绿化面积对公共用地的植被进行规划，说明情况，给出相应的种植规划方案，保持小区整体的美观性。而后，绿化方案通过自组织公布，由自组织进行统计，社区居民可以将自家原有的植物按照规划进行指定区域的种植。

而且针对有些原居住于农村的住户，其本就有每日种植的习惯，且因为赋闲在家而时间也充裕。绿化组织就将他们集合起来，根据其能力挖杂草或者修剪树木，进行小区的服务，同时以劳动减免物业的部分费用。

（4）社区文化建设治理

社区文化自组织在考棚社区改造时，抓住"考棚"两个字进行社区的营造，让国学成为社区的营造主线：一是将原本用于相亲的公园设置成国学讲堂，定期由机构讲师来做国学的宣讲；二是提出了家风的塑造。同时，自组织将教师的个体化变成团队化，形成专门的教师队伍，比如说来做墙绘、做阳台的设置、电动车的充电宣传等。

（5）综合帮扶自助组织

综合帮扶自助组织可以和物业管理公司进行协商，对于贫困户的物业管理费进行一定的减免。另外，自组织可以联系社工力量对接社会资源，从而进行精准帮扶。

第七章　欠发达地区乡土模式：以开展互助服务为主

第四节　广西壮族自治区农村互助型社会养老典型实践

宜州市是隶属于河池市的县级市，为市政府所在地。宜州市辖7镇9乡，30个社区，180个自然村。截至2015年12月底，全市总人口66.2万人，60周岁及以上老年人口10.3万人，占全市总人口的15.6%，80周岁及以上老年人口1.5万人，占全市老年人口的14.6%。① 经济发展水平较低，农村外出务工人员多，导致留守老人问题突出。一是生活困难。留守老人由于子女不在身边，收入水平较低，基本生活和基本医疗缺乏保障；大多数老人生活较为简单，只追求温饱，没有更好的生活条件。二是照料问题突出。据调查统计，宜州市失能、半失能的留守老人有5071人，占留守老人总数的48.9%。留守老人的照料主要依靠配偶，丧偶、子女不在身边的老人照料问题更突出。因无人照顾，老人生病时得不到及时治疗，生命也时常受到威胁。② 三是老人仍要承担繁重的体力劳动。由于子女全部外出打工，留守老人舍不得放弃责任田，特别是有些子女寄回的钱不足以维持日常生活，有相当一部分老人不得不耕种责任田，干起粗重的农活。③ 四是有些老人仍要担负起抚养教育孙辈的重任。大部分外出务工的人选择将幼儿留给老人照顾，也由老人负责孩子的教育。但老人自身文化水平较低，因而只能为孩子提供吃穿用住，对于孩子的教育大多只能采取听之任之的态度。

---

① 宜州市留守老人10372人，占全市总人口的1.6%，占老年人口总数的10.1%。留守老人中，60~70周岁的有6388人，占留守老人总数的61.6%，71~79周岁的有2899人，占留守老人总数的28%，80周岁及以上的有1093人，占留守老人总数的10.5%。留守老人最多的乡镇是屏南乡，该乡60周岁及以上老人4409人，其中留守老人有1543人，占全乡老年人口总数的35%。
② 福龙瑶族乡弄桑村龙万屯88岁高龄老人潘绍才，早年丧妻，无子有三女，只有一女招赘，随此女生活。其女儿、女婿留下两个孩子常年外出打工，由于村级学校撤销，适龄儿童必须到乡中心小学就读，上学期间其女儿要到学校附近租住房子照顾两个孩子，因女婿患卒中后遗症，患高血压的潘绍才老人既要照顾自己又要照顾残疾的女婿，生活十分艰难。
③ 福龙瑶族乡弄桑村龙万屯有23户125人，60周岁及以上的老人有21人，占全屯总人口的16.8%，其中留守老人有12人，占全屯老年人口总数的57.1%，有11人仍要承担耕田种地的责任，从事繁重的体力劳动。

一 宜州老年协会发展历程

宜州原先存在少量民间自发形成的老年组织，2012 年在广西壮族自治区河池市政府有关文件指示下，宜州市人民政府办公室下发了《关于印发宜州市创新农村养老服务体系建设工作方案的通知》，提出 2012~2015 年，全市建设示范性村级老年协会 40 个，争取自治区财政为每个示范性村级老年协会扶持经费 3 万元，共计投入 120 万元，实现平均每个示范性村级老年协会服务周边 500 位农村老人，受益总数在 2 万人以上。同年，自治区老龄办、自治区民政厅下发的《关于印发广西基层老年协会规范化建设实施办法的通知》要求进一步规范各老年协会的规章制度，要参照围村和思榄屯老年协会建设模式，按照创建示范性基层老年协会需要达到的标准，即必须登记注册，建立"三规范七簿一册"[①]。同时，根据自治区老龄办、自治区民政厅下发的《关于全面开展基层老年协会登记备案工作的通知》，对列入 2012 年自治区村级老年协会示范点的基层老年协会严格登记注册，以加强规范管理；暂时达不到登记条件的基层老年协会要全部进行备案。[②]

2014 年自治区人民政府下发《广西壮族自治区人民政府办公厅关于政府购买服务的实施意见》将购买基层老年协会养老互助服务纳入指导项目，宜州市是政府购买基层老年协会养老互助服务试点县市之一，拟于 2016 年在宜州市组织实施 8 个政府购买基层老年协会养老互助服务试点（其中，村级老年协会 5 个、屯级老年协会 3 个）。《政府购买基层老年协会养老互助服务项目协议书》中明确了老年协会和政府双方的权利和义务，双方签订了为期一年即从 2017 年 5 月到 2018 年 4 月底的合同（见图 7-5）。

宜州老年协会的发展具有独特的自身条件，主要表现在以下几方面。

---

① "三规范七簿一册"，"三规范"具体指协会章程规范、管理制度规范、目标规划规范；"七簿"具体指《老年人名册簿》《会议记录簿》《活动登记簿》《走访慰问登记簿》《维权登记簿》《接受捐赠登记簿》《财产登记簿》；"一册"具体指《会员花名册》。

② 登记程序：基层老年协会向所在乡镇民政办提出申请，填写《广西基层老年协会登记表》，由乡镇民政办呈交市老龄办，再由市老龄办统一到市民政局办理登记注册手续。经审核符合条件的，由市民政局发给《社会团体法人登记证书》。备案程序：实行备案的基层老年协会，须向乡镇民政办备案，填写《广西基层老年协会备案表》，并由乡镇民政办统一填写《广西基层老年协会备案汇总表》，后报市民政局、老龄办备案。

第七章 欠发达地区乡土模式：以开展互助服务为主

```
初创 ─┬─ 原生老年组织
      └─ 部分老年协会在政府文件指示下成立

规范化 ─┬─ 2012年《关于印发宜州市创新农村养老服务体系建设工作方案的通知》
        └─ 2016年在宜州市组织实施8个政府购买基层老年协会养老互助服务试点

服务购买 ─┬─ 时间：2017年5月~2018年4月底
          └─ 签订《政府购买基层老年协会养老互助服务项目协议书》
```

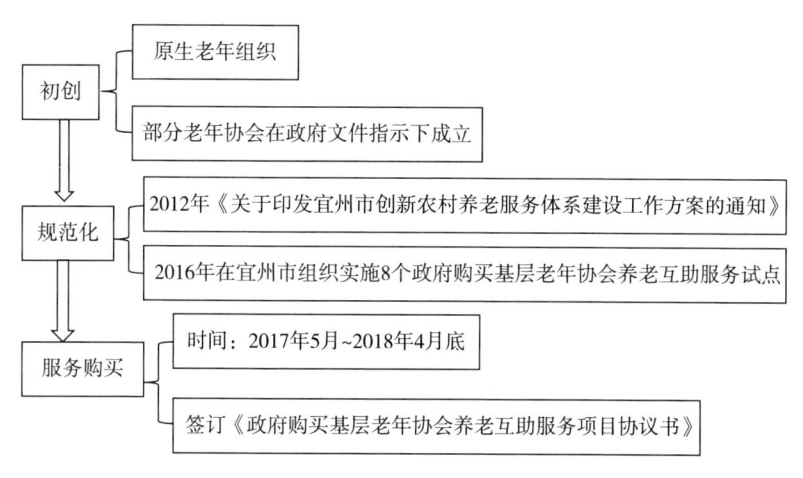

图7-5 宜州老年协会发展历程

（1）民族氛围浓厚

壮族和瑶族的传统习俗渗透在日常生活中，宜州相对封闭的山村地区人们生活受现代气息影响较小，民风淳朴，互助氛围浓厚。每逢村里有红白喜事，本屯或者距离近的几个屯的亲友会自发地来帮忙，由屯里比较有威望的人做主管。通常两人负责记账，有人负责买菜、做饭、上菜。作为人情往来交换，没有人会不去帮忙，不参与人情往来的人会受到村里人的议论并且人们也不会参加他家的红白喜事；在建造房屋过程中，主要的劳动力是亲朋好友和同一个屯的人，大家会不约而同来帮忙建造房屋，然后主人家负责提供饮食，在自家房屋建造过程中没有参与帮忙的人，当那个人需要帮忙的时候，自家也是不会参与的；由于农业生产主要依靠人力，在农业生产活动中，这种非正式的互助就更加普遍了。举个例子，当A家收割水稻时，B家会在空闲的时候主动帮助A家干活，当B家需要收割水稻的时候，不管人力充足与否A家都会出人参与其中。

（2）有尊老敬老的传统

村里养老以家庭养老为主，养儿防老的观念盛行，不孝顺老人的行为会受到全村人的鄙视和非议。村里人外出务工都会不定期寄钱给父母。并且家本位在人们的观念中占有重要地位，在村里经常能看到"豪华空房屋"的现象。当人们外出务工时，首先要做的便是修建房屋，房子是家的象征，是栖息之处，更是人们评价一个家庭的标准之一。

（3）党群合作模式

协会在政策指导下自发成立，在资金、组织方面高度依托政府资源，协会主要负责人中党员比例较高并且活跃程度高。政府养老服务依托老年协会进行递送，取得了村民的高度认同与信任，在活动当中党群关系密切，村委会和人民群众的关系更加紧密。协会还承担了很大一部分政策宣传工作，加深了人民群众对于政策的理解，有利于推进政策落实。

（4）自我组织能力强

宜州乡村为相对传统的社会，民风淳朴，村民的互助热情高涨。村里老年协会开展活动，村民积极响应，捐款捐物，相对富裕的围村开展了九月九敬老活动，村里业界、周边民营企业捐款24000多元，每个人的捐钱数都会张红榜公示。安马乡白屯村重阳节为老人举行聚餐活动，村民都自发捐赠柴米油盐并一起做饭，对于这些，老年协会都会登记在册。

在和宜州市老龄办及老年协会取得联系后，我们于2018年11月调研了老年协会在农村的5个试点村（见表7-5）。5个老年协会分别是安马乡白屯村老年协会、安马乡木寨村老年协会、庆远镇畔塘村畔塘屯老年协会、庆远镇围村老年协会、石别镇清潭村老年协会。调研方法主要包括个案访谈法、小组座谈法等。

表7-5　宜州市各老年协会试点

单位：人

	白屯村	木寨村	畔塘屯	围村	清潭村
成立年份	2014	2014	2004	1988	1982
会员人数	>300	427	>130	>300	>200

二　互助型社会养老的开展

宜州市老年协会是在老龄办政策指导和村"两委"支持下，由老人自发组成的自我管理、自我教育、自我服务的老年人群众组织。宜州区建有基层老年协会338个（村级老年协会210个、屯级老年协会127个、厂矿企业老年协会1个），其中，到民政局登记注册的有61个，在乡镇民政办登记备案的有277个。

(一) 管理子系统

宜州老年协会经历了从自发形成到政策规范化管理的阶段,要求各分会做到管理制度[①]条例张榜上墙公示。2012 年,政府通过以点带面的方式推动基层老年协会规范化建设,即率先在庆远镇建立了围村老年协会、畔塘屯老年协会、思榄屯老年协会三个基层老年协会规范化建设示范点,然后将建立规范制度的模式全面铺开。

(二) 组织子系统

宜州老年协会最高权力机构是会员代表大会,有权研究和决定重大事项、制定和修改本协会章程、选举和罢免本协会负责人。协会成立了理事会,每届任期 3 年,理事会设名誉会长 1 名、会长 1 名、副会长 2~3 名、秘书长 1 名、理事会成员若干名,村"两委"成员在理事会中任重要职位。协会负责人须经会员大会 2/3 以上多数通过。安马乡木寨村、白屯村在每个屯都成立了党支部,一些村庄的理事会中还有一些在当地具有威望的人任职,办事相对公平公正。协会会员以老年人为主,还包括部分低龄五保户,其中女性会员比例高于男性。畔塘屯老年协会在会员大会下设办公室、文体活动组、财务组、老年维权组、移风易俗办理组、公益事业建设组六个部门,专门用来处理日常事务。其中,文体活动组专门负责组织老年人的文体娱乐活动,财务组负责财务的收支统计,老年维权组负责为

---

① 管理制度包括以下几种制度。①会员制度:每三年召开一次换届大会;每年召开一次会员大会,总结汇报年度工作;每季度召开一次理事大会;每个月召开一次协会负责人会议,研究工作。②学习制度:每个月开展一次党的路线方针政策学习;每季度开展一次科学与健康知识讲座;每半年组织一次法律法规知识学习教育;每年开展一次参观学习活动,学习优秀经验。③活动制度:老年活动室实行专人管理,面向全体老年人开放;至少每星期组织一次文体娱乐活动,禁止赌博;每季度组织 1~2 次为孤寡困难老人做好事活动。④走访制度:开展走访慰问,协会每年重阳、春节期间协助村委走访慰问孤寡特困老人;关心老年人疾苦,对于患重病的老人,协会协同村委上医院探望;对遇有困难或意外的老年人,协会给予支持和帮助;对 90 岁以上的老人开展祝寿活动。⑤工作制度:协助村委做好老年人来信来访和调解家庭矛盾工作;协助村委做好家庭养老工作,推行签订家庭赡养协议;协助村委做好社会综合治理工作,组织老年人参加公益活动。⑥财务制度:严格经费使用,主要用于老年公益事业、开展老年活动;建立财务账户,实行专项管理。协会主要负责人不得兼任财务人员,财务分离;严格经费管理,经费开支使用必须经协会班子讨论,并接受村委会和会员的监督检查,至少每年公布一次。

老年人提供咨询服务和保护老年人的权利,移风易俗办理组主要负责红白喜事等传统观念的改变,公益事业建设组负责组织老年人参与社会建设活动和公益慈善活动。

(三) 服务子系统

老年协会通过走访慰问、建立老年活动室、组织文体活动、开展知识讲座等形式为老年人提供服务。

老年协会的服务内容主要分为三个部分。一是开展服务与自我服务,主要是满足老人物质上的需求。二是精神关怀与慰藉。基于广西特色民族传统,各协会分会都会举办山歌会,以歌会友,在重阳节、春节等节日会举行晚会。协会还设立了老年活动室,为老人提供唱歌、读书、看报、打牌、跳舞的场所。协会服务人员还会不定期入户与老人聊天,给予老人陪伴关怀。三是组织老年人参与社会建设活动。协会负责协助村委会做好新型农村养老保险、五保供养、困难老年人救助、养老优待等工作,实现老有所养;组织学习法律法规,引导老年人树立正确的三观,实现老有所教;通过老年大学、老年学校、老年活动室等多种形式开展学习教育活动,不断提高老年人的科学文化素质,实现老有所学;充分利用老年星光之家、老年活动中心组织开展形式多样的文体娱乐活动,丰富老年人的精神生活,实现老有所乐;充分发挥老年人的作用,鼓励和引导低龄老年人参与社会建设和管理活动,推动社会和谐发展,实现老有所为。一方面,协会向老人们宣传国家的政策和法律法规,协助签订《家庭养老协议书》,协助村委做好社会综合治理工作,组织老年人参加老年公益慈善,学习《老年人权益保障法》等,有效地实现了政策信息的上传下达;另一方面,协会通过发动老人参与社会建设、打扫村子卫生,为清洁乡村建设做出了贡献,充分发挥了老人的社会价值与自我价值。宜州农村互助服务供给如图7-6所示。

1. 案例:庆远镇围村

宜州庆远镇围村辖区6.8平方千米,人口有2500多人,70%为壮族,还有部分汉族、仫佬族和瑶族。其中老年人口有300多人,儿童360人左右。老年协会开展服务以自愿参与为原则,以理事会会员为骨干(低龄老人帮助高龄老人),互助对象以缺乏自理能力和缺乏关心照

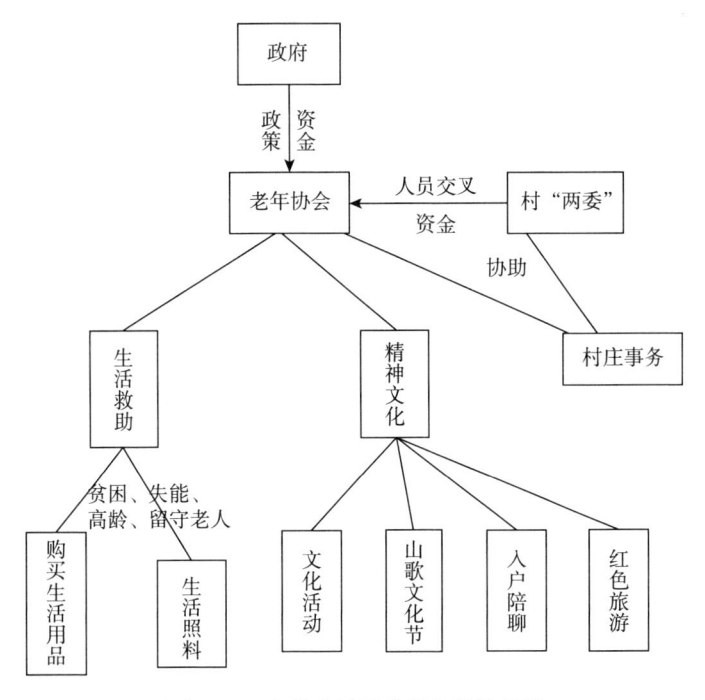

第七章 欠发达地区乡土模式：以开展互助服务为主

图 7-6　宜州农村互助服务供给示意

顾的老人（包括孤寡老人、留守老人、贫困老人和残疾老人）为主，目前该村目标对象有 30 多人。目标对象主要是孤寡老人、留守老人和贫困老人等，组织 8 名互助养老服务人员（志愿者）提供服务。双方签订互助服务协议，一般 1 名志愿者服务 5~6 名老人。另外，协会会帮助老人购置一些生活用品、打扫卫生，以及在农忙时帮助老人耕种/收获。另一方面，协会给老人提供精神上的关怀。理事会骨干为目标人群提供入户陪伴服务，聊天慰问大致一周一次，每次半个小时以上。平时协会会组织老人开展一些文体娱乐活动，比如跳舞、棋牌等，在九九敬老节那天会组织一次大型的活动，邀请全村所有的老人出席。上午有山歌对唱、抛绣球等民族特色活动，下午会组织一次大型的会餐，晚上有文艺演出，食材都由村民提供。

围村老年协会除了组织老年人实施服务与自我服务之外，还在村里实施了多种互助形式。村里有以家庭生产的个体养蚕产业，而家庭劳动力有限，但剥蚕茧时要求在短时间内完成否则就会导致蚕蛹死亡，进而影响销量，时间短、工作量大（1~2 张蚕就需要 10 个人花费 4~5 个小时），因

205

此老年协会就组织村民们利用空闲时间去帮助有需要的人剥蚕茧。除此之外，在农忙时期，老年协会会组织村民帮助有需要的人抢收。村民免费帮忙，由主人家管午餐，然后在村民之间就形成了一个"人情"互助网络。

2. 案例：庆远镇畔塘村

宜州市庆远镇畔塘村畔塘屯幸福院隶属于宜州老年协会，成立于2004年，经过整治于2012年重新开办。老年协会现有130多位会员，会员以女性为主，男性会员较少。该协会设有2名服务人员，服务人员的主要工作为上门了解老人生活情况和生活困难、收集老人的信息提供养老服务。该协会的服务面向协会内部所有人员，以年龄较大、身患重病的老人为重点服务对象。平时，协会组织老年人开展文体活动；在重阳节、春节为老人发放礼品（经费短缺时为一条毛巾和两瓶牛奶，经费充足时为床单等物品）；每季度组织1~2次帮残助困活动。

3. 案例：石别镇清潭村

石别镇清潭村下辖17个自然屯，总人口1万多人，60岁以上老年人共有1800多人。协会主要是发动协会老人和困难老人的邻居帮助解决困难老人的实际生活困难。依据每个成员住址与需要服务老年人住址的距离，以就近原则平均分配服务对象，邻居每周至少会去困难老人家中帮助他们进行一次代购、做家务、聊天、讲解政策，在老人生病时也会去慰问，在每年重阳节和春节两次给困难老年人送小礼品。对空巢老人，邻居还会替他们联系子女。

4. 案例：安马乡木寨村

安马乡木寨村下辖10个自然屯共20个村民小组，人口总数在2800人左右，其中空巢老人29人、残疾老人23人、留守老人79人——约占务农人数的20%。村民以壮族人为主，村里有人发展甘蔗种植业和养蚕业。木寨村老年协会于2014年在村政府和村"两委"的指导下建立，现有427名会员，占老年人口总数的99%。一方面，协会在物质和精神方面给予老年人关怀。政府在每年的9月敬老节期间慰问老人，自协会成立以来与村委会一起共慰问了54位80岁以上的老人。对于互助养老的80多位老人，服务人员每月至少2次不定期入户与老人聊天，了解他们的生活或身体状况，在老人需要时，也会给予帮助。安马乡木寨村设立6位服务人员分别负责相应屯的老人，对90岁以上的老人会进行生日祝寿，对患重病的老人，协会协同村委会去医院探望。

5. 案例：安马乡白屯村

安马乡白屯村下辖 26 个自然村，人口总数 2500 人，其中老年人 420 人，80 岁以上老年人 69 人，90 岁老年人 12 人，100 岁以上 1 人。老年协会拥有高度的组织能力，一方面协会动员低龄老人来服务高龄老人。目前协会一共有 30 名需要重点帮扶的老人，由 5 位 65 岁以下的低龄老人（协会理事）进行照顾。服务人员一周不定期去几次，提供一些日常性的服务，如帮忙搬点东西、劈柴、挑水、采取安全防护措施等。村里有一个叫秦美华的五保户由于年纪大了，上街买菜存在困难，平时都是远房亲戚在负责照顾，但是也无法做到天天照顾老人，只有在老人发生大病的时候才会上门看望。因此，协会就发挥了照顾老人日常生活的作用，由协会成员帮忙买菜、做饭、做家务。另一方面，协会组织老人参加文化旅游活动，丰富老年人的精神生活。基于传统的山歌对唱，协会组织了多次山歌会，每个月有 4 天开展山歌活动，每月农历初一和十五唱山歌，每月初八和二十二学山歌。除此之外，协会还组织低龄老人参加红色教育旅游，截至 2018 年底已经组织了四批老人前往贵州的先锋苗寨、红色革命根据地井冈山和韶山等地，费用都由协会承担。

（四）评估子系统

宜州老年协会的发展与政府政策关系密切。根据《广西基层老年协会规范化建设实施办法》，每年年底，自治区对当年确定的示范性基层老年协会进行检查验收。

宜州老年协会的评估机制同时也起到了有效的激励作用。对达到规范化建设标准要求的基层老年协会，将由自治区老龄工作委员会办公室、自治区民间组织管理局授予"自治区示范性基层老年协会"牌匾，并给予一定的经费扶持。

为建立长效激励机制，对获得"自治区示范性基层老年协会"称号的基层老年协会，每 3 年进行一次检查，不符合规范化要求的将取消"自治区示范性基层老年协会"称号。2014 年宜州老龄工作委员会决定授予庆远镇围村老年协会等 14 个基层老年协会"先进基层老年协会"荣誉称号。

(五) 支持子系统

宜州老年协会资金来源归纳为以下几种：一是政府专项拨款；二是老龄协会的会员会费；三是来自村民和社会的募捐。

政府专项拨款在老年协会的资金中占有主导地位。宜州市政府老龄协会拨款分为两种，一种是协会的专项拨款，另一种是养老互助服务购买试点。协会的专项拨款主体是政府，每年针对各个基层老年协会都有专项拨款，老龄办、乡镇一级政府甚至村委都会给一些经费。石别镇清潭村资金的80%来自政府转移支付，政府会给入驻费20000元，镇政府每年提供1000~1500元不等的资金，村委每年提供1000元的固定资金以满足服务活动进行的需要，在有外出演出活动时，村委会补贴相应的车费。养老互助服务购买试点自2017年启动，村级老年协会年购买服务资金1.4万~2万元；屯级老年协会年购买服务资金0.6万~0.9万元（见表7-6）。依据每个老年协会所服务对象的数量最终核定金额。政府购买基层老年协会提供的养老互助服务资金按年度支付。购买主体与承接主体签订项目协议后30日内支付第一年度资金到所在乡镇人民政府，承接主体到乡镇人民政府领取。每年12月项目评估通过后，次年1月购买主体支付下一年度资金。

表7-6 关于购买养老互助服务资金

单位：元

序号	乡镇	协会	金额	合计
1	洛西镇	洛西镇福田村福田屯老年协会	6000	6000
2	庆远镇	庆远镇围村老年协会	18000	24000
3		庆远镇畔塘村畔塘屯老年协会	6000	
4	祥贝乡	祥贝乡祥贝社区老年协会	20000	20000
5	石别镇	石别镇清潭村老年协会	20000	20000
6	屏南乡	屏南乡果立村拉力屯老年协会	9000	15000
7		屏南乡果立村坡大屯老年协会	6000	
8	北山镇	北山镇建安村板另屯老年协会	6000	6000
9	安马乡	安马乡白屯村老年协会	20000	34000
10		安马乡木寨村老年协会	14000	
11	北牙瑶族乡	北牙瑶族乡拿网村老年协会	20000	20000
合计			145000	145000

第七章 欠发达地区乡土模式：以开展互助服务为主

第五节 河南省农村互助型社会养老典型实践

一 互助幸福院——雏形状态

农村互助幸福院（一些地区称为"幸福大院"）是2008年由河北省肥乡县前屯村探索建立，它通过村集体建院、老年人集中居住、自助互助服务的形式，实现"离家不离村、离亲不离情、养老在乡村、享乐家门口"的养老目标。

从2014年开始，河南省商丘市为推进全县农村社会养老服务体系建设在刘堤圈村进行农村互助幸福院试点，于2015年2月建成。民政部门给予了一定的资金扶持，包括投资兴建费用（3万元）和常规资助（每村每月300元）。硬件设施基本健全，活动场地、健身器材、炊具、日托床位等都已配备，从形式上看已经具备了提供文体娱乐、老年饭桌、日间照护的条件。

刘堤圈村的互助幸福院没有专职的管理人员和服务人员，管理和服务都由村支书一人兼职承担，包括日常管理、打扫卫生等，同村村民仅有少数几次在幸福院凑份子、轮流做饭的行为，老年人生活照护的设备闲置严重。一般上午老人们忙活家务、农活，下午老人们就聚在幸福院里打牌聊天，打发时间。

基层政府领导和村干部对农村互助幸福院的工作开展并没有清晰的认识，前期建设上给予资金投入，主要还是为迎合上级的评价标准和检查，但这种盲目建设反而造成了养老资金的浪费。

二 乡镇敬老院——形成"自治""互助"机制

河南省商丘市夏邑县车站镇幸福院的前身是车站镇敬老院，于1997年建院，专门作为集体供养五保户老人的处所；2014年，被整改为"镇级幸福院"。院长1名，负责幸福院的日常运营和财务管理。目前，共43人入住，全为五保户老人。

幸福院已经逐渐摸索出了一套颇具特色的管理运行方式。首先，幸福院的人员配置清晰。厨师、采购员各一名（由院民集体推选），由身体条件较好的老人担任，厨师负责烧饭，工资1000元/月，采购员负责采购米面菜肉煤等，采购员没有工资，但可以不参加集体劳动。其次，幸福院的组织规章制度完善。其组织方式有三个特色：一是院民共同参与劳动机制——除厨师、采购员以外，4人负责卫生，3人轮流帮忙准备晚饭，剩余的38位院民每天要到菜园子劳动；二是相互照护机制——院民相互照顾，访谈时一位老人前几天腿伤复发，不能走路，有位老人义务给她打饭吃；三是院民代表民主协商机制——由院民推选院民委员会，决定重要事项和财务支出，账目每年公开一次。如2014年通过院民反映及院民委员会协商决定，每位院民每月发30元零花钱，以购买个人需要的日常用品或零食。

资金来源主要是政府拨款及政策扶持，由三个部分组成：一是政府拨款，每年拨款3万~5万元用于道路硬化和运营，额外支出向镇政府申请；二是老年人五保供养金；三是扶持性政策支持，土地免租金，免水电费。同时，五保户老人的医疗开销费用有保障，其中大病合作医疗报销90%，二次救助再报销剩余的60%，老年人个人只需支付医药费的4%。

2013年政府拨款硬化路面、翻修房屋，2014年冬天又给每位院民发放了军大衣等过冬用品，县里、市里的一些企业也经常捐送粮油米面等生活用品。

第八章 路径：模式总结与道路分析

基于我国农村的经济状况、互助传统以及快速增加的社会养老需求，近些年，在农村基层自发组织以及政府部门的推动下，各地积极探索互助养老的可行途径，形成了许多创新形式。总体来看，发展具有中国特色的农村互助型社会养老既有必要性，也有很强的可行性，这已经逐步成为政府和学界的共识。但是，根据笔者和其他学者的调研结果，农村互助养老的运行状况参差不齐，即便运行相对较好的农村也面临可持续发展的难题。这与农村互助养老生发于民间而后由政府主导迅速推广，政府和学界对互助养老的理论认识相对滞后，且尚不清晰、不全面，没有对实践形成有效指导密切相关。事实上，盲目推广并非可行之法，任何事物的发展都需要时间，并且遵循一定的发展规律，盲目复制只是复制表面，而非复制核心。故根据前文内容，本章将对中国农村互助型社会养老模式、运行机制、存在的问题以及未来发展路径进行总结分析，希望能对中国农村互助型社会养老的实践探索提供一定的理论参考。

第一节 中国特色农村互助型社会养老模式总结

根据前文分析，互助型社会养老是以互助的形式提供养老服务，其发展逻辑在于一是建立互助组织，二是形成一支志愿（互助）服务队伍提供互助服务，三是链接内外部资源/自我造血让互助服务可持续运行下去。由于互助养老受到组织内生动力的很大影响，故其发展形式还是多样化的，划分方式也有很多种。如微观个体方面，从服务者角度，可以划分为互助交换型、志愿服务型、低偿劳动型；从被服务者角度，可以划分为互助交换型、无偿获得型、低偿获得型；从服务地点角度，可以划分为社区居家互助和机构互助；从服务内容角度，可以划分为做饭、做家务、日常照顾等。

本章的模式总结主要从中观组织方面进行。在中观组织方面，按照管理的统筹层次，可以划分为独立型和圈层型。按照资金来源，可以划分为福利型、公益型和福利+公益型。资金来源主要包括：①老年人交纳；②政府/村"两委"等公共支出；③社会团体、爱心人士出资的公益性资金；④通过市场经营获得的经营收入。按照组织主体（实现形式），可以划分为社区主导型、村"两委"主导型、村居内部组织主导型、社会组织/企业主导型、个人主导型等。按照动力机制可以划分为内生型、外源型以及内生-外源型、外源-内生型等。

一 一个核心：互助服务

在国家保障能力不足、农村老年人服务购买能力不足、农村地理位置偏远交通不便的情况下，依托农村非正式互助网络、圈层化的农村互助组织，进行救助（选择）性的互助服务是农村互助型社会养老的核心和主线，也是相对更容易实现的。从互助服务的角度来看，按照统筹层次，可以将互助服务划分为两类：一是独立型，二是圈层型。

独立型互助服务一般由村"两委"、村内部社会组织、专业社会组织或个人筹资主导，利用已经存在的组织和基础设施，发动志愿者队伍，为村里空巢、孤寡、失能、半失能老年人提供就餐、家务帮助、生活照顾等各类服务。如笔者调研的浙江省安吉县磻溪村情暖空巢项目、河北省威县孙家寨村饺子宴、上海幸福老人村等。

圈层型居家互助服务一般由政府、大型基金会出资主导，建立统一管理评价监督制度，或利用行政层级传导，或利用专业社会组织传导，在村一级的圈子内部发动志愿者队伍，为本村空巢、孤寡、失能、半失能老年人提供就餐、家务帮助、生活照顾等各类服务。如笔者调研的北京市延庆区、浙江省安吉县、吉林省松原市、广西壮族自治区宜州市均建立起圈层型农村互助服务（互助服务+设施/项目）网络。志愿者包括村内志愿者和村外志愿者两类，村内志愿者主要由村干部、党员、妇女、低龄健康老年人等组成，村外志愿者主要由专业社会组织工作人员、义工、党政机关工作人员和大学生志愿者等组成。

总体来讲，虽然圈层型居家互助服务的顺利开展，需要有圈子里的组织基础和服务队伍，但是圈层型毕竟覆盖面广、分到每个村的资金量有限，故要真正把一个村的互助服务做好做实，还是需要独立型立足本村实际，去整合资源、筹集资金、细化服务人员、服务对象和服务内容，同时进行有效的监管评估。换言之，独立型和圈层型互助服务既是阶段性、连续性的关系，也是相互配合、相辅相成的关系（见图8-1）。

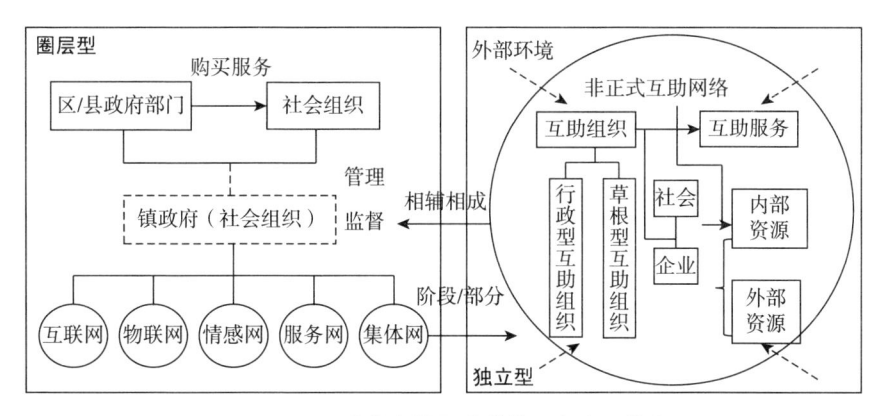

图8-1 互助养老服务递送的两类主要模式

二 三个维度：资金来源、运作主体和动力机制

（一）资金来源

资金是互助型社会养老系统可持续运行的基础，并与组织、服务和评估系统交互影响。① 本研究以资金来源为主要划分标准构建农村互助型社会养老的分析框架，将互助型社会养老划分为纯福利型、纯公益型、纯市场型、福利+公益型、福利+市场型、公益+市场型、福利+公益+市场型7种类型，分析框架如图8-2所示。

纯福利型是指依靠政府公共支出来维持运转的互助养老模式。纯公益型是指由村集体支出、社会团体、爱心人士捐赠或者老年人自愿自筹出资不以营利为目的、自发组织经营的互助养老模式。福利+公益型是指运行资金来自政府公共支出，以及村集体支出、社会团体、爱心人士公益捐

---

① 资金主要来源于政府/村"两委"等公共支出，社会团体、爱心人士捐赠的公益性资金，以及通过市场经营获得的经营性收入。

助、老年人自筹交纳的互助养老模式。市场+型是指以营利为目的的互助养老模式。① 纯市场型的运行资金仅来自市场化的经营收入。福利+市场型的运行资金来自政府公共支出以及市场化的经营收入。公益+市场型是指运行资金来自村集体支出、公益捐助、组织成员自筹交纳以及市场化的经营收入。福利+公益+市场型是指运行资金既来自政府公共支出，也来自村集体支出、公益捐助、组织成员自筹交纳以及市场化的经营收入等。

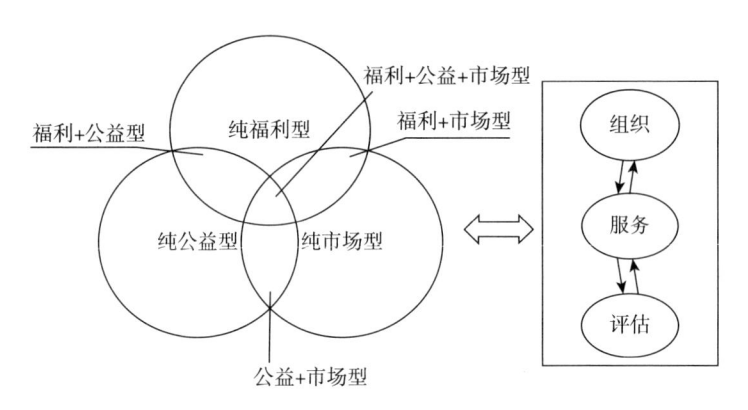

图 8-2 互助型社会养老系统的主要分析框架

1. 社区居家养老

如表 8-1 所示，由于农村乡政村治属性以及对市场资本相对较弱的吸引能力，目前农村社区居家养老只有纯公益型和福利+公益型两类。纯公益型和一部分福利+公益型起源于内生动力，政府介入后增加福利属性；另一部分福利+公益型是由政府主导建设的，这部分之所以运转良好，也是因为具有内生基础，如北京市延庆县王仲营村、浙江省金华市下宅村等。

纯公益型社区居家养老的资金主要来源于村集体、村民众筹或社会组织，是基于老年人实际需求产生的。这类资金在不依托农村社区养老服务中心的居家养老中更为常见，直接支持居家型自助-互助。但是这方面受资金限制，以轻资产、简单实用的文化娱乐、结对帮扶为主，一般没有开展助餐、助浴、助洁、社区托养等照护型服务。如湖北省阳新县车前村孝亲敬老协会由几位年轻村民出资发起成立和组织策划活动、服务，山东省

---

① 人情指导，以及规范社会交换、互助的界限和多少。

广饶县高刘村由社会组织出资和组织策划活动。虽然纯公益型的社区居家互助养老存在，但一般如果助老效果比较好，政府都会逐步给予一定建设或者运营补贴，向福利+公益型转变。

福利+公益型社区居家养老的资金来源于政府补贴、村集体补贴、个人缴纳、社会捐助和经营性收入等多种渠道，主要组织者包括村"两委"、老年协会、社会组织、个人等，不同地区、不同组织形式的社区居家养老的互助内容存在较大差别。

一是受资金和无偿的志愿服务限制，在欠发达地区农村，如笔者调研的四川、吉林等地区，一般开展歌舞、乐器、体育、教育讲座等多种形式的文化娱乐活动，对生病老年人进行探望、过节慰问，对高龄、独居老年人一对一结对帮扶，不提供助餐、助浴、助洁、托养等社区类服务。

二是除村域小、集体经济实力强、团结程度高的个别村庄社区居家照料中心，如北京市延庆区北地村和王仲营村，户籍人口均在100人左右，不收取老年人的餐饮服务费用，其他村庄会收取老年人餐饮服务费用。

三是老年协会是农村互助养老运营的重要载体，活跃度高，组织力强，有一定资金储备，基本承担了居家养老服务中心的运营工作，如浙江安吉、吉林延吉等地区老年协会在县级老年协会和村"两委"的领导、支持下工作，运营效果也比较好。尤其是浙江安吉90%以上的农村老年人都加入老年协会，并且每年交纳20~50元不等的会费，即使60~70岁的低龄老年人较少参加老年协会的活动，也会交纳会费，为自己老后做准备。虽然钱数不多，基本每个村的老年协会会费收入在几千到2万元之间，但这实际上已经是资金互助的一种重要表现。浙江安吉磻溪村老年协会主动申请照料服务项目，2018年筹集了8万元开展本村的互助照料项目。另外，四川成都和芦山的益多公益也是通过老年协会来开展工作，与老年协会一起制订文化娱乐活动计划，寻找高龄、独居、失能老年人并建立档案，通过"九大碗"、经营茶室和小卖部等方式获得经营性收入，并且确立规则，理顺机制，形成良性运转模式，效果很好。

四是由于以行政村为单位开展的养老服务主要辐射居住在村委/居家养老服务中心附近的老年人，因此在经济条件允许的情况下，将养老服务分散到更团结、情感更紧密、人口范围更小的村民小组，扩大了辐射面。如上海奉贤区李窑村的睦邻"四堂间"以翻修过的农户家庭为据点，老年人活动、议事、就餐，烧饭阿姨就是农户户主，负责采购、做饭、收钱等老年餐桌的全部工作。

五是有专业社会组织参与组织运营的社区居家养老服务，其内容更加丰富，尤其是居家照护服务开展的效果较好。如浙江省嘉善县陶庄镇养老服务中心由以往老年协会运营转变为由专业社会组织+老年协会运营，同时扩大规模，建立微型养老院，辐射周边村庄的助餐、助浴、居家照护等服务。再如四川省社工机构——益多公益参与成都和芦山多个村庄的居家养老服务中心的管理运营，活化老年协会，从村庄里挑选培训护理员队伍，使精神文化活动、居家照护服务等得到有序开展。

另外，凡是笔者调研的运营良好的模式，尤其是个人、村"两委"或老年协会负责的，都有公开透明的账目，纯公益型以自我评估为主，福利+公益型除自我评估以外，政府也会对其进行财务审查、安全检查等监督管理，或委托第三方组织对其进行评估。

表8-1 农村互助型社区居家养老的几种模式

划分标准	调研案例	主要资金来源	主要组织者	互助内容	评估方式
纯公益型	山东省广饶县高刘村、湖北省阳新县车前村	村集体/村民众筹/社会组织	个人/社会组织	文化娱乐、结对帮扶、过节慰问	自我评估
福利+公益型	北京市延庆区北地村、王仲营村	政府+村集体	村"两委"	文化娱乐、助餐、日间休息、医疗保健、过节慰问	自我评估、外部评估
	浙江省金华市下宅村、安吉县报福村	政府+村集体+个人+捐助	村"两委"/老年协会	文化娱乐、助餐、日间休息、自理老人托养、过节慰问、结对帮扶	自我评估、外部评估
	上海市奉贤区李窑村	政府+村集体+个人+经营+捐助	个人	文化娱乐、助餐、结对帮扶、过节慰问	自我评估、外部评估
	浙江省嘉善县陶庄镇		社会组织+老年协会	文化娱乐、助餐、助浴、失能老人居家照护、医疗保健	自我评估、外部评估
	吉林省龙井市光新村、东盛涌村、龙山村		老年协会	文化娱乐、结对帮扶、过节慰问	自我评估
	四川省成都市河山村、芦山县大板村和横溪村		社会组织+老年协会	文化娱乐、失能老人居家照护、生病老人探望、过节慰问	自我评估、外部评估

2. 机构养老[①]

机构养老可以划分为三大类，包括纯福利型、纯公益型、市场+型。其中，市场+型包括纯市场型、福利+市场型、公益+市场型、福利+公益+市场型。纯福利型主要是政府办敬老院，收养农村五保老人。虽然是政府办，但敬老院的经费、人员仍然相对短缺。在此情况下，不少敬老院摸索出一套具有"互助""自治"特点的运行模式。以笔者调研的河南省夏邑县车站镇幸福院和浙江省安吉县报福镇敬老院为例。院长负责敬老院的日常运营和财务管理，院民代表民主协商决定重要事项和财务支出，车站镇幸福院账目每年公开一次，报福镇敬老院的账本挂在院长办公室墙上，随时可以查看。车站镇幸福院厨师、采购员、服务员各1名，厨师和采购员由院民推选身体条件较好的院民担任。采购员没有工资，但可以不参加集体劳动。报福镇敬老院则聘用厨师、服务员各1名。与此同时，院民共同参与田地劳动，车站镇幸福院每位院民每月发放30元零用钱，报福镇敬老院则依照干活天数发工资。在服务员不足的情况下，虽然部分院民肢体或精神残疾，但仍然尽可能自助，且自发互助。

目前笔者接触到的纯公益型机构养老包括两类。一类是近年来兴起的抱团养老，如笔者调研的由1对老年夫妇发起，6对（共13名，有一位丧偶老年人）健康老年夫妇共同居住、共享生活、共兑开销的浙江省杭州市余杭区长命村的情况。房子由发起人免费提供，每月每对夫妇房费1500元，涵盖饭费、卫生清扫、水电费用，其他开支实行AA制。另一类是教会办的农村托老所，如只收养失能半失能老年人的河南省夏邑县活水泉老年公寓，只有1名服务员，负责做饭和打扫卫生，教会志愿者平时过来帮忙，入住老人（每人每月交纳600元）通过自助-互助，除洗衣、做饭、收拾卫生，尽量保持独立生活。

除了纯福利型、纯公益型，其他均为市场+型模式，一般以企业或社会组织经营为主（见表8-2）。纯市场型指资金主要来源于企业/个人投资和老年人交纳，同时进行市场化运营的养老机构。这一类农村养老机构近年来建设较多，但盈利状况参差不齐。市场+公益型指资金主要来源于社

[①] 需要说明的是，由于一些机构互助养老模式相对不典型，故在第六章、第七章中笔者没有详细介绍，仅在这里简单提出。

会组织投入/补贴和老年人交纳，同时收住公益型和市场型两类人群的养老机构。笔者调研的山东省乳山市南黄村养老院就是采用的这种形式。该养老院由村集体前后投入总计1100余万元建设而成，共有180张床位，目前入住110位老年人，其中有20位本村老年人。本村老年人属于公益型，床位费＋伙食费600元/月；非本村老年人属于市场型，床位费＋伙食费1200元/月。

福利＋公益＋市场型指资金来源于企业/个人投资、老年人交纳、政府补贴，同时承接政府购买服务项目、开展公益项目、进行市场化运营的养老机构。如笔者调研的上海幸福老人村通过爱心人士的公益捐助得以建成，共有49张床位，在运行过程中，既进行市场化经营，又积极与各慈善基金合作进行网上募捐、认购爱心早餐活动，同时承接政府为其所在村庄老年人提供的免费早餐、助浴、助洁等购买服务项目。在这类机构内部，成立有专业委员会，进行自我管理，达到了集中养老同时辐射周边村庄养老服务需求、广泛的资金互助与服务互助、精神文化互助相结合的效果。

表8-2 农村互助型机构养老的几类模式

划分标准	调研案例	主要资金来源	主要组织者	互助内容	评估方式
纯福利型	全部敬老院	政府	民政局	文化娱乐、餐食、生活互助	自我评估、外部评估
纯公益型	活水泉老年公寓、浙江长命村抱团养老	社会组织＋个人	社会组织/个人	文化娱乐、餐食、生活互助	无
纯市场型	浙江安吉万康托养院等私立养老院	企业＋个人	企业	文化娱乐、餐食、照护	自我评估、外部评估
公益＋市场型	山东省乳山市南黄村养老院	村集体＋个人	村"两委"	文化娱乐、餐食、照护	自我评估、外部评估
福利＋公益＋市场型	浙江省桐庐县塘源村养老院、上海市松江区幸福老人村	政府＋村集体/社会组织/企业＋个人	社会组织	文化娱乐、餐食、照护	自我评估、外部评估

（二）运作主体

按照运作主体，可以将互助型社会养老划分为村"两委"主导型、村居内部社会组织主导型、社会组织/企业主导型等。

第八章 路径：模式总结与道路分析

1. 社区居家养老

（1）村"两委"主导

由村"两委"运作的社区居家养老服务中心/幸福大院是目前农村社区居家养老的主要载体，这主要与村"两委"在农村的领导和动员能力强、和各级政府的互动密切、经济资源协调能力强有关。作为政府与农村的桥梁，村"两委"决定着村庄公共服务经费的投放方向，在很多乡村中发挥着较强的组织动员作用。因此，一些互助式养老开展得好的村庄，都是村"两委"重视养老工作的村庄。

如北京市延庆区王仲营村的做法：一是由村"两委"负责出资且运行老年食堂，老年人免费就餐；二是开辟了一块菜地，组织村里老年人耕种，自给自足一部分蔬菜；三是由村支书组织了一支志愿服务队伍，为村里的五保、空巢、独居、失能、半失能老年人提供上门服务，包括探视、清洁卫生、帮忙买东西、做饭等。

如吉林松原村支书兼任老年协会会长，成立志愿服务队，从2014年开始，由政府为高龄、失能、半失能、独居老年人购买服务，由志愿服务队提供具体服务。从2017年开始，在政府的主导推动之下，村"两委"和老年协会探索建立了村级托老所，入住费用300~500元不等，由村妇女主任担任执行院长，为老年人提供住宿、吃饭、娱乐以及生活照顾服务，尽可能多地满足空巢、独居、高龄、孤寡老人的基本生活需求。

（2）村居内部社会组织主导

也有一些地区农村老年协会负责运作，如课题组所调研的吉林延吉、广西宜州等。老年协会作为老年人自我管理、自我服务的老年人互助组织，对老年人的组织力很强，在互助式养老的开展方面起到非常大的作用。当然，虽然同是老年协会运作，但不同地区情况仍有所不同。

如宜州围村老年协会于1988年即成立并且一直开展活动，[①] 现有常务理事会成员7人，村支部书记任名誉会长，村里的317名60岁及以上老年人全部加入协会。老年协会规章制度完善，从2016年开始就明确记录了活动、会议、财务等状况。老年协会承担村里事务包括环境卫生整治、维持

---

① 根据村支书介绍，协会刚成立时会员有52人，其中共产党员21人，协会组建有民事调解队、文艺宣传队，由于没有活动和办公场地，一直都在协会会长家开展活动。

村内治安、协调邻里关系和家庭矛盾、老年人文化娱乐、互助服务等。根据村支书介绍，老年协会负责村里环境卫生，每月清扫1~3次，同时负责河道垃圾清理、修路等工作，这些都是理事们无偿负责组织安排，而且他们本身在各屯、小组都享有较高威望，所以说话办事非常具有公信力，对村庄社会治理和整个村庄的道德提升方面贡献很大。宜州围村开展的互助照顾项目，一方面由政府每年拨款1万元予以支持，另一方面组织8名互助养老服务人员（志愿者）提供服务。目标对象30余人，包括村里孤寡老人、留守老人、贫困老人和残疾老人，双方签订互助服务协议，一般1名志愿者服务5~6名老人。

（3）社会组织/企业主导

社会组织/企业负责运营的社区居家养老服务中心主要在城市地区。从农村角度来看，农村经济发展水平相对较低，且因血缘、地缘、亲缘而形成的社会网络根深蒂固，根据课题组的调研，社会组织要顺利进入农村、运作农村社区居家养老的关键还在于借助村"两委"或者老年协会对老年人的组织，只有在有群众基础的情况下，社会工作的专业方法才有用武之地。如四川益多公益就通过活化老年协会来开展互助型社会养老。

2. 机构养老

在按照运作主体划分的四类机构养老中，乡镇敬老院以收纳五保老人为主，在乡村的分布最广，也获得了政府的绝对支持。但由于乡镇敬老院是纯公立性质的，所以除五保老人外，不收纳其他类型老人，这实际是对运营经验、收纳能力的无形浪费。尤其是发达农村公办养老院的硬件设施建设要远好于管理服务。例如北京、浙江的乡镇敬老院大部分都得到了新建，配备了完善的硬件设施，然而，床位利用率非常低，造成了养老资源的严重闲置和浪费。欠发达农村硬件设施虽然相对简陋，但一些敬老院摸索出一套具有"互助""自治"特点的运行模式，值得肯定和推广[①]。国家已经出台政策试点农村敬老院的公建民营，这是未来的必然走向。

村级举办的老年公寓也具有强福利性质，目前全国有一些征地拆迁的农村选择以这种方式给予老年人福利保障，但这一做法大多还处于建设和试运行阶段，且老年人能否享受福利受制于该村的经济发展状况，因此能

---

① 第七章对各案例已经做了详细介绍，这里不再赘述。

否长期运行下去，或者又成为一幢幢空楼或改作他用仍是未知。

而在农村社会养老服务供求失衡的情况下，民办养老院应农村养老市场需求而生，并涌现出不少院民自发进行的"自助－互助"形式。从社会组织、企业、宗教团体三类运作主体的比较来看，社会组织运作的养老机构属于非营利性质的，与企业相比，在政府扶持政策等方面都更加有优势。从笔者实地调研来看，农村养老机构以中低端为主，低端养老机构在欠发达地区农村做得更好，中端养老机构在发达地区农村做得更好。这可能与当地老年人的经济条件密切相关。像河南夏邑的一家中端养老机构运营成本高，却又招收不到老年人，导致床位空置率达到80%，亏损严重，主要原因是这种档次较高的私人养老院与低收入的农村老年人的实际养老需求不相符，缺乏对自助－互助的利用，老年人最看重的是价格能否承受得了，其次才是居住条件和服务质量。

宗教团体举办的养老机构是一个比较特殊且敏感的存在。因为具有零营利、自助互助、精神慰藉等优势，所以入住率相对较高。但其运营面临的最大问题是资金和运营资质。一方面政府没有给予任何建设、床位补贴、水电优惠，另一方面由于与宗教相关，上级部门采取拖延策略，既不承认它的合法资质，也不予以取缔。

另外，个人作为主要组织者的互助式养老形式亦是多种多样的，如浙江余杭长命村抱团养老等。

（三）动力机制

农村互助养老的内生性动力主要指面对农村老年人现实的养老困难和迫切的养老需求，农村内部的村"两委"、老年协会、企业等行政力量、社会力量、市场力量，自发探索出满足老年人养老需求的办法的内部发展动力，也就是由影响主体发展的内在各因素的集合所构成的促进主体发展的力量。外源性动力主要指发展主体自身缺乏成长力量或成长力量不足，由政府、社会组织、企业等农村外部的行政力量、社会力量、市场力量推动其发展的外部发展动力。根据内生性动力和外源性动力的划分，从系统论的角度，本书认为农村互助型社会养老系统可以划分为内生动力型、外源动力型、内生－外源动力型、外源－内生动力型四类（见图8-3）。

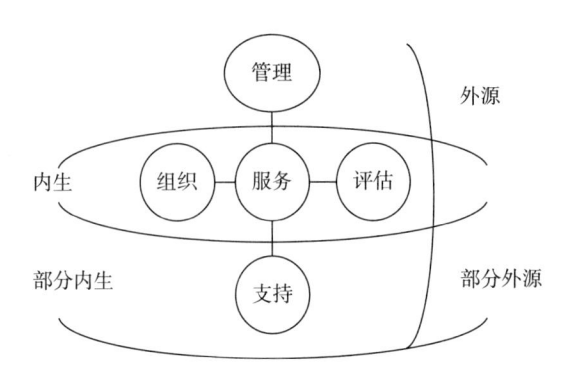

图 8-3　农村互助型社会养老的动力机制

1. 内生动力型

内生性动力是推动农村互助养老发展的关键力量，也即组织子系统和服务子系统的产生和运行，这有助于内生动力机制的有效运作。从笔者的调研来看，纯粹的内生动力型主要发生在人口老龄化形势严峻、老年人社会养老需求迫切、经济薄弱的农村社区。如河南夏邑农村的经济基础和组织基础薄弱，因此出现了多种层次、类型的满足少数失能老年人照护需求的养老院、托老所。

2. 外源动力型

外源性动力是农村互助养老发展的推动力量。但如果仅靠外部政府行政力量或者社会力量、企业力量推动，没有激活老年人需求、乡村团结和守望相助的意识以及系统内部的组织力量，只能自上而下、有水无源。目前我国有很多乡镇/村敬老院、养老服务中心、幸福大院建设（翻修）起来却没有得到有效利用，造成资源严重闲置。换言之，如果不依靠群众、发动群众，不有效利用内生的领导力量和组织力量，只有设施建设的纯粹外源动力型的运动式互助养老，注定还是失败的。

3. 内生－外源动力型

内生－外源动力型是指依内生需求自发形成动力机制之后，外源性动力参与，共同推动系统顺利运行的互助养老系统，也即组织子系统和服务子系统、支持子系统先发产生运行，管理子系统、评估子系统逐步进入并不断完善，同时提升组织子系统、服务子系统和支持子系统运行能力的过程。这一类互助养老是目前运行效果较好的模式。

如北京市延庆县北地村、上海市奉贤区青村镇李窑村，这两个村集体通过经营集体事业或土地创收，经济能力和组织力量都相对较强，村庄团结、孝老敬老氛围浓厚。北地村的农村居家养老服务的起点是村集体自发办的"颐年餐园"，老年人就餐的所有费用由村集体承担，村集体经营的停车点等的相对稳定的可观收入维持着老年餐桌的运营。奉贤区青村镇李窑村探索睦邻"四堂间"时，村"两委"为满足本村老年人迫切的就餐需求探索出以村民小组为单位开展老年餐桌，村集体补贴和老年人交少量费用结合的形式，使餐桌运行稳定。北地村和李窑村的老年餐桌的服务人员也都来自本村，依靠村集体内部的经济和人力等资源就能使老年餐桌维持运行。但老年人的养老服务需求不仅仅有就餐，后续还延伸出多种服务。如北地村定期为老年人进行免费体检，并建立健康档案，密切关注老年人的身体健康；李窑村为老年人提供娱乐场所、配备电视等，组织管理的进一步成熟、设施的进一步齐全、服务的进一步完善都得益于政府的统一指导和社会爱心的注入。

4. 外源-内生动力型

外源-内生动力型是指在外源性力量的推动之下，内生动力机制产生，并共同推动系统顺利运行的互助养老系统，即管理子系统、评估子系统和支持子系统先发产生运行，组织子系统和服务子系统在前三者的推动下逐步内生，并反作用于管理子系统、评估子系统、支持子系统的加强和完善的过程。

如在北地村举办养老餐桌取得好的效果之后，北京市延庆县政府决定试点推广这一做法，故选择了经济基础、组织基础、孝老敬老文化氛围都较强的王仲营村、河南村、石峡村作为试点。

成都益多公益在承接成都慈善基金总会的可持续发展项目之后，同样是选择有一定基础的芦山县大板村和横溪村开展项目，并和老年协会一起创新探索出了"九大碗"和老年茶坊的创收盈利模式，并延伸发展出其他养老服务。

而浙江金华市金东区是在政府管理的外生动力上起步的。浙江省金华市出台多项居家养老服务相关的实施意见，金东区响应号召，全区统一居家养老服务照料中心的设备采购、厨师培训、制度规范等，各村居家养老服务照料中心建设在相对统一的起跑线上。

但是最终只有生发出内生动力的村居才真正开展稳定运作起来。

三 五个要件：需求、情感、组织、资金和文化

总结前文对农村互助型社会养老的实证分析和案例剖析，需求、组织、系统、机制、制度、资金、设备、情感、文化等都是保障互助养老顺利实施的要件（见图8-4）。但其中，笔者认为，最重要的五大要件是需求、情感、组织、资金和文化。在农村互助养老中，这五大要件是必备且相互影响和制约的。但如果其中三个以上足够强大，基本就可以支撑初级形式的农村互助养老的发展。设备、制度、机制则是高级形式的农村互助养老的必备条件。下面笔者就结合发达地区农村和欠发达地区农村的现实情况，对这五大要件进行系统分析。

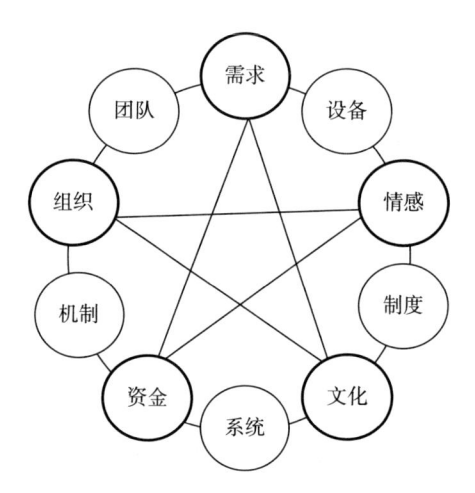

图8-4 保障互助养老顺利实施的要件

（一）需求

农村老年人需求是农村互助养老的主要出发点和推动力。因为老年人既是受助者，也是重要的助人者，是最核心的服务主体。这里的需求既包括老年人健康、保障的需求，也包括参与社会的需求。一方面，老年人要有需求，另一方面，老年人要认识到自己的需求。正如范家进对20世纪50年代农村合作化运动的分析一样："真正的合作只有在相关的各方都具备一定的合作条件，尤其是具有自觉的合作愿望，并且相信从这种合作中可以得到比

独自行动有着更好的收益的前提下才能达成。"① 如果老年人没有或者没有认识到自己的需求，不能在自发、自觉的基础上进行有组织的自助互助，仅是自上而下的行政命令和基础设施建设，那么这种互助是难以可持续发展的。

笔者在河南省夏邑县农村调研时的感受尤为深刻。面对子女远距离流迁、价值失调和孝道衰落，尤其是不少子女即使居住在本村也极少照护父母的现实无奈，这些农村老年人已经认识到了家庭养老不再可靠，他们开始为自己的老年谋划打算。② 很多被采访的老年人都认为，子女能付得起钱让自己去机构养老，不光不是"丢面子"，还是"有面子"的事情。尤其是男性丧偶老年人，对互助养老（包括社区养老和机构养老）的接纳度和期待都非常高。也正因此，一方面，欠发达地区农村邻里照护比例明显增加；③ 另一方面，虽然夏邑县的政府试点举办的互助幸福院没有非常成功，但应老年人需求而生的私人、教会等开办的托老所、私立养老院却展现出了强大的生命力。而我们在发达地区农村的调研则发现，老年人子女以本村居住或本地流迁为主，现实条件没有促使他们思想观念经历大的变迁，"养儿防老"的观念依然根基深厚。也正如很多文献分析的，老年人"要面子"，即使子女不愿照顾自己，也认为家丑不可外扬；邻居朋友"给面子"，睁一只眼闭一只眼，不愿多管闲事。④

---

① 范家进：《"互助合作"的胜利与乡村深层危机的潜伏》，《中国现代文学研究丛刊》2014年第4期。
② 不少研究显示，伴随人口空间流动性的增强，尤其是欠发达地区人口的远距离流迁，以及市场理性、个人主义和小家庭主义的影响，农村传统的孝道文化受到冲击，面临普遍的价值失落和道德危机，子代对父辈赡养的制度强制力和约束力大为减弱，家庭养老制度失去其强有力的文化支持，家庭养老由一种超经济的伦理性行为转变成一种市场经济平等交换似的经济性行为。郭于华：《代际关系中的公平逻辑及其变迁》，《中国学术》2001年第4期；陈功：《社会变迁中的养老和孝观念研究》，中国社会出版社，2009；熊凤水：《中国农村养老理念的嬗变与创新》，《甘肃社会科学》2013年第4期；姚远：《对中国家庭养老弱化的文化诠释》，《人口研究》1998年第5期；穆光宗：《我国农村家庭养老问题的理论分析》，《社会科学》1999年第12期；范成杰：《代际失调论：对江汉平原农村家庭养老问题的一种解释》，博士学位论文，华中科技大学，2009；孙薇薇：《农村养老实践中的"功利养老主义"探析》，《广西民族大学学报》2014年第4期。
③ 中国健康与养老追踪调查（CHARLS）2011~2013年的数据也显示，欠发达地区农村老年人邻里照护的比例从2011年的1.5%提高到2013年的8.1%，增长了6.6个百分点。
④ 丁志宏：《我国高龄老人照料资源分布及照料满足感研究》，《人口研究》2011年第5期；贺聪志、叶敬忠：《农村劳动力外出务工对留守老人生活照料的影响研究》，《农业经济问题》2010年第3期。

（二）情感

情感是村落社区团结的重要基础，也是农村互助养老实现的必要条件。在大部分中国人的传统观念中，老年人应该是在奋斗一生之后颐养天年的。同时，除少数经济非常发达的农村之外，农村互助养老中的助人者多获得精神上的满足，物质上的激励是相对较少的。在这种情况下，助人者和受助者之间的情感和信任就起到非常重要的作用。换言之，有情感基础的亲属、朋友、邻里在面对困难时，个体往往更容易激发利他主义的同情心，愿意去帮助一把。这也恰是农村相对于城市的天然优势。

与城市社区不同，中国的大多数村庄是村民因血缘与地缘而自发地成长起来的。一方面，村民间有着亲密和熟悉关系，并且有乡土社会的行为规范。根据中国健康与养老追踪调查（CHARLS）数据结果，2011年我国只有19.2%的村庄里没有大姓。基于这种特殊的亲密关系，邻里之间容易获取信任，费孝通称之为熟悉（守望相助）的社会。[1] 村民依血缘亲疏，由近及远，形成差序格局型的人际关系，帮助和支持力度也以此为衡量标准。村民的行为相互影响，所形成的规范、观念只需要被生活于村庄中的多数人认可，就会成为这个村庄村民行为选择的主要标准。杨善华和沈崇麟将其称为"农村社区情理"。[2]

也正因此，互助网络的范围越小，情感紧密性越强，互助养老成功开展的可能性就越高。如上海市睦邻"四堂间"以村民小组为单位，北京市延庆县北地村总人口只有100人左右，王仲营村大部分村民为清朝时满族正黄旗后裔，吉林延边为朝鲜族聚居地，等等。

（三）组织

组织是互助型社会养老得以开展的关键。自夏朝"家天下"以来的4000余年，我国一直以家庭作为生产生活互助的主要单位。社会互助以非

---

[1] 费孝通：《社会学的探索》，天津人民出版社，1985。
[2] 杨善华、沈崇麟：《城乡家庭——市场经济与非农化背景下的变迁》，浙江人民出版社，2000。

第八章 路径：模式总结与道路分析

正式互助为主，虽然依托"互助的圈子"①，但互助并不十分固定，互助的内容相对简单，同时也是家户或个人消费社会关系资源的过程。换言之，不同家户拥有的社会关系资源不同，一些家户可能拥有大量社会关系，而另一些家户可能缺乏社会关系，进而获得帮助的能力下降。这种社会关系资源的不平等分配，导致家户之间形成一定的等级差序。② 而需要帮助的老年人恰是利用社会关系资源获得帮助能力较低或最低的那部分人。

在这种情况下，组织以及与组织相关的动员、领导、制度设计对于老年人获得长期、深入、稳定的互助合作就极为重要，也是老年人/村庄以整体性力量获取经济资源的重要途径。③ 这些组织包括村"两委"、老年协会、社工机构、养老机构等。本研究的量化分析结果显示，虽然扩大非正式网络、参与到有组织的家族和协会活动中来，都会显著增加农村老年人参与互助的可能性，但只有正式组织（实际也即有组织的非正式网络）对于农村老年人精神慰藉和生活不能自理老年人的照护才具有显著正向作用。

当然，与城市社区相比，农村传统的自治优势本身就是重要的组织力量。④ 从古至今，先后由三个组织——宗绅、生产队（后称村民小组）和村民委员会——担负农村社会治理职能。宗族形成于血缘先赋的社会关系之中，⑤ 是依据真实的血缘关系联结而成的宗族性团体。⑥ 生产队是人民公社化时期按农村居住地划分的一种组织形式，实行"独立核算、自负盈

---

① 王铭铭提出"互助的圈子"这一概念，他认为合作与互助是与一定的地方社会关系的体系密切相关的，受一定的社会关系网络的限定。这个圈子一般是族－堂亲、姻亲圈子、朋友圈子。之所以会发生社会互助，原因在于社会圈子的成员一般相互承认大家共同的"历史社会经验"。"以前"的共同社会经历让村民之间有相互认同的机制。参见王铭铭《村落视野中的文化与权力》，生活·读书·新知三联书店，1997。
② 王铭铭：《村落视野中的文化与权力》，生活·读书·新知三联书店，1997。
③ 吉登斯提出，任何合作的前提都必须依靠一定的资源，这些资源主要包括以经济资源为主要特征的配置性资源和以政治资源为主要特征的权威性资源在内的组织资源。
④ 中国历来有"皇权不下县，县下靠自治"的传统。费孝通将传统中国农村的治理称为"双轨政治"，一方面是自上而下的皇权，另一方面是自下而上的绅权和族权，两方面相互平行、相互作用。传统乡村的管理人员是当地乡绅和宗族首领，在这个意义上说，也就是"皇帝无为而天下能治"。参见费孝通《社会学的探索》，天津人民出版社，1985。
⑤ 杨善华：《家族政治与农村基层政治精英的选拔、角色定位和精英更替》，《社会学研究》2000年第3期。
⑥ 费孝通将其界定为一个有着政治、经济、宗教等多方面功能的绵续性的事业组织，对其成员有着系统的约束力。参见费孝通《乡土中国》，上海世纪出版集团，2007。

亏",拥有基本生产资料的所有权、经营权(使用权)和收益分配权,并以此为单位形成了农村的集体保障体系。① 村民委员会是在高度集权的人民公社解体后,农民自发选举产生的自治性组织,并由此形成了延续至今的"乡政村治"的农村基层治理结构。②

一是自下而上来看,一些宗族势力在政府力量进入农村之后,积极地进行自我修复和转型,在现代社会中传承和发展传统乡村文化与村治思想,并逐渐成为中国现代化的服务型乡村社会治理的重要组成力量,③ 比如在互助养老的组织中发挥重要作用的老年协会等。④ 在笔者调研中发现,浙江安吉、四川成都、四川芦山、吉林延边的互助养老之所以能取得较大的成功,与建立标准、规范的市、县、乡镇(街道)、村(社区)四级老年协会密切相关,这使农村老年协会在组织互助养老的过程中,既有纵向的上下联动,也有横向的管理支撑,还有广大的老年人根基,水源并存。

二是自上而下来看,村"两委"是乡村基层治理的权力机构,在村民和上级政府之间起到上通下达的作用,村"两委"所掌握的经济和社会资源及其对农村公共事业和养老事业的重视程度决定了乡村公共资源的多少以及分配原则。⑤ 根据笔者在北京、浙江两省(市)的调研,也发现,在发达地区农村老龄工作中,村"两委"可以通过弘扬传统孝文化、村规民约强力约束等途径,发挥具体的舆论引导和直接管理作用。与此同时,伴

---

① 陆绯云:《苏南农村的社会支持与社会保障体系——历史与现状》,上海三联书店,2011。
② 邓大才:《村民自治有效实现的条件研究——从村民自治的社会基础视角来考察》,《政治学研究》2014年第6期。
③ 王振、刘林:《"礼俗社会"视角下的农村老年协会作用研究——基于陕西省农村老年协会的调查》,《中国农业大学学报》(社会科学版)2014年第5期。
④ 虽然有不少研究显示,伴随20世纪50年代农村土地改革以及之后的一系列运动,士绅阶层的衰落、劳动力流动等,宗族受到严重冲击,但事实上,这是因地域、文化、经济发展等因素而异的。在许多发达地区,宗族文化表现出很强的适应性,亲缘关系作为社会基本结构依然顽强存在。宗族文化在农民办企业、争取工业生产所必需的资源和企业管理方面发挥着重要作用,能够给家族成员带来更多的经济、社会包括政治方面的收益。参见宋宝安、赵定东《乡村治理:宗族组织与国家权力互动关系的历史考察》,《长白学刊》2003年第3期;杨善华、刘小京:《近期中国农村家族研究的若干理论问题》,《中国农村研究》2011年第1期;郭于华:《农村现代化过程中的传统亲缘关系》,《社会学研究》1994年第6期。
⑤ 唐有财、裴晓梅:《农村老年人社会保障:社区的潜力》,《中共中央党校学报》2010年第1期;允春喜、徐西庆:《社会网络视角下农村养老问题研究》,《天府新论》2013年第6期。

随农村居民公共服务需求的不断增加,不少发达地区农村发展形成现代乡村社会治理形式,即由村"两委"绝对权威式的一元治理向村委会、支委会、监委会、经委会(或股份社)、理事会等多元治理结构转变,这些政府行政权力的分支组织对于更有效地进行乡村多元治理具有非常积极的现实意义。

相对而言,很多欠发达地区农村的组织基础薄弱,这也是其发展互助养老服务的劣势之一。研究显示,在社会变迁、国家权力进入、现代文化冲击的影响下,欠发达地区农村传统宗族力量在遭到破坏后没有得以重建,同时由于村级自治组织(村"两委")缺乏运行经费,处于悬浮状态,[1]乡村治理与公共服务供给能力极弱。[2] 在我们对河南的调研中也发现,村委会几乎零收入,靠政府每年几千元拨款或者扶持项目资金维持简单的日常运转。村委会主任都超过60岁,由于村里事务不多,其他村"两委"成员一般兼职,只有村委会主任负责处理村里的事情。

(四)资金

资金是互助型社会养老开展并且可持续运行的基础。目前农村互助养老的资金主要来自各级政府的建设补贴或救助性服务拨款,但这些还是外源性/高级形式的互助,村居、老年人(家庭)内生性的资金互助并没有发展起来。这实际是在国家转移支付能力有限的情况下,制约农村互助型社会养老从救助型福利服务转向适度普惠型福利服务的最大难题。

追溯中国传统的乡土社会,可以发现,宗族一直发挥着相对稳定的互助保障功能,包括对宗族贫困成员的临时物质救济、鼓励科举入仕、义学教养子弟等。[3] 自20世纪50年代后,农村宗族以及传统的依靠宗族保障的模式和观念受到严重冲击,[4] 以生产队、生产大队、人民公社为单位的

---

[1] 周飞舟:《从汲取型政权到"悬浮型"政权——税费改革对国家与农民关系之影响》,《社会学研究》2006年第3期。
[2] 吴业苗:《需求冷漠、供给失误与城乡公共服务一体化困境》,《人文杂志》2013年第2期。
[3] 李学如、陈勇:《清代宗族义庄的发展——以苏南地区为考察中心》,《中国社会经济史研究》2014年第1期;王卫平:《从普遍福利到周贫济困——范氏义庄社会保障功能的演变》,《江苏社会科学》2009年第2期。
[4] 宋宝安、赵定东:《乡村治理:宗族组织与国家权力互动关系的历史考察》,《长白学刊》2003年第3期。

集体互助保障承担了基本的生活供养、困难救济、医疗、教育等功能。而历经改革开放和家庭联产承包责任制的实行，复兴中的传统社会关系网络又开始发挥互助的作用。比如在农忙时节的相互帮助，还有小额的私人融资，个人遇到非常情况或危机时的援助等。① 王铭铭将互助资源划分为借贷、礼品、劳力、"门路"和信息，将最常发生社会互助的领域概括为急救、家事（仪式）、造房和投资。② 在这些领域，村民们求助的恰是深具传统与"情谊"的有着宗族、村民小组等历史烙印的非正式组织。直到21世纪以后，伴随农村人口流动速度加快、现代性因素进入农村经济社会各个领域，村庄个体间的互惠预期降低，农村传统互助的经济和保障意义才大幅降低。③

故结合乡土历史与现代特点，农村作为一个互助共同体，在有条件的地区，发挥村集体、老年人家庭的互助共济能力，搭建圈层化的互助养老资金池（互助养老服务保障体系）是现阶段更可行和更必要的。

（五）文化

互助文化与需求、情感、组织、资金等要件并不在一个层面上，但本书仍想把其作为保障互助养老顺利实施的重要因素。在这个延续西方达尔文进化论思想的经济理性、个人主义、竞争至上的社会中，人们追求个人欲望和需求满足的意识不断强化，造成了整个社会的过度经济理性化和利益最大化。而这种淡漠的人情对个体和社会发展实际都是不利的。人是群居动物，无论天然的社交、互动需要（克鲁泡特金观点），还是为满足自己的身心健康、自我实现需求（赫胥黎观点），都需要群体内部个体之间的互助。

而从历史上看，中国的传统社会就是一个以互助为本的社会。在传统的以家族为单位、以小农经济为生产方式的中国乡土社会，国家通过"家国同理同构"的社会关系模式将家族形塑成社会基本的构成单位，祖先崇拜、农耕文化、人情伦理、差序格局等一套政治、经济、社会、文化合一

---

① 阎云翔：《礼物的流动》，上海人民出版社，1999，第156~170页。
② 王铭铭：《村落视野中的文化与权力》，生活·读书·新知三联书店，1997，第169页。
③ 胡叠泉：《从互助到市场：农村丧葬服务变迁的实证研究——以湖南省双峰县石村为个案》，《深圳大学学报》（人文社会科学版）2015年第6期。

的相对稳固的治理形态延续了几千年。因此，在中国的互助理念中，亦没有西方国家泾渭分明的利己的互助和利他的互助，而是在"父慈子孝、兄友弟恭、朋义友信"等的儒家伦理道德规范之下的互助（本能）与互利（效用）交融在一起的，是存在于人们的人情伦理和日常生活之中的互助，是一种伦理文化、社会结构和小农意识共同建构的行动策略。一方面，从代际互助的角度，互助存在于儒家伦理规范之中，内含了中国人以家为先，是对家庭延续的终极价值追求、孝道的伦理规范和超经济的代际反馈行动，是道德教化和道德进步的理想形态，是祖先崇拜、家庭延续的文化体系和家国同构的治理体系的内涵要义。另一方面，从亲朋互助逻辑角度，互助存在于人情伦理规范之中，"帮"和"报答"约束规范村民既有回报的责任，也有给予的责任。这是在农业资源有限、现金流不足的情况下，在由血缘、亲缘、地缘构成的相对稳定的社会场域中，基于个人责任和社会信用的互助互利的过程。

我们在调研中也发现，吉林延边朝鲜族的互助养老开展得非常顺利，在没有调研到的很多民族地区，如四川茂县的互助养老等，都是基于民族文化中原有的互助传统，并不是为某一种效用，而是这一地区居民的社会性需求。① 因此，在未来面临不可避免的经济转换、社会转型、家庭小型化的老龄社会和高龄社会中，政府和社会应该大力倡导建设现代互助社会的社会理念，在社会互助成为人们的思维方式、行为方式，最后转变为文化形态之后，互助养老也就水到渠成了。

第二节 中国特色农村互助型社会养老的发展道路

一 主要问题

根据目前的实践，除前文所提到的发达地区农村和欠发达地区农村的差异问题之外，互助型社会养老发展面临的共同问题包括：一是资金可持续性不足且缺乏有效监管；二是重设施轻组织、轻服务、轻文化；三是一

---

① 王振威：《"低效"但"有用"的黎族农业生产互助：被构建出来的社会需求》，《中南民族大学学报》（人文社会科学版）2015年第3期。

些互助式养老形式面临合法性或定位困境;四是互助队伍稳定性不足且年龄结构偏大;五是互助服务缺乏有效的管理评估机制。

(一) 资金可持续性不足且缺乏有效监管

首先,从外源性资金来看,政府资金依赖性、随意性较大,缺乏法律和公众的有效监督。一是目前互助式养老的资金主要来自政府拨款、企业和社会捐赠,仍以政府救助型福利拨款为主。政府在进行适度普惠的社区养老服务中心、日间照料中心、托老所等养老设施建设的同时,没有培育市场/社会进行互助型、低成本的养老服务供给,导致政府建成的设施除供老年人娱乐使用,就是为获得政府救助型福利服务的老年人提供,偏离了发展社会养老服务的刺激消费、提高全体老年人养老福祉的意愿。二是除少数基层政府及街道相关机构认识到互助式养老的重要性,同时在城乡地区进行留守老人关爱服务体系建设,提供了一定的资金支持,其他的政府专项补贴力度非常小。三是一些地区政府在没有经过充分论证和试点的情况下,大范围推广互助幸福院模式,虽然取得成功,但比例相对较小,造成了资金的巨大浪费。

其次,从内生性资金来看,居民资金互助意愿没有被激发出来,组织自我造血能力不足。内生资金是最具有可持续性的,但是与外源性资金相比,内生性资金更加匮乏。一是直接来自本村居民的资金较少,这与村居资金监督管理机制(信用体系)不健全,村居自治和法治精神缺乏密切相关。二是草根社工组织虽然是农村互助式养老运营的关键力量,但是受资金和能力的限制,没有将增值的市场化服务、产品销售与互助网络结合起来,导致造血能力不足。

(二) 重设施轻组织、轻服务、轻文化

首先,从农村角度来讲,村级社会组织是本体,社工是辅助。村级社会组织的条件与能力仍存在较大局限,缺少上级领导与专业社工力量的帮助。专业社工具有社区营造、组织动员、互助开展等方面的专业知识与技能。但是,专业社工组织还是要与村内部组织进行良性互动,融入和借助已有村级治理模式,才能更好地发挥作用。一刀切式地交给专业社会组织未必会取得好的效果。

其次，目前农村互助养老的服务范围及服务对象较为有限，受制于资金、运行机制以及村落区位分布等因素。农村居家养老服务中心主要布点于村级集体经济发展较好、村级组织能力较强、老年人口较多且居住较为集中的规模较大的行政村或农村社区，那些交通不便、老年人居住分散的自然村以及村级集体经济薄弱的行政村，养老服务的覆盖率非常低。

最后，无论发达地区农村还是欠发达地区农村，农村社区养老服务中心、互助幸福院、公办养老院都把大量资金投入设施建设而非服务提升。即使发达地区农村的养老服务也是以文化娱乐和老年饭桌为主，缺乏失能老人起居照护和日常扶助。与此同时，在与农村现实条件相适应的互助型社会养老语境下，重度失能老人如果没有家人照护，要生活在家中，仅依靠其他老人的分散互助是不可行的。这部分老人还是要依靠集中的机构养老来满足照护需求。

（三）一些互助式养老形式面临合法性或定位困境

首先，一些自发性、群众性的互助组织和互助式养老形式，如老年人互助会、抱团养老等，由于身份敏感或由民间自发成立，而没有获得政府行政审批成立。有的集中养老的形式缺乏相关法律法规和政策支持，如政府没有给予建设、床位补贴、水电优惠等。

其次，一些地区先试先行，比如吉林松原从农村老年协会规范化建立到组织志愿者队伍进行互助服务再到托老所建设一直走在全国前列。其建设的农村托老所属于非营利性质，是为村民服务的社会组织，且是由政府出资在民政局的主导下建立的，其存在的合理性和实用性都毋庸置疑。但是在其建设和运行过程中，会出现其他政策框架以外的合法性问题。它的建设和运行不仅受到民政局的单独管理，也存在与国土、公安和消防等部门交叉的模糊领域，超出了民政局的管辖范围，因此该机构也面临合法性的危险（如土地占用和房屋性质等国土方面问题以及公安和消防方面是否到位等问题），需要政府相关方面完善政策框架，明确责任单位并解决好最初决策时未考虑到的新问题。

再次，有的公办养老院仅接收五保老人，造成其管理经验和资源浪费。虽然我国农村公办养老院运营年限长，有很多好的管理经验和方法，但目前绝大多数公办养老院只收纳五保老人，没有发挥对农村重度失能老人的照护功能，这是对资源的巨大浪费。

最后，民办养老院的自身定位不清晰，政府对其定位边缘化，造成其资源浪费。基层政府对民办养老院的支持力度不足，老年人对民办养老院的信任度不够，加上很多养老院缺乏清晰定位、盲目追求高端（农村民办养老院的比较优势应该在于它的强能动性、低价格和高质量），造成了农村民办养老院床位闲置，经营困难。

（四）互助队伍稳定性不足且年龄结构偏大

照护类的互助服务要深入开展，就需要有一支相对专业稳定的互助队伍。但是根据调研，目前互助式养老的服务队伍稳定性不足且年龄结构偏大。一是团队稳定性不足或由一人/几人主导，奖励机制缺乏，村民参与意愿不高。互助团队内部对抱有非纯利他观念的志愿者较为排斥，不利于新鲜血液的注入。目前志愿者加入是纯自愿行为，互助团队靠早一批志愿者身体力行、以身作则的服务来营造氛围，吸引志愿者加入，缺乏稳定的发动方式。但是很多村民未激发互助服务精神，服务意识较弱。志愿者自治管理的模式缺乏正常的退出机制，负责人是按人情往来在积极分子中选出，一经选定，很少更改。在这种模式下，互助团队活动易僵化，普通志愿者易懈怠，甚至可能在团队拉帮结派、滋生腐败。

二是互助志愿者结构不合理。互助服务的志愿者不应以中高龄老人为主，准老年人、低龄老年人、青年人或者有专业技术的志愿者应当是其主体，各司其职，负责某一块擅长的互助内容。但是，目前面临的问题：一方面，缺乏专业志愿者；另一方面，志愿者年龄结构偏大。村"两委"，尤其是老年协会发动的志愿者基本都是老年人，尤其是农村60多岁的老年人仍在种地，65岁或者70岁以上的才真正加入老年协会。在这种情况下，志愿者能做的基本是巡视、探望或者简单的帮助，进行生活照护以及其他家务劳动相对困难。志愿者本身担心自己受伤或者影响身体健康，而在没有法律/法规规定的情况下，组织者亦担心志愿者受伤承担连带责任。

（五）互助服务缺乏有效的管理评估机制

由于互助型社会养老的执行过程多样，且依靠情谊、志愿、慈善、公益精神，故服务质量评估、投入产出效益评估是难点和重点。尤其是农村地区村民居住分散,培训和管理服务人员、评价服务质量相对困难。

二 具体路径设计

(一)战略定位

立足于新时代中国人口老龄化的发展趋势、中国农村的发展与改革方向,互助型社会养老应当作为重要实施方略,纳入积极应对人口老龄化战略和乡村振兴战略之中。从积极应对人口老龄化战略视角来看,互助型社会养老是与中国农村传统家庭养老弱化以及老年人福祉需求激增相适应,与中国农村的传统乡土本色和现代转型相协调,是从中国现实国情和实际出发,在地方实践探索和制度创新中总结得到的低成本发展农村社会养老的中国经验和中国模式。从乡村振兴战略视角来看,伴随农村快速进入老龄社会,乡村振兴已然是老龄社会的振兴,代表着新时代老龄社会治理的实践探索及可行的模式,是提高农村老年人福祉、实现乡村振兴的重要组成部分。同时,互助型社会养老具有较强外溢效应,它所带动形成的互助文化和互助社会可以驱动文化兴盛、凝聚乡村民情;互助经济和产业可以助力绿色发展,实现共同富裕、特色减贫,构建乡村和谐共同体。

(二)发展路径

中国农村互助型社会养老的发展路径应该以互助文化为引领,以党委领导为根本,以低成本、广覆盖、可持续为目标,以资金互助为基础,以组织动员为抓手,以服务互助为重点,以社区居家养老为主要阵地,创新发展各类互助养老模式,着力形成稳定多元的资金来源,培育互助队伍,增加互助内容,从无偿到无偿与低偿相结合,探索建立标准规范的服务管理评估制度,机构养老与社区居家养老互联互通,最终建立圈层化、整合化、网络化、制度化的农村互助型社会养老服务保障体系。

当然,由于不同农村因经济、人口、资源、地理位置等的差别,其老年人状况、需求及对应的社会养老发展方向均存在较大的差异。同时,任何事物从培育、起步、发展到成熟、稳定的过程都需要遵循一定的时间规律。农村互助养老前一阶段的组织经验、情感基础、文化基础等是后一阶段走向成熟、稳定的重要条件。因此,本研究将中国农村互助型社会养老的发展路径设计为"两分类、两步走"策略（见图8-5）。

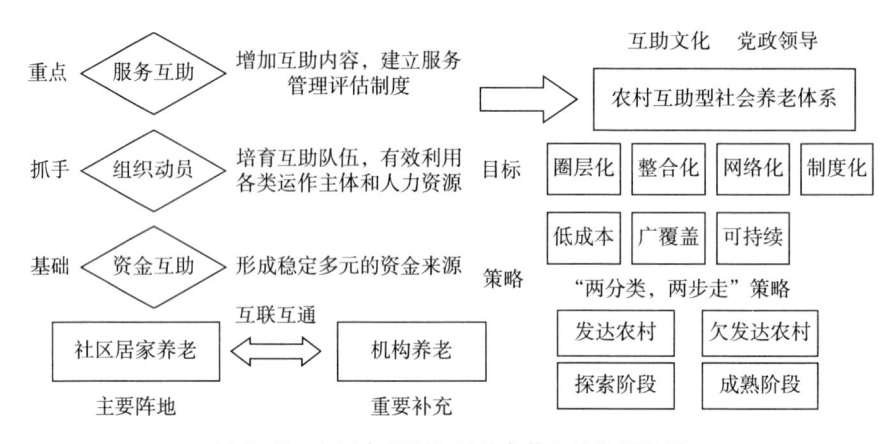

图8-5 中国农村互助型社会养老的发展路径

发达农村的各级政府、村集体和社会有能力持续地提供经济保障和组织保障，提供福利色彩较为浓厚的社会养老服务，可以多元创新开展相对高水平的互助型社会养老及服务。具体来说，第一阶段，在村"两委"、老年协会、社工组织、企业等主导推动和政府资金支持下，开展文化互助、帮忙做饭、收拾卫生、应急性帮助等服务互助，并逐步扩大动员范围。第二阶段，探索建立包括村民共兑、经营创收在内的多元化的互助资金来源，① 提高资金利用的效率，推动机构与社区居家互助之间的良性互动，建立无偿、低偿相结合，分级分类的服务培训、实施、计费和评估制度，逐步提高康护保健类服务的专业化、技能化水平，推动"互联网+服务+产品+X"平台的建立，形成可持续的造血机制或商业模式，基本满足农村老年人的吃饭、住宿、精神慰藉和高龄、空巢、独居老年人的日常帮扶和失能、半失能老年人的生活照护需求。②

对于欠发达农村地区，政府和村级组织动员和组织农村老年人围绕养老服务设施和场域发挥主观能动性，以自助-互助为主。服务互助应当立足居家互助，以先发展服务再逐步完善社区建设为原则，目前均不鼓励大规模建设标准化的社区养老设施。具体应划分为两种类型开展工作：一类

---

① 可探索试点政府主导的多层级互助保险和多元化的互助资金来源共同支撑的农村互助型照顾保险。
② 伴随乡村振兴和城乡人口双向流动常态化，农村老年人范围将从农村户籍老年人扩大为在农村居住的所有城乡老年人。

是具有振兴条件的，另一类是缺乏振兴条件的。① 具有振兴条件的农村在具备一定经济实力之后走向发达农村的发展道路。第一阶段，以自发的社区居家文化互助和机构互助为主，同时培育互助的组织形式、文化和情感基础、经济来源。进入第二阶段，学习发达农村经验，以正式互助组织促进家庭互助和非正式互助网络的复兴，有条件的村镇探索建立稳定、多元的互助资金来源，探索建立服务机制，探索机构养老和社区居家养老相互支持、互联互通。不具有振兴条件的农村则需要通过政府和扶贫组织、慈善组织、社工组织等社会力量发掘和帮助协调资源，如周边村镇老年餐桌、养老机构的辐射、本村（准）老年人的互助服务，或者在土地整治基础上进行老年人迁居。这类农村的失能、半失能老年人生活环境和养老福祉靠家庭、村集体很难改善和提高，政府和社会应给予其更多救济扶贫性的资金帮扶、政策倾斜、互助培育。

第三节 相关对策建议

根据前文的分析，2015年，中国农村生活不能自理老年人无人照护的比例接近20%，农村老年人感到孤独的比例达到30%。农村老年人参与服务互助的比例为37%，参与文化互助的比例为13.2%。与此同时，非正式资本对家庭资本起到重要补充作用，正式资本对老年人互助养老具有显著促进作用。很多农村也根据地情民情，进行了各种互助养老实践，取得较好的效果。换言之，中国农村发展互助型社会养老既具有必要性，也具有可行性。当然，作为应对农村人口老龄化的中国方案和中国道路，我们没有别国的成熟经验可以学习，各级政府、村集体、社会组织等也在"摸着石头过河"，在实践中出现了"重设施轻组织、轻服务、轻文化"、"重娱乐轻养护"、村庄和老年人内生的经济动力不足、公办养老院和民办养老院定位不清晰等问题。

笔者认为，要进一步推动农村互助型社会养老的创新发展，必将互

---

① 很多这类农村也已经建成或正在（即将）建造社区养老服务设施，笔者认为这种设施建设是一种资源的浪费。与其将资金投在使用率和使用年限低的设施建设上，不如投在老年人真实的互助服务上。

助型社会养老作为低成本应对人口老龄化的重大举措、激发农村发展活力的重要支点纳入乡村振兴战略,从顶层设计上明确农村互助型社会养老的核心——以(准)老年人为主的自助-互助。以互助文化为引领,以产业兴旺为根基,以创新乡村治理体系为依托,以城市经验为借鉴,营造农村守望相助和尊老敬老氛围,驱动农村互助型社会养老机制建设,壮大互助组织服务力量,探索中国农村互助型老龄产业,构筑中国农村互助型老龄社会。

一 以互助文化为引领,营造中国农村守望相助和尊老敬老氛围

在中国传统乡土社会,尊老敬老文化是基于"家国同理同构"的社会关系模式形成的代际交换逻辑,也即孝道伦理,内含了中国人对家庭延续的终极价值追求、孝道的伦理规范和超经济的代际反馈行动。① 互助文化是基于大家相互认同的社会历史经验/亲密关系而发展出来的,同一圈子(堂-族亲圈子、姻亲圈子、朋友圈子)的人的互惠型劳动或情谊交换。② 然而伴随50年代的农村运动、士绅阶层衰落,以及近20年的劳动力流动、现代化思想入侵等,农村传统文化面临普遍的价值失落和道德危机,③ 尤其是代际交换逻辑在宗族衰落过程中逐渐失去意义和内核,传统孝道文化衰落。

因此,笔者认为,在(准)老年人居多、人口外流、孝道约束力降低、家庭养老不再可靠的情况下,应当以互助文化补充孝道文化在传统乡村文化中的主导地位,让互助和孝道共同成为新时代乡村文化新的逻辑主导。从依靠家庭互助走向依靠社会互助,从依靠代际交换走向依靠社会交换,从依靠家庭保障走向依靠社会保障,同时以社会互助/交换/保障为助力,反向推动家庭互助/交换/保障的复兴,构建农村传统守望相助和尊老敬老社会更具有实际意义,也是未来乡村文化兴盛道路的内在机理。

---

① 范成杰:《代际失调论:对江汉平原农村家庭养老问题的一种解释》,博士学位论文,华中科技大学,2009。
② 王铭铭:《村落视野中的文化与权力》,生活·读书·新知三联书店,1997。
③ 陈功:《社会变迁中的养老和孝观念研究》,中国社会出版社,2009;熊凤水:《中国农村养老理念的嬗变与创新》,《甘肃社会科学》2013年第4期。

当然，虽然传统乡土社会在现代化过程中发生了很多变化，但那些传统元素，如乡绅、宗族、自治组织对农村居民有着直接而强大的约束力和影响力。一是可以发挥村规民约的约束力。村"两委"应通过在村规民约中明确规定村民互助和家庭互助，表彰孝子孝媳、五好父母、优秀邻里，在村大队里对父慈子孝、邻里互助、乡邻友爱的事迹进行广播宣传，经常探访生活不能自理老年人、及时调解家庭纠纷，以挂横幅、写标语或发放宣传册等形式宣传"助人为乐""自助－互助"等互助文化，弘扬新时代的农村守望相助和尊老敬老文化，营造农村互助和敬老舆论氛围。

二是可以发挥村庄舆论的影响力。村庄共同活动区域是村庄信息产生和流通的重要枢纽，村民之间的非正式网络则是信息传播的重要载体。因此，应当通过改造、改建老旧校舍、卫生所、荒废宅基地，建立农村社区服务中心和老年人活动中心，并将其发展成为农村居民生活、人际交往等各方面活动的主要场域。当农村居民到活动场域时，以过去生产队或家族为单位，了解和学习互助和互助养老的做法，再通过口口相传，增加农村居民对互助和互助养老的认识和认同。

三是仍要发挥家庭互助的重要作用。家庭是构成人类社会的最小单位，农村家庭成员是村民的一分子，农村老年人亦是如此。推动中国农村发展互助型社会养老，并非政府或社会完全将农村老年人养老责任承担过来，而是通过"自助－互助"的形式，让农村老年人照护从家庭成员的单一行动转向整个社会的集体行动，共同面对农村养老难题，同时鼓励老年人走出家庭，在乡村公共领域中发挥生产功能，自力、积极、幸福、有尊严地生活。与此同时，在自力更生、互助合作过程中，达到减少代际摩擦、促进代际和谐的目的。

二 以产业兴旺为根基，驱动中国农村互助型社会养老体系建设

产业兴旺是实施乡村振兴战略的核心和根基，也是农村互助型社会养老体系建设的驱动力量。一定不能脱离开经济互助谈服务互助和文化互助，这样只会止步于互助养老的初级阶段，无法可持续地满足贫困、生活不能自理老年人的照护需求，无法构建完整有效的农村互助型社会养老服

务保障体系。因此，发达地区和欠发达地区均应从被动地"等、靠、要"政府补贴转向主动地发展新产业新业态，以养老产业反哺养老事业，在各级政府政策扶持和资金支持的基础上，大力发展乡村经济，增加村集体收入和公共资金，推动土地合作经营，发展互助养老金融，多方筹集和争取资金，进而通过再分配的方式提高农村老年人的福祉。例如，利用"互联网+"农业、采摘农业、观光农业等一二三产业的发展，给予农村（准）老年人力资源劳动与服务岗位，部分发放，部分留为集体养老互助金；开发建设农村养老社区、养老村、养老机构，反哺和辐射本地老年人社会养老；建立农村集体经济产权制度改革、土地征用和土地流转过程中的公共服务保障资金；建立涵盖全村居民的农村养老金融互助社，内部生发互助资金；争取政府购买社会养老服务项目、争取捐款、低息信贷。探索农村物联网、互联网、人力资源网、养老网等多网融合，农业合作社、消费合作社、养老合作社等多社合一，以营利补公益，实现多种经济的互助。

一是应依据各地村域特色，充分利用现有资源，融汇当地自然条件、风情民俗，挖掘村域经济发展潜力，壮大集体经济实力，发展新产业新业态。如发展特色鲜明的主导产业、骨干产业，培育特色产业，大力促进一二三产业融合发展，延长农业产业链条，畅通城乡资源要素流动渠道，鼓励和引导城镇年轻人返乡从事现代农业生产，构建田园综合体。在此过程中，设计多种形式，组织和发动当地（准）老年人参与到乡村振兴中来，尤其是学习发扬民间传统、艺术，各尽所能、各施所长，以志愿、低偿、有偿的形式提供劳动和服务，为本村建设贡献力量，缓解孤独，实现自我价值，也为自己和邻里的互助养老储蓄资金。探索互助型社会养老的造血方式和商业模式，老龄产业和老龄事业协调发展，兴产业，补事业。农村可以充分利用乡土社会的组织、成本、环境优势，降低市场在信息不对称、劳务雇用等方面所消耗掉的成本，走与乡村自治组织合作的低成本、低消耗、低价格的互助型老龄产业道路。

二是应重视土地征用和土地流转的合理有序推进，并及时建立与土地流动相适应的社会照护服务体系，可试点建立在土地合作基础上的互助养老合作。张纯刚等的研究发现，农业合作社不仅具有经济功能，而且可以营造有机生产和综合发展的社区共识，承担一定的社会功能、文化功能，推进村庄公共生活的发展。① 在成熟的农业合作社中可以试点建立互助养老合作社，采取强制与志愿相结合的形式，并制定相关规则，农业合作社从运营费用中拨付一定的钱款用于互助养老合作社的日常运营及对提供照护服务的低龄老年人（农业合作社成员）的少量服务补贴（可以货币或实物的形式）。或者直接成立长期照护互助保险基金，凡合作社成员都要加入，以家庭为单位，每年缴纳一定保费，经评定为生活不能自理者即可获得由保险基金购买的长期照护服务。

三 以创新乡村治理体系为依托，发挥政府、市场、社会合作力量

（一）政府是农村互助型社会养老体系建设的主导者

政府是农村互助型社会养老体系建设的主导者，是总设计师、总指挥师，也是国家舆论的引导者。政府一定要有清晰的顶层设计、理论指导，基层才能更有目的性、更大胆地去落实和开展工作。

首先，政策领域，应将农村互助型社会养老上升到国家战略高度，国家政府进行顶层设计、出台相关制度文件，地方政府分区域制定可操作、规范化的实施细则、扶持政策。

其次，财政领域，中央要对欠发达地区农村（而非欠发达地区农村）发展互助型社会养老进行精准补贴，同时各级地方政府应进行资金的合理有效配置，停止简单盲目的硬件设施投资，将资金真正补贴到提供服务和获得服务的老年人身上。鼓励、扶持有条件的农村试点发展以行政村为单位的长期照护互助保险合作社，与农业互助金融、农村发展互助基金并保并管，专门为贫困、生活不能自理的农村老年人购买长期照护服务提供资金支持。

再次，宣传领域，充分发挥舆论影响力，推动中央、省级主要电视媒体、党媒、网络媒体宣传，扩大社会互助、互助共济、自助－互助（守望相助）等互助价值理念的影响力和凝聚力，发动城乡居民、老年人走出家

---

① 张纯刚、贾莉平、齐顾波：《乡村公共空间：作为合作社发展的意外后果》，《南京农业大学学报》（社会科学版）2014 年第 2 期。

庭，参与社会，自力备老、自立养老。另外，应充分利用城市带、城市群内部城市协作与对口支援机制，做好发达地区农村与欠发达地区农村、同一地区的发达农村和欠发达农村之间的支援合作、互利共赢，利用好农村精准扶贫脱贫项目。

（二）充分发挥村"两委"在农村中的组织领导力量

村"两委"在农村互助型社会养老的组织服务中起非常重要的上通下达、组织领导作用。一个村庄的老龄（养老、照护）工作能否做好不仅取决于其经济基础，而且取决于村庄领袖对其的重视程度、动员能力以及村庄资源的分配原则。从这个意义上说，社会治理方式转变对于当地老年人福利和养老氛围的影响甚至比经济发展水平的影响更大。①

因此，应组织村干部、乡镇书记开展多种形式的老龄、互助学习讲座，到具有成熟经验的村庄参观考察。转变村"两委"的老年人照护家庭责任观，以及"重娱乐轻养护"的思想观念，认识到：一方面，现代服务型乡村治理要适应人口老龄化的需要，其重要任务之一就是解决农村老年人照护难题，增加农村老年人福祉；另一方面，养老服务不仅包括老年人的食、住和精神慰藉，而且包括失能老人的日常扶助和生活起居照料，以年龄简单区分的等级补贴不能代替对失能老人的特殊关怀，失能老人才是老年人中最需要照护服务、帮扶补贴的群体。农村基层组织应与家庭共同承担起中重度失能老人的照护责任。尤其对于丧偶、失独的中重度失能老人，农村基层组织应通过帮助联络、给予补贴等形式鼓励他们到机构养老。

与此同时，村"两委"应积极培育老年协会、村民小组或其他老年人志愿组织，与 NGO 和其他社工组织合作，进而使自身脱离出来，制定本村的互助照护工作办法，并进行指导和监督，同时中心村要考虑托老所的建设。

（三）高度重视农村老年协会对老年人的组织动员力量

从农村互助型社会养老的典型经验来看，作为老年人自我服务的群众

---

① 唐有财、裴晓梅：《农村老年人社会保障：社区的潜力》，《中共中央党校学报》2010年第1期。

性组织，农村老年协会在农村（准）老年人参与社会互助方面发挥重要的组织动员作用，也是互助型社会养老的理想载体。因此，要高度重视老年协会的组织动员力量。

具体而言，首先，建立多元经费筹集机制。一是国家建立对老年协会的长效财政转移和财政保障机制，各级政府可以采取以奖代补的形式给予老年协会资金支持；二是鼓励老年协会自行创收，可以在一些特定事务上适度给予老年协会管理权限，让将其所能利用的社会资本转化为有利于自身存续和发展的货币等物质资本；三是动员市镇村三级企业向老年协会捐款捐物，并实施税收优惠或低息信贷优待。

其次，增强老年协会规范化建设和运行能力。一是建立市、区（县）、乡（镇）、村四级老年协会组织机构，促进老年协会、老年体育协会、老年科技协会三会合一。以市（县）一级为单位制定统一、规范的老年协会登记管理和内部管理运行办法，在村级层面，老年协会接受村"两委"委托负责老龄事务，在市、区（县）、乡（镇）层面有专门的领导机构，增强工作的系统性、规范性、标准性。二是不同农村老年协会因地制宜，合理处理与村"两委"的关系，建立起一支在村庄拥有较高威望、富有奉献精神、年富力强的协会管理人员队伍，增强老年协会的凝聚力和向心力。三是积极吸引热心公益事业并具有开展老年人养老照护服务经验的义工或志愿者为协会运营、服务提供意见建议，并帮助开展服务。

（四）切实明确发达地区农村和欠发达地区农村的不同发展路径

发达地区农村和欠发达地区农村的互助养老发展路径并不相同。发达地区农村村"两委"、其他社会组织、企业是主要组织运营者。村"两委"和老年协会、养老服务中心已经有较为牢固的组织基础，因此，工作重点在于组织的规范化管理，将各方资金盘活并真正运用到服务补贴上，激活农村居民和老人自助互助的动力和热情，充分利用土地征用或流转的低龄老年人力资源，建立富有奉献精神、年富力强的服务人员队伍。同时可以在互助服务中融入互联网＋的形式，开展多种类型的互助养老项目。欠发达农村村"两委"悬浮、其他基层组织缺乏，村"两委"是主导者和支持者，而新乡贤、老干部、老党员等村庄领袖阶层是主要发动者与组织者。因此，现阶段的重点工作不在于如何完成建立各种组织的任务，而在于谋得资金，并寻找有责任心的发动者和组织者，牵头组织村庄老年人自发自助 - 互助。

四 以城市经验为借鉴，探索中国农村互助型老龄事业和产业

产业兴旺是乡村振兴的根本。农村养老不仅指老龄事业，也包括老龄产业。在城乡融合发展和乡村战略实施过程中，老龄事业针对当地老年人，老龄产业则针对包括全体老年人在内的城乡老年人口。自 2011 年开始，中国城市养老服务业发展迎来井喷之势，总结了很多宝贵经验和教训。农村作为后发力量，应当以城市经验为借鉴，探索与中国农村地情、村情、民情相适应的互助型老龄事业和产业。农村具有发展老龄产业的成本、环境等优势，应将其作为农村经济新的增长点来抓，促进城乡融合，促进农村供给侧结构性改革，贡献剧增边际公共效益。

总体而言，农村老龄产业的发展一定不能脱离老龄事业，要反哺老龄事业；机构养老的发展一定不能脱离社区居家养老，要依靠农村自治力量。这两对关系应该是相互辐射、互联互通、互帮互助的关系，这样才能形成农村老龄产业和事业，政府、市场和社会互助、合作、共赢的可持续社会养老生态。正如无法脱离经济互助谈服务互助和文化互助一样，在市场经济条件下，即便农村互助型社会养老也不能忽视市场的作用和价值。但从另一个角度来讲，不扎根于农村血缘、地缘、自治的现实村情，盲目复制城市发展经验也不可能在农村取得成功。笔者认为农村老龄产业，包括老龄用品、老龄服务、老龄房地产等，应在市场和包办中取折中，充分利用乡土社会的自治、德治、互助优势，这可以减少市场在信息不对称、劳务雇用等方面所消耗掉的成本，走与乡村自治组织合作的低成本、低消耗、低价格的互助型老龄产业道路。

从农村老龄房地产和老龄服务角度来看，除少数高端定位的养老院、养老社区、养老村以外，一般农村养老院、幸福院、托老所、养老社区的发展重点不在于外部装修的豪华，而在于梯度亲民的价格、友爱团结的互助氛围。企业在农村开办养老机构，或者以"公建民营"的形式经营农村敬老院，最重要的就是节约成本，降低价格。因此，企业经营者应激发院民的主观能动性，参与管理，互相服务，在自给自足的基础上享受互助带来的满足与愉悦。同时，让居住在养老机构中的城市老年人发挥自身优

势/专业或能力,通过多种形式,与老年村民互助共享,融入村民、乡民的生产生活之中,满足自我实现的需求。

企业也应积极与周边乡镇、村庄探讨合作共建,比如将养老机构作为家政、护理人员培训平台,从周边村庄招募家政员、护理员,并进行培训,在养老机构中实习,培训和实习结束后,为合格者发放培训证明和毕业证书。对周边村庄生活不能自理老年人的子女、结对帮扶者或提供主要帮助的邻里进行免费/低偿(政府购买服务)的护理知识培训。养老院食堂辐射周边村庄老年人用餐,场地供周边村庄老年人组织活动使用,与周边村庄基层组织一起排查无人照护的失能老人,生活部分不能自理老人可以购买经过培训的邻里服务或机构上门服务,生活完全不能自理老人如果子女无暇照顾,生活境遇较差,有意愿到养老院或托老所养老,则可与子女协商入住养老院。与此同时,周边村庄(准)健康老人也可以志愿、低偿、有偿帮助养老院烧饭,为养老院失能老人提供志愿、低偿或有偿服务。

五 以乡村振兴-互助养老为抓手,构筑中国农村互助型老龄社会

人口老龄化不是中国问题,也不是中国农村问题,而是全球问题,它代表着一种社会形态的改变,相应地,需要从政治、经济、社会、文化等多个方面进行调整,以适应这种变化。中国作为快速人口老龄化且未富先老的社会主义大国,与西方国家人口老龄化的时间、形态、历史条件、党情、国情等均有很大差别。因此,中国需要为应对人口老龄化发出中国声音、提供中国方案、贡献中国道路和中国智慧,既有效应对中国快速人口老龄化和老龄社会的到来,也为广大处于类似局面的国家提供参考和典范。

农村是新时代中国经济发展的重要增长极,但也面临经济发展落后、不平衡,以及比城市更严峻的应对人口老龄化难题。有效应对农村人口老龄化,发展社会养老以补充家庭养老的不足,需要扎根于中国的现实国情、地情、人情、发展阶段,绝不可脱离国情盲目学习发达国家经验。依循中国农村固有的互助法则和非正式互助保障体系,以及如雨后春笋般出

现的各类农村互助养老实践，本书提出，构建互助型老龄社会是与中国现实国情（经济水平、文化传统、政治优势）相适应的应对人口老龄化的中国道路，也是全球构建理想老龄社会的选择和方向。互助型社会养老是与中国现实国情相适应的社会养老方式，应当上升到低成本积极应对农村人口老龄化的战略高度，纳入乡村振兴战略。

中国现代社会的互助虽然需要与公益、慈善理念融会贯通，但它并不等同于公益或者慈善理念。中国农村互助的本质是经济上的互助，它扎根于农村传统的亲邻互助网络，体现为组织层面的互助保障和个体互助层面的可以获得回报的期待。通过互助这种方式发展社会养老，是为了有组织地发动邻里、志愿等社会力量，充分利用以（准）老年人为主的各类人力资源的闲置时间、资源低成本地提供帮助、服务。其根本还是要解决农村社会迅速变迁、经济不发达，国家保障水平较低，绝大部分老年人精神孤独且缺乏足够的现金流购买市场化的养老服务的问题，并且可以产生构建乡村互助共同体的外溢效应。总结而言，充分利用农村传统互助网络、居民闲力、组织优势，分阶段、分区域构建互助型社会养老体系，再逐步区分照顾和护理，提高护理服务的专业化、标准化、市场化水平的渐进式道路是更加符合中国乡村村情的、可行的且内含重大善治意义的发展道路。

进一步而言，乡村振兴战略是历史性机遇，也是历史性变革。但乡村振兴已然是老龄社会的振兴，代表着新时代老龄社会发展的实践探索和道路、模式。乡土社会特点和乡村振兴战略下的现代转型，也让农村成为新时代互助型社会养老和老龄社会建设的绝佳试验田。据此，在新时代乡村振兴战略的视野之下，立足农村乡土政治、经济、社会、文化的乡情、村情，应依循互助－互助养老的考察逻辑，以乡村振兴－互助养老为抓手，以互助文化和互助社会驱动文化兴盛、凝聚乡村善治，以互助经济助力绿色发展、共同富裕，共同促进城乡融合、质量兴农、特色减贫，实现乡村振兴，构筑中国农村互助型老龄社会。

结　语

互助是一种理念、一种思维方式、一种行为方式，也是一种文化形态。它是人类社会发展的重要线索，也是高层次人类生活的重要引领。笔者亦认为，以互助来解决人口老龄化所带来的老年负担加重、代际矛盾突出、老龄服务短缺、老龄保障不足、老龄社会治理等问题，是积极应对人口老龄化的重要方式，是人类老龄社会的理想形式。构建和谐稳定的互助型老龄社会也是中国作为未富先老的社会主义大国应对人口老龄化的中国道路和中国方案。

长期以来，中国老年人的养老需求主要通过家庭养老的传统养老模式在家庭内部得到解决，这是家庭范围内的长期均衡互惠的代际交换，建立在农耕文化及其道德约束的基础上。但受到人地流动日益频繁、现代小家庭主义盛行、传统"孝"文化约束力降低等因素影响，家庭养老，尤其是家庭照顾受到很大冲击。因此，面对中国农村未富先老以及地区发展的不平衡，在未来一段时间，大部分地区农村社会养老服务及保障系统的主要定位应当是：与家庭养老一起构筑基础性的农村老年人照顾服务保障网络。[①] 与此同时，与西方国家不同，中国未富先老、近30年时间将迅速进入老龄社会、超老龄社会，互助型社会养老的节约成本和构建社会共同体特征对于中国积极应对人口老龄化、构建和谐稳定老龄社会具有重大意义。

究其本质，互助养老要解决的是中国在社会主义初级阶段的经济发展水平相对不高，国家保障能力相对不足，绝大部分需要社会养老的老年人缺乏购买专业养老服务的能力或购买意愿不足的问题。故实行互助型社会

---

① 一些经济发展水平较高的城乡地区，可以一方面发展专业型、技术型的康护保健服务，另一方面通过试点护理保险进行部分支付，满足老年人的康护保健需求，推动行业发展。二者并不矛盾。

养老是一种理性选择，而非权宜之计，不单是为促进社区建设、社区融合以及积极老龄化、健康老龄化的补充。互助养老的重要外溢效应在于推动中国老龄社会圈层式的社区共同体的建设，推动国家应对老龄社会的治理方式及治理模式实现本土化和有序化，保证老龄社会的良性发展，保证党和国家的长治久安。

具体而言，一是中国传统社会互助不同于西方国家。中国几千年的乡土社会衍生出的非正式的互助养老保障文化，与西方社会带有宗教色彩的公益、慈善互助理念有所不同。中国传统互助是在小农家庭经济资源有限、风险抵御能力不足的情况下生发出来的，是以血缘、亲缘、地缘形成的私人网络为单位，以人情伦理为规范，基于工具理性和实际效用，包含生活互助、生产互助、社交互助等多种形式的广泛的民间互助保障系统，也是经济社会系统。进入现代社会，虽然传统互助保障与公益、慈善活动产生了融合交汇的情况，但如今的民间互助活动仍应植根于中国传统的互助逻辑和互助网络，融合志愿公益慈善合作理念，借助互联网等先进技术，形成新的现代经济社会系统。因此，相关的学术研究和实际工作都不能完全照搬西方公益志愿服务的理念和做法。

二是农村老年人对养老服务的购买力不足。我国仍处于社会主义初级阶段，未富先老的现实国情决定了政府难以承担全部照护保障的任务，多数老年人（尤其是农村老年人）没有足够的经济能力和意愿购买专业化的服务。这也是大多数社区（村居）养老照料中心、养老服务机构运营状况不佳、收不抵支的主要原因之一。与此同时，大多数老年人需要的不是高端的专业护理服务，而只是社会交往、文化娱乐、日常帮扶或生病时的照顾帮扶等需求。目前在多数地区，这些需求难以得到满足，存在政府失灵和市场失灵的问题。而通过多种形式组织开展低成本的亲朋、邻里互助，可以满足老年人这些方面的需求。互助养老具有诸多本土化优势，具有广泛的社会需求，对于中国现阶段积极应对人口老龄化有很强的现实意义。

三是与西方国家相比，中国具有大规模推动互助型社会养老的圈层基础。虽然中国没有经历西方国家从中世纪到19世纪末的自发性的社会互助和正式互助组织的广泛发展过程，但是，中国已经具备了自下而上的非正式的互助网络（以血缘、亲缘、地缘为基础的宗族、邻里等非正式互助圈子）和自上而下的层级式的行政管理架构（市、区县、乡镇政府，以及下

结 语

设村"两委")。换言之,中国可以通过创新党委领导下的国家与社会、市场的合作机制,发挥举国体制优势,在试点成熟的基础上大范围推广互助型社会养老。

四是从社会治理的角度来看,互助是中国的家国架构的根基,可以助力构建当代社会共同体,维护整个国家的长治久安。从2020年到21世纪中叶,是中国实现"两个一百年"奋斗目标,建成社会主义现代化强国的关键时期。在这一时期,中国需要从高速度转向高质量并不断向更高质量发展,也将从老龄化社会迅速进入超老龄社会,面临的许多困难和挑战是前所未有的。习近平总书记在第十三届全国人民代表大会第一次会议上的讲话中指出,我们不能安于现状、贪图安逸、乐而忘忧,必须不忘初心、牢记使命、奋发有为,努力创造属于新时代的光辉业绩。以互助理念为引领的互助养老,其重要外溢效应就在于激发人民共同克服困难的创造精神、奋斗精神和团结精神,创造机会让各类人力资本积极奉献社会,助力社会信用体系的完善和社会共同体的建设。

当然,任何新生事物的发展都要遵循一定的时间规律,需要在最肥沃的土壤环境里先去试验、培养、修正,进行理论探索,当其不断成长、成熟之后再去推广和迁移。但是,这种尝试不是基于几项实践、总结之后的盲目推动,必须是在理论层面有重大突破和顶层设计层面有清晰框架的前提下的有序发展。

基于现实国情、地情、民情以及已有实践探索,笔者认为,互助型社会养老在农村率先发展起来更具可行性和必要性。而新时代的中国农村也正面临新的历史性机遇和历史性变革,党的十九大提出乡村振兴战略,乡村振兴和新型城镇化的并行前进将成为中国决胜小康社会、实现"两个一百年"奋斗目标的最大潜力。故本书提出,应将互助型社会养老作为低成本应对人口老龄化的重大举措、激发农村发展活力的重要支点,纳入乡村振兴战略。在清晰理论框架的指导之下,大力发展农村互助型社会养老将是中国特色社会主义乡村振兴的一项重大实践探索。

本书借助社会系统理论、社会资本理论,使用两项具有代表性的全国老年人调查数据(北京大学国家发展研究院主持的"中国健康与养老追踪调查"2011~2012年基线调查数据和2013年、2015年追踪调查数据,中国老龄科研中心组织实施的第四次中国城乡老年人状况抽样调查数据),

以及笔者于 2014~2018 年收集到的实地调研材料，进行的量化分析和定性分析结果基本支持了笔者的论点：中国农村养老的出路在于以互助养老补充家庭养老，以朋辈互助补充代际互助，让社会保障丰富家庭保障。虽然互助型社会养老在发达国家是补充性、辅助性的，但在中国农村应该是社会养老的最主要实现形式。

首先，对互助-互助养老以往研究和实践的梳理可以发现，互助不是一个简单的理念或原则，它可以拓展为一个概念群。而互助型社会养老也是一个涉及多领域、多层次、多方面的系统工程，并非简单地提供服务或直接帮助。故本书将农村互助型社会养老界定为：将互助理念寓于社会养老之中，在政府领导和扶持之下，发挥市场、村民自治组织、社会组织等多元主体作用，将以（准）老年人为主的各类农村人力资源有序组织动员起来作为主要行动力量，为老年人提供经济互助、服务互助、文化互助的新型社会养老体系。

其次，本书以量化分析结果为农村互助型社会养老发展的必要性、可行性提供坚实的数据支撑，也印证了笔者在定性研究中所得出的结论。一方面，农村传统的家庭养老体系不断弱化，老年人无人照护比例增加，精神无所依托。本书的研究数据显示，2015 年，我国有约 1/3 的农村老年人精神孤独，约 1/5 的生活不能自理老年人无人照护。而传统"孝"文化约束力降低、家庭规模缩小、居住安排和生活方式变化等，也造成农村老年人拥有家庭资本不足。仅就生活不能自理老年人而言，2011 年，仅有不到半数生活不能自理老年人有配偶，有超过八成的子女流迁到外地，全部子女流迁到本地他处或外地的比例接近 10%，不同住子女几乎不探望的比例接近 1/4，有三成独居，土地被征用/收归集体或流转的比例也超过 1/4。

另一方面，农村正在由社会互助补充家庭互助，由朋辈支持补充代际支持。根据本书的量化分析结果，家族、老年协会等民间组织力量将非正式网络中零散的互助行为组织起来，发挥了显著推动作用。一是农村老年人参与服务互助的比例超过 1/3，参与文化互助的比例在 13% 左右。二是伴随农村生活不能自理老年人家庭照护的日渐缺位，非正式互助网络已经对老年人家庭照护起到一定的补充作用，尤其体现在对子女数量越少、无配偶的自评健康状况差的救济性的照护上。老年协会的正式组织力量对于生活不能自理老年人的保护作用非常显著。三是对农村老年人精神孤独的缓解作用最强的已经从代际亲情转向了朋辈支持，主要是配偶和有组织的与非正式网络、正式组织的互动。四是非正式资本和正式资本对老年人参与服务互助和文化互助均有显著影响，换言之，不论具有何种个人特征或居住在何种家庭环境中的老年人，只要能扩大其非正式网络、参与到有组织的家族和协会活动中来，他们参与服务互助和文化互助的可能性都会增加。

再次，本书总结北京市、河北省、上海市、浙江省、河南省、吉林省、四川省、广西壮族自治区等8省（区、市）的农村互助型社会养老的典型模式。总体来讲，一些人口老龄化程度较高、各级政府及村"两委"重视程度较高、经济发展水平较高、村庄原始互助氛围浓厚的发达地区和欠发达地区，已经依据自身经济、社会、人口、政策环境，探索了很多与地情相符、各具特色的互助型社会养老模式。发达地区农村一般以互助服务+设施/项目为表现形式，在政府支持推动和村庄自发组织的共同作用之下，不少地区从乡镇或区县层面进行了统筹管理、评估，制定了相对标准化、规范化的管理评价制度。同时，除居家服务之外，互助服务亦融入社区/机构养老服务设施和项目（包括老年餐桌、日间照料等）运行之中，一般主要由政府和村"两委"出资。与发达地区相比，欠发达地区农村在政策、经济、社会、人口环境等方面均处于劣势地位。但是，基于农村老年人需求、传统文化、组织力量以及政府鼓励推动，不少欠发达地区也探索出了以互助服务为主，同时进行资金互助以发展互助服务的有效模式，十分具有推广意义。

复次，基于量化分析与定性研究结果，本书从动力机制、运作主体、运作资金来源三个角度对农村互助型社会养老机制进行了总结。

一是按照内生性动力和外源性动力，可以将农村互助型社会养老模式划分为内生动力型、外源动力型、内生-外源动力型、外源-内生动力型四类。

二是按照运作主体，可以将互助型社会养老划分为村"两委"主导型、村居内部社会组织主导型、社会组织/企业主导型、个人主导型。

三是按照主要资金来源，可以将互助型社区居家养老划分为纯福利型、纯公益型、纯市场型、福利+公益型、福利+市场型、公益+市场型、福利+公益+市场型。

其中，农村互助型社会养老发展最重要的五大要件是需求、情感、组织、资金和文化。在农村互助养老中，这五大要件是必备且相互影响和制约的。但如果其中三个以上足够强大，基本就可以支撑初级形式的农村互助养老的发展。设备、制度、机制则是高级形式的农村互助养老的必备条件。

中国农村互助型社会养老的发展道路应该以互助文化为引领，以党委领导为根本，以低成本、广覆盖、可持续为目标，以资金互助为基础，以组织动员为抓手，以服务互助为重点，以社区居家养老为主要阵地，创新发展各类互助养老模式，着力形成稳定多元的资金来源，培育互助队伍，增加互助内容，从无偿到无偿与低偿相结合，探索建立标准规范的服务管理评估制度，机构养老与社区居家养老互联互通，最终建立圈层化、整合化、网络化、制度化的农村互助型社会养老服务保障体系。

最后，本书总结提出，中国农村互助型社会养老是中国特色社会主义乡村振兴道路的重要理论和实践组成，是低成本应对人口老龄化的重大举措，是激发农村经济社会发展活力的重要支点，与城乡融合发展之路、共同富裕之路、质量兴农之路、绿色发展之路、乡村善治之路、乡村文化兴盛之路、中国特色减贫之路互融互通、互相促进。因此，应从乡村振兴战略视野出发，从顶层设计上明确农村互助型社会养老的核心——服务互助，基础——资金互助，关键——组织重建。以互助文化为引领，以产业兴旺为根基，以创新乡村治理体系为依托，以城市经验为借鉴，营造农村守望相助和尊老敬老氛围，驱动农村互助型社会养老机制建设，壮大互助组织服务力量，探索中国农村互助型老龄产业，构筑中国农村互助型老龄社会。

在文末，笔者仍想强调以下五点。

一是互助型社会养老不仅是老年人之间的朋辈互助，还包括整个社会层面的代际互助。但受数据限制，本研究的量化分析样本只有老年人，同时没有测量农村非正式互助网络，这是未来需要进一步研究和分析的。

二是地方智慧是无穷的，在政府、社会组织、媒体等的支持帮助之下，农村互助型社会养老的新颖模式也在不断萌芽和发展，本书所提到的几种模式相对成熟、有代表性，但是绝对没有穷尽所有农村互助型社会养老模式。

三是不论城乡还是地区，老龄事业和产业都是个精细化的系统工程，不是铺点、设施建设那么简单，本书也仅是对农村互助型社会养老从实践到概念、特点、模式、机制、道路的初步理论探索，要真正在实践中得以推广，还需要根据当地地情、村情、民情，具体规划、设计和落实。

四是本书还是依循农村互助的逻辑，主要从农村互助养老服务视角出发进行的研究与分析。但这只是抛砖引玉，未来在城乡融合和乡村振兴过程中，农村应该构建面向城乡居民、多种类型的互助型老龄事业和产业协同发展的社会养老服务保障体系和农村互助共同体（互助型老龄社会），应当有更广阔的经济互助/互助金融/合作经济、乡村治理、农村福利保障体系构建等方面的研究，本书在这方面着墨尚少。

五是互助并不仅限于解决养老或老龄问题，也可以派生出很多概念，互助文化、互助经济、互助组织、互助社会等。尤其在经济领域，互助经济是共享经济的升级版，在共享的基础上赋予了情感、文化、圈层、区块等人文和地域的特点。但政府和学界对互助这一理念的讨论并不多。

以上五个方面均是笔者未来会继续跟进研究和探索的，也呼吁更多学者对于互助养老和互助社会给予关注和讨论。

参考文献

白华：《互助式养老：破解城镇养老难题的路径选择》，《社会科学家》2016年第6期。

白玥：《社会资本与社会卫生资源利用策略研究》，博士学位论文，华中科技大学，2006。

边燕杰：《城市居民社会资本的来源及作用：网络观点与调查发现》，《中国社会科学》2004年第3期。

边燕杰：《社会资本研究》，《学习与探索》2006年第2期。

常伟：《农村资金互助合作组织风险防控问题研究》，《中州学刊》2016年第2期。

陈芳、方长春：《家庭养老功能的弱化与出路：欠发达地区农村养老模式研究》，《人口与发展》2014年第1期。

陈功、杜鹏、陈谊：《关于养老"时间储蓄"的问题与思考》，《人口与经济》2001年第6期。

陈功：《社会变迁中的养老和孝观念研究》，中国社会出版社，2009。

陈慧、刘晋：《中国老年长期照护多支柱保障模式研究》，《经济问题》2014年第8期。

陈竞：《邻里互助网络与当代日本社会的养老关怀》，《中南民族大学学报》（人文社会科学版）2008年第3期。

陈清华、董晓林、朱敏杰：《村级互助资金扶贫效果分析——基于宁夏地区的调查数据》，《农业技术经济》2017年第2期。

陈清华、杨国涛、董晓林等：《村级互助资金与扶贫贴息贷款的动态减贫效果比较——以宁夏为例》，《经济问题》2017年第8期。

陈欣、黄露：《互助式家庭养老——城镇养老的有效模式》，《社会福利》2010年第6期。

陈友华、施旖旎:《时间银行:缘起、问题与前景》,《人文杂志》2015年第12期。

邓大才:《村民自治有效实现的条件研究——从村民自治的社会基础视角来考察》,《政治学研究》2014年第6期。

丁志宏:《我国高龄老人照料资源分布及照料满足感研究》,《人口研究》2011年第5期。

董欢、郭晓鸣:《新型城镇化与农业现代化:第一代农民工的转移取向及其多元影响——四川省调研数据的实证》,《人口与发展》2013年第6期。

董晓林、朱敏杰、张晓艳:《农民资金互助社对农户正规信贷配给的影响机制分析——基于合作金融"共跻监督"的视角》,《中国农村观察》2016年第1期。

范成杰:《代际失调论:对江汉平原农村家庭养老问题的一种解释》,博士学位论文,华中科技大学,2009。

范家进:《"互助合作"的胜利与乡村深层危机的潜伏》,《中国现代文学研究丛刊》2014年第4期。

范金民:《清代苏州宗族义田的发展》,《中国史研究》1995年第3期。

方健:《范仲淹评传》,南京大学出版社,2001。

方静文:《从互助行为到互助养老》,《思想战线》2015年第4期。

方静文:《从互助行为到互助养老》,《中南民族大学学报》(人文社会科学版)2016年第5期。

费孝通:《江村经济》,中华书局香港分局,1987。

费孝通:《社会学的探索》,天津人民出版社,1985。

费孝通:《乡土中国》,上海世纪出版集团,2007。

傅铿:《文化:人类的镜子——西方文化理论导引》,上海人民出版社,1990。

高辰辰:《互助养老模式的经济社会条件及效果分析:以河北肥乡为例》,《河北学刊》2015年第3期。

高宣扬:《鲁曼社会系统理论与现代性》,中国人民大学出版社,2005。

郭雷楠、关正义:《论船东互助保赔制度中的互助原则》,《法学杂志》2017年第5期。

韩振秋：《浅析农村养老新模式——"互助养老"的特点》，《理论导刊》2013年第11期。

何文炯：《论社会保障的互助共济性》，《社会保障评论》2017年第1期。

贺聪志、叶敬忠：《农村劳动力外出务工对留守老人生活照料的影响研究》，《农业经济问题》2010年第3期。

贺文乐：《晋西北抗日根据地的革命动员与互助合作》，《党的文献》2017年第3期。

侯立平：《美国"自然形成退休社区"养老模式探析》，《人口学刊》2011年第2期。

胡叠泉：《从互助到市场：农村丧葬服务变迁的实证研究——以湖南省双峰县石村为个案》，《深圳大学学报》（人文社会科学版）2015年第6期。

胡宜、魏芬：《复兴孝道：老年组织与农村养老保障——以洪湖渔村老年协会为例》，《中国农业大学学报》（社会科学版）2011年第4期。

皇甫小雷：《新型城镇化对农村养老的影响及其对策——以河南省为例》，《中州学刊》2015年第11期。

黄俊辉、李放、赵光：《农村社会养老服务需求评估——基于江苏1051名农村老年人的问卷调查》，《中国农村观察》2014年第4期。

贾晋、申云：《农村资金互助社的最优互助金规模研究》，《华南农业大学学报》（社会科学版）2017年第2期。

金华宝：《农村社区互助养老的发展瓶颈与完善路径》，《探索》2014年第6期。

金耀基：《中国社会与文化》，牛津大学出版社，1992。

景军、赵芮：《互助养老：来自"爱心时间银行"的启示》，《思想战线》2015年第4期。

康建英：《农村留守老人社区照料模式构建及可行性研究》，《西北人口》2012年第3期。

李灿松、戴俊骋、周智生等：《不在场的地方社会关系再生产——云南省大理州鹤庆村寨中的民间互助组织帮辈调查》，《中南民族大学学报》（人文社会科学版）2017年第4期。

李金亚、李秉龙：《贫困村互助资金瞄准贫困户了吗——来自全国互助资金试点的农户抽样调查证据》,《农业技术经济》2013年第6期。

李明、李士雪:《福利多元主义视角下老年长期照护服务体系的构建》,《东岳论丛》2013年第10期。

李伟:《农村社会养老服务需求现状及对策的实证研究》,《社会保障研究》2012年第2期。

李学如、陈勇:《清代宗族义庄的发展——以苏南地区为考察中心》,《中国社会经济史研究》2014年第1期。

刘峰:《农村养老保障服务体系建设的困境与突围》,《湖南社会科学》2013年第1期。

刘少杰:《国外社会学理论》,高等教育出版社,2006。

刘西川、陈立辉、杨奇明:《村级发展互助资金:目标、治理要点及政府支持》,《农业经济问题》2015年第10期。

刘燕舞:《农村老年人自杀及其危机干预》,《南方人口》2013年第2期。

刘益梅:《人口老龄化背景下社会化养老服务体系的探讨》,《广西社会科学》2011年第7期。

卢曼:《系统理论中的范式转换》,郭大为译,《世界哲学》2005年第5期。

陆绯云:《苏南农村的社会支持与社会保障体系——历史与现状》,上海三联书店,2011。

罗家德、方震平:《社区社会资本的衡量——一个引入社会网观点的衡量方法》,《江苏社会科学》2014年第1期。

马贵侠:《论"时间银行"模式在居家养老中的应用》,《南京理工大学学报》(社会科学版)2010年第6期。

马昕:《农村互助养老模式研究》,硕士学位论文,河北大学,2014。

毛泽东:《论合作社》,载中国人民解放军政治学院党史教研室编《中共党史参考资料》(第9册),1979。

闵凡祥:《18~19世纪英国"友谊会"运动述论》,《史学月刊》2006年第8期。

闵凡祥:《互助的政治意义:英国现代社会福利制度建构过程中的友谊会》,《求是学刊》2016年第1期。

闵凡祥、周慧:《国家政策差异与民间互助组织命运——以中国清帮和英国友谊会为例》,《经济社会史评论》2011年第0期。

穆光宗：《中国传统养老方式的变革和展望》，《中国人民大学学报》2000年第5期。

倪浩芳：《非农化背景下的家庭关系变迁——对浙江省非农化水平较高村落的调查和分析》，《江西社会科学》2010年第11期。

钱春慧：《浅析当前我国农村新型养老模式的构建》，《传承》2010年第15期。

钱杭、谢维扬：《宗族问题：当代中国农村研究的一个视角》，《社会科学（沪）》1990年第5期。

石人炳、宋涛：《应对农村老年人照料危机——从"家庭支持"到"支持家庭"》，《湖北大学学报》（哲学社会科学版）2013年第4期。

石人炳：《我国农村老年照料问题及对策建议——兼论老年照料的基本类型》，《人口学刊》2012年第1期。

宋璐、李树茁：《劳动力外流下农村家庭代际支持性别分工研究》，《人口学刊》2008年第3期。

隋学礼：《互助原则还是竞争机制？——艰难的德国医疗制度改革》，《经济社会体制比较》2012年第4期。

孙鹃娟：《劳动力迁移过程中的农村留守老人照料问题研究》，《人口学刊》2006年第4期。

唐灿、马春华、石金群：《女儿赡养的伦理与公平——浙东农村家庭代际关系的性别考察》，《社会学研究》2009年第6期。

唐有财、裴晓梅：《农村老年人社会保障：社区的潜力》，《中共中央党校学报》2010年第1期。

王豪、韩江风：《互助养老新模式唱响最美"夕阳红"》，《人民论坛》2017年第12期。

王慧炯：《社会系统工程方法论》，中国发展出版社，2015。

王劲屹、张全红：《农村资金互助社可持续发展——基于交易费用视角》，《农村经济》2014年第3期。

王铭铭：《村落视野中的文化与权力》，生活·读书·新知三联书店，1997。

王萍、李树茁：《代际支持对农村老年人生活满意度影响的纵向分析》，《人口研究》2011年第1期。

王卫平：《从普遍福利到周贫济困——范氏义庄社会保障功能的演变》，

《江苏社会科学》2009年第2期。

王晓亚、孙世芳、许月明：《农村居家养老服务的SWOT分析及其发展战略选择》，《河北学刊》2014年第2期。

王振、刘林：《"礼俗社会"视角下的农村老年协会作用研究——基于陕西省农村老年协会的调查》，《中国农业大学学报》（社会科学版）2014年第5期。

王振威：《"低效"但"有用"的黎族农业生产互助：被构建出来的社会需求》，《中南民族大学学报》（人文社会科学版）2015年第3期。

魏本权：《革命与互助：沂蒙抗日根据地的生产动员与劳动互助》，《中共党史研究》2013年第3期。

吴业苗：《需求冷漠、供给失误与城乡公共服务一体化困境》，《人文杂志》2013年第2期。

伍小兰：《中国农村老年人口照料现状分析》，《人口学刊》2009年第6期。

肖伊雪、陈静：《我国养老服务社会化的多元主体责任分析》，《法制与社会》2011年第22期。

熊春文、张彩华：《大学公益性农技推广新模式的探索——以中国农业大学"科技小院"建设为例》，《北京农学院学报》2015年第4期。

熊凤水：《中国农村养老理念的嬗变与创新》，《甘肃社会科学》2013年第4期。

熊茜、李超：《老龄化背景下农村养老模式向何处去》，《财经科学》2014年第6期。

许加明、华学成：《城市社区空巢老人互助养老的参与意愿与互助方式——基于江苏省淮安市的调查与分析》，《现代经济探讨》2015年第8期。

杨静慧：《互助式养老：转型中的理性选择》，《兰州学刊》2014年第9期。

杨静慧：《互助养老模式：特质、价值与建构路径》，《中州学刊》2016年第3期。

杨善华：《家族政治与农村基层政治精英的选拔、角色定位和精英更替》，《社会学研究》2000年第3期。

杨善华、刘小京：《近期中国农村家族研究的若干理论问题》，《中国农村研究》2011年第1期。

杨善华、沈崇麟：《城乡家庭——市场经济与非农化背景下的变迁》，浙江人民出版社，2000。

姚兆余：《农村社会养老服务：模式、机制与发展路径——基于江苏地区的调查》，《甘肃社会科学》2014年第1期。

姚兆余、张莉：《欠发达地区农村家庭养老的基本状况和社会动因——以安徽省绩溪县宅坦村为例》，《中国农史》2006年第4期。

印子：《乡村公共文化的面孔、式微与再造——基于湖北农村老年人协会建设实践的分析》，《南京农业大学学报》（社会科学版）2015年第2期。

尤琳：《国家治理能力视角下中国乡村治理结构的历史变迁》，《社会主义研究》2014年第6期。

俞小和：《调整与变迁：淮北抗日根据地的互助合作运动》，《安徽史学》2013年第4期。

俞小和：《华中抗日根据地的"贫富互助"借贷运动》，《党史研究与教学》2014年第4期。

允春喜、徐西庆：《社会网络视角下农村养老问题研究》，《天府新论》2013年第6期。

张纯刚、贾莉平、齐顾波：《乡村公共空间：作为合作社发展的意外后果》，《南京农业大学学报》（社会科学版）2014年第2期。

张林、冉光和：《加入农村资金互助会可以提高农户的信贷可得性吗？——基于四川7个贫困县的调查》，《经济与管理研究》2016年第2期。

张娜、苏群：《基于需要视角的我国老年照料问题分析：兼论社会照料体系的构建》，《学术论坛》2014年第6期。

张乃仁：《农村居家养老中的双向耦合机制》，《郑州大学学报》（哲学社会科学版）2013年第3期。

张文娟、魏蒙：《中国老年人的失能水平到底有多高？——多个数据来源的比较》，《人口研究》2015年第3期。

张云熙：《农村老年人社会支持网的再造和延伸：云南藏区农村老年协会》，《改革与开放》2015年第6期。

张震：《子女生活照料对老年人健康的影响：促进还是选择》，《中国人口科学》2004年第A1期。

章志光主编《社会心理学》（第2版），人民教育出版社，2008。

赵怀娟:《"生产性老龄化"的实践与启示》,《安徽师范大学学报》(人文社会科学版)2010年第3期。

赵志强:《农村互助养老模式的发展困境与策略》,《河北大学学报》(哲学社会科学版)2015年第1期。

赵志强、杨青:《制度嵌入性视角下的农村互助养老模式》,《农村经济》2013年第1期。

郑功成、郭林:《中国社会保障推进国家治理现代化的基本思路与主要方向》,《社会保障评论》2017年第3期。

郑功成:《在中国社会保障学会"国家治理与社会保障制度建设"理论务虚会上的报告》,2016年8月7日。

郑杭生、奂平清:《社会资本概念的意义及研究中存在的问题》,《学术界》2003年第6期。

郑雄飞:《一种伙伴关系的建构:我国老年人长期照护问题研究》,《华东师范大学学报》(哲学社会科学版)2012年第3期。

周飞舟:《从汲取型政权到"悬浮型"政权——税费改革对国家与农民关系之影响》,《社会学研究》2006年第3期。

周海旺、沈妍:《老龄化时代城市养老的时间储蓄与公益志愿——以上海为例》,《上海城市管理》2013年第1期。

周向阳、董玄、曾雅婷:《农村互助金融的案例调查》,《经济纵横》2013年第4期。

Aldridge, T. J., and Patterson, A., "LETS Get Real: Constraints on the Development of Local Exchange Trading Schemes," *Area* 34.4 (2002): 370–381.

Amanatidou, E., Gritzas, G., and Kavoulakos, K. I., "Time Banks, Co-production and Foresight: Intertwined towards an Alternative Future," *Foresight* 17.4 (2015): 308–331.

Anderson-Butcher, D., Khairallah, A. O., and Racebigelow, J., "Mutual Support Groups for Long-term Recipients of TANF," *Social Work* 49.1 (2004): 131.

Armendáriz, B., and Morduch, J., *The Economics of Microfinance* (MIT Press, 2010), pp. 328–333.

Ascoli, U., and Ranci, C., *Changes in the Welfare Mix: The European Path*

Dilemmas of the Welfare Mix (US: Springer, 2002).

Bakhtiari, S., "Microfinance and Poverty Reduction: Some International Evidence," *Oxford England Oxfam* 5. 12 (2011).

Berger, P. L., and Neuhaus, R. J., *To Empower People*, *Mediating Structures Project* (Washington, DC: Am Enterprise Inst, 1977).

Beveridge, W., "Social Insurance and Allied Services," *Bulletin of the World Health Organization* 78. 6 (2000): 847.

Beveridge, W., *Social Insurance and Allied Services* (London: His Majestys Stationary Office, 1942).

Cahn, E. S., *No More Throw-away People: The Co-production Imperative* (Washington DC: Essential Books, 2000).

Cicirelli, V. G., *Helping Elderly Parents: The Role of Adult Children* (Boston: Auburn House, 1988).

Coburn, A. F., "Rural Long-term Care: What do We Need to Know to Improve Policy and Programs?", *Journal of Rural Health Official Journal of the American Rural Health Association & the National Rural Health Care Association* 18. 15 (2002): 256 – 269.

Coe, R. M., Wolinsky, F. D., and Miller, D. K. et al., "Social Network Relationships and Use of Physician Services: An Reexamination" *Research on Aging* 6. 2 (1984): 243 – 256.

Cooper, D., "Time Against Time: Normative Temporalities and the Failure of Community Labor in Local Exchange Trading Schemes," *Time & Society* 22. 1 (2013): 31 – 54.

Cordery S., *British Friendly Societies*, 1750 – 1914 (UK: Palgrave Macmillan, 2003).

Coward, R. T., and Mullens, R. A., "Residential Differences in the Composition of the Helping Networks of Impaired Elders," *Family Relations* 39. 1 (1990): 44 – 50.

Dahlberg, L., "Interaction between Voluntary and Statutory Social Service Provision in Sweden: A Matter of Welfare Pluralism, Substitution or Complementarity?" *Social Policy & Administration* 39. 7 (2005): 740 – 763.

Daly, M., and Lewis, J., "The Concept of Social Care and the Analysis of Contemporary Welfare States," *British Journal of Sociology* 51.2 (2000): 281–298.

Davis, D., *Recession and the Voluntary Sector: A Report for UNISON* (London: UNISON, 2009).

Durrett, C. A., *Senior Cohousing Handbook: A Community Approach to Independent Living* (Canada: New Society Publishers, 2009).

Evers, A., and Svetlik, I. (ed.), "New Welfare Mixes in Care for the Elderly," *American Journal of Public Health* 9 (1981): 991–1003.

Gibbons, D. S., "Financing Microfinance for Poverty Reduction," *Development Bulletin* (2002).

Gibson-Graham, J. K., *The End of Capitalism (as we knew it): A Feminist Critique of Political Economy* (Oxford: Blackwell Publishers, 1996).

Gitterman, A., and Shulman, L., *Mutual Aid Groups, Vulnerable and Resilient Populations, and the Life Cycle* (Columbia University Press, 2005).

Gitterman, A., "Building Mutual Support in Groups," *Social Work with Groups* 28.3–4 (2006): 91–106.

Glass, A. P., "Aging in a Community of Mutual Support: The Emergence of an Elder Intentional Cohousing Community in the United States," *Journal of Housing for the Elderly* 23.4 (2009): 283–303.

Gosden, P. H. J. H., *The Friendly Societies in England, 1815–1875* (Manchester: University of Manchester Press, 1961).

Green, D., *Reinventing Civil Society: The Rediscovering of Welfare without Politics* (London: Civitas, 2003).

Harberden, P. V., and Lafaille, R., *Zelfhulp* (VUGA-Boekerijs gravenhage, 1978).

Jacobson, W., MacMaster, P., Thonnings, T., and Cahn, E., "Family Support and Time Dollars: How to Build Community Using Social Capital," *Family Support America* (2000).

Jagendorf J., and Malekoff A., "Groups-on-the-Go: Spontaneously Formed Mutual Aid Groups for Adolescents in Distress," *Social Work with Groups*

22.4 (2000): 15-32.

Johnson, S., and Rogaly, B., "Microfinance and Poverty Reduction." *Oxford England Oxfam* 5.12 (1997).

Jonas, K., and Wellin, E., "Dependency and Reciprocity: Home Health Aid in an Elderly Population." in Fry, C., *Aging in Culture and Society* (New York: Praeger, 1980).

Kacen, L., and Bakshy, I., "Institutional Narratives in the Discourse between oncology Social Workers and Cancer Patients' Self-help Organization," *Qualitative Health Research* 15.7 (2005): 861.

Karabanow, J., "Making Organizations Work: Exploring Characteristics of Anti-oppressive Organizational Structures in Street Youth Shelters," *Journal of Social Work* 4.1 (2004): 47-60.

Katz, A. H., and Bender, E. I., *The Strength in Us: Self-help Groups in the Modern World* (New York: New Viewpoints, 1976).

Kivett, V. R., *Aging in Rural Society: Non-kin Community Relations and Participation Elderly in Rural Society: Every Fourth Elder* (New York: Springer Pub. Co, 1985).

Kono, M., "The Changing Process of the Mix in the Long-term Care for Older People: An Analysis of Reformist Policies after the Introduction of the Long-term Care Insurance," *Social Policy & Labor Studies* 1 (2010): 93-106.

Krause, N., Herzog, A. R., and Baker, E., "Providing Support to Others and Well-being in Later Life," *Journal of Gerontology: Psychological Sciences* 47 (5)(1992): 300-311.

Krout, J. A., "The Aged in Rural America," *Praeger* 62.1 (1988): 178-179.

Laudet, A. B. et al., "Predictors of Retention in Dual-focus Self-help Groups," *Community Mental Health Journal* 39.4 (2003): 281-297.

Lee, R., "Moral Money? LETS and the Social Construction of Local Economic Geographies in Southeast England," *Environment & Planning* 28.8 (1996): 1377-1394.

Levy, L. H., "Self-help Groups: Types and Psychological Processes," *Journal of Applied Behavioral Science* 12.3 (1976): 310-322.

Lewis. J. , "New Labour's Approach to the Voluntary Sector: Independence and the Meaning of Partnership," *Strength Fracture & Complexity* 4. 2 (2005): 121 – 131.

Lusky, R. A. , and Ingman, S. R. , "The Pros, Cons and Pitfalls of" Self-help "Rehabilitation Programs," *Social Science & Medicine Medical Psychology & Medical Sociology* 13. 1 (1979): 113.

Mankowski, E. S. , Humphreys, K. , and Moos, R. H. , "Individual and Contextual Predictors of Involvement in Twelve-step Self-help Groups after Substance abuse Treatment," *American Journal of Community Psychology* 29. 4 (2001): 537 – 563.

Mauss, M. , *The Gift* (London and New York: Routledge, 1990).

Morduch, J. , "The Microfinance Schism," *World Development* 28. 4 (2000): 617 – 629.

Morgan, D. G. , Semchuk, K. M. , and Stewart, N. J. et al. , "Rural Families Caring for a Relative with Dementia: Barriers to Use of Formal Services," *Social Science & Medicine* 55. 7 (2002): 1129 – 1142.

Ngai, S. S. , Cheung, C. K. , and Ngai, N. P. , "Building Mutual Aid among Young People with Emotional and Behavioral Problems: The Experiences of Hong Kong Social Workers," *Adolescence* 44. 174 (2009): 447.

North, P. , "Time Banks Learning the Lessons from LETS?" *Local Economy* 18. 3 (2003): 267 – 270.

Pacione, M. , "Local Exchange Trading Systems as a Response to the Globalisation of Capitalism," *Urban Studies* 34. 4 (1997): 415 – 427.

Popple, K. , and Redmond, M. , "Community Development and the Voluntary Sector in the New Millennium: The Implications of the Third Way in the UK," *Community Development Journal* 35. 4 (2010): 391 – 400.

Redman, D. , "A Community Engagement Orientation among People with a History of Substance Misuse and Incarceration," *Journal of Social Work* 12. 3 (2012): 246 – 266.

Robinson, D. , and Henry, S. , *Self-help and Health: Mutual Aid for Modern Problems* (Martin Robertson, 1977).

Rose, R. , "Common Goals but Different Roles: The States Contribution," *The Welfare State East and West* 13 (1986).

Rowles, G. D. , Beaulieu, J. E. , and Myers, W. W. , *Long-term Care for the Rural Elderly: New Directions in Services, Research, and Policy* (Springer Publishing, 1996).

Savishinsky, J. , "Social/Cultural Anthropology: Animal Rights, Human Rights: Ecology, Economy and Ideology in the Canadian Arctic. George Wenzel," *American Anthropologist* 94. 4 (1992): 943 – 943.

Schwartz, C. E. , and Sendor, M. , "Helping Others Helps Oneself: Response Shift Effects in Peer Support," *Social Science & Medicine* 48. 11 (1999): 1563 – 1575.

Scott, J. , *The Moral Economy of the Peasant* (Yale: Yale University Press, 1976).

Seyfang, G. , "Working for the Fenland Dollar: An Evaluation of Local Exchange Trading Schemes as an Informal Employment Strategy to Tackle Social Exclusion," *Work Employment & Society* 15. 3 (2001): 581 – 593.

Shulman, L. , *The Skills of Helping Individuals, Families, Groups and Communities* (5th ed)(Belmont CA: Cengage, 2012).

Silverstein, M. , Burholt, V. , and Wenger, G. C. et al. , "Parent-child Relations among Very Old Parents in Wales and the USA: A Test of Modernization Theory," *Journal of Aging Studies* 12. 4 (1998): 387 – 409.

Simons, J. S. et al. , "A Content Analysis of Personal Strivings: Associations with Substance Use," *Addictive Behaviors* 31. 7 (2006): 1224 – 1230.

Smith, J. D. , "Civic Service in Western Europe," *Nonprofit & Voluntary Sector Quarterly* 33. 4 (2004): 64 – 78.

Smith, N. G. et al. , "Coping Mediates Outcome Following a Randomized Group Intervention for HIV-positive Bereaved Individuals," *Journal of Clinical Psychology* 65. 3 (2009): 319 – 335.

Steiner, C. S. , "Grief Support Groups used by Few-are Bereavement Needs Being Met?" *Journal of Social Work in End-of-life & Palliative Care* 2. 1 (2006): 29.

Stewart, M. J., and Tilden, V. P., "The Contributions of Nursing Science to Social Support," *International Journal of Nursing Studies* 32.6 (1995): 535–544.

Stoller, E. P., and Pugliesi, K. L., "Informal Networks of Community-based Elderly: Changes in Composition Over Time," *Research on Aging* 10.4 (1988): 499–516.

Thomson, I. T., "The Theory That Won't Die: From Mass Society to the Decline of Social Capital," *Sociological Forum* 20.3 (2005): 421–448.

Traunstein, D. M., and Steinman, R., "Voluntary Self-Help Organizations: An Exploratory Study," *Nonprofit & Voluntary Sector Quarterly* 2.4 (1973): 230–239.

Van Leeuwen, M. H., *Mutual Insurance 1550–2015: From Guild Welfare and Friendly Societies to Contemporary Micro-insurers* (London: Palgrave Macmillan, 2016).

White, R. J., and Williams, C. C., "Re-thinking Monetary Exchange: Some Lessons from England," *Review of Social Economy* 68.3 (2010): 317–338.

White, R. J., Explaining Why the Non-commodified Sphere of Mutual Aid is so Pervasive in the Advanced Economies: Some Case Study Evidence from an English City, *International Journal of Sociology and Social Policy* 29.9/10 (2009): 457–472.

Williams, C. C., "Beyond the Market/Nonmarket Divide: A Total Social Organisation of Labour Perspective." *International Journal of Social Economics* 37.6 (2010): 402–414.

Williams, C. C., "Cultivating Community SelfHelp in Deprived Urban Neighborhoods," *City & Community* 4.2 (2005): 171–188.

Williams, C. C., "Geographical Variations in the Nature of Community Engagement: A Total Social Organization of Labour Approach." *Community Development Journal* 44.2 (2011): 213–228.

Williams, C. C., *Re-thinking the Future of Work: Directions and Visions* (Macmillan International Higher Eduction, 2007) *Palgrave Usa.*

Wolfenden, J., Trust, R., and Trust, C., *The Future of Voluntary Organisations: Report of the Wolfenden Committee* (Croom Helm, 1978).

Yalom, I., and Leszcz, M., *The Theory and Practice of Group Psychotherapy* (New York: Basic Books, 1995).

Yan, Y., *Private Life under Socialism: Love, Intimacy, and Family Change in a Chinese Village*, 1949–1999 (Stanford: Stanford University Press, 2003).

后　记

习近平总书记曾指出，中国特色社会主义是实践、理论、制度紧密结合的，既把成功的实践上升为理论，又以正确的理论指导新的实践，还把实践中已见成效的方针政策及时上升为党和国家的制度。事实上，正如习总书记所言，做好顶层设计确实要"眼睛向下，脚步向下"。"问渠那得清如许，为有源头活水来"，基于现实地情、民情以及老百姓实际需求，21世纪，尤其是近十年来，各地一直在探索互助型社会养老服务的多元创新，很多地区已经形成了较为成熟的模式。但由于我国的高等院校一般集中于北上广等一线城市，关注农村、中小城市社会养老实践的研究却非常少。由此导致生发根植于中国大地的、具有中国特色的，积极应对人口老龄化、提高老年人福祉的互助型社会养老模式没有学界帮助发声，没有得到重视和推广，也导致很多地区虽有为政之心，却不知采用何种方式方法。

我在攻读硕博学位时，研究城镇化和农村养老，做博士后的两年进行国情研究方法的学习，2014年，到浙江安吉农村的调研让我深受启发，在家庭养老力量弱化甚至缺位的农村，我认为互助应当是农村社会养老的可行方式。在此之后，经过与博士导师和博士后合作导师的协商，逐步确立了互助养老和互助社会的研究方向，并从2014年开始，到各地追踪调研农村互助型社会养老实践，5年间足迹已经遍布北京、河北、上海、浙江、辽宁、吉林、河南、四川、广西等9省份。虽然看似简单，但这个过程实际是孤单和艰辛的，老师、专家都认为互助值得研究，一直鼓励我深入研究下去。但是，中国过去的社会政策、社会保障和公共管理学科体系都深受西方影响，认为与强大的国家和市场相比，社会部门是辅助性的，互助组织是辅助性的社会部门的组成部分。我的观点则是：中西方是存在巨大差异的，不同于西方国家、市场、社会的分立制衡以及个人主义和竞争原则，中国一直秉持集体主义和互助原则，互助组织是中国人的基础性的组织形态，互助养老同样依靠互助组织，故而互助养老是基础性而非辅助性的。这与市场在资源配置中起决定性作用并不相矛盾。比如很多草根互助组织也要依靠市场寻找从组织化管理走向市场化经营，实现可持续发展的途径。

由于学界对于互助养老的价值、定位一直没有达成一致，而我坚持互助型社会养老是农村发展社会养老服务的方向和选择（迁移到城市，同样如此，只是农村比城市更迫切、条件更成熟，更需要大力推动），并非主流学术观点，在此期间我经常处于迷茫、踟蹰状态，理论储备的匮乏、对于互助概念的界定不清让我很彷徨。但一方面，回顾这五年间走过的村庄，想到那些在互助中排解孤独、得到照顾的老人的感恩的笑脸，那些实际推动互助养老的市、县（区）、乡、村的老龄干部、村"两委"和社会组织工作人员的真诚，希望这个模式得到推广的情怀，我又坚信这是具有中国特色的、可行的，既然从事这项研究，就有责任发挥专长，用理论和文字为之努力。

另一方面，我出生于山东省莱州市诸冯村，4岁时跟随父母工作搬迁到城市，小时候每年暑假、寒假回老家度假时，奶奶家里的人总是络绎不绝，她和老姐妹们相互串门、送吃的喝的穿的，虽然在东家长西家短里，也有磕磕绊绊，但那种打断骨头还连着筋的亲情、友情和融洽快乐的氛围让我怀念，那个渔村也是我内心最美好的留恋和归属。现在妈妈也到了奶奶的年纪，退休了，但在那个小县城里她也有一群邻居伙伴，她们一起出去郊游、聚餐、交往和参加各类活动，几乎每天都不得闲，虽然比起奶奶那个年代有了物质、生活上的改善，但人情、往来以及由情感相连的社会经济系统依然存在。后来我在北京求学，留在北京工作，渔村、县城、大城市的生活经历让我深刻地感知到，超大城市、大城市的陌生人社会和个体生活具有中国特色，而广大的中小城市、小城镇、农村的集体生活更具中国特色。尤其伴随中国进入老龄社会和超老龄社会，这种国家推动下的互助文化的倡导、互助行为的推动、互助组织的建立、互助共同体的发展是具有中国特色、也是符合老龄社会和超老龄社会的，具有世界推广意义。

2017年，政府工作报告提出要发展互助式养老，2019年，党的十九届四中全会提出要建立社会治理共同体，互助养老逐步被政府、学界、社会

后 记

所关注和讨论。而我也在实践调研和理论学习中，不断梳理思路，尝试从微观、中观、宏观三个层次界定互助，并把互助型社会养老作为一个系统来分析和研究。我一直坚信，由国家推动的互助型社会养老、互助型社会组织、互助社会是中国模式和中国道路，也是符合中国实际的，是中国特色社会主义制度和国家治理体系的内涵和体现。在未来，我也会本着从中国实际国情出发、没有调研就没有发言权的原则，本着清醒务实的研究态度，理论与实践相结合，继续完善互助养老和互助社会的理论体系，并用实践给予支撑。同时我也相信，作为一个幅员辽阔的大国，即便我们的国家没有资本主义国家那么高的人均收入或人均GDP，即便我们的人民没有资本主义国家那么高的平均受教育水平，但我们依然可以在中国共产党的坚强领导下，建设一个具有中国特色的团结和谐的高文明国度，让每一个人都找到身心归属的共同体家园，在中国最广大朴实善良的群众脸上看到幸福美好的微笑。

最后，感谢我的导师和合作导师，他们让我有了思路的拓展，获得了能力的提高，并且使我有机会接触到老龄研究和国情研究，可以在攻读博士和做博士后期间进行互助养老研究。我要感谢支持并帮助联系调研的全国老龄办（中国老龄协会）的领导和工作人员，他们让我有机会从零星调研转向系统调研。感谢被调研地老龄和民政部门，以及有关社会组织对我们调研的支持和帮助。感谢给予我指导、帮助和鼓励的学校和学院领导、老师。感谢参加华北电力大学人文与社会科学学院2018~2019年寒暑假调研的大二、大三学生，我们一起从东北走向西南，从大雪纷飞走入烈日炎炎。感谢我的家人，尤其是我的父母，他们无条件地相信我、支持我、爱护我。感谢我的小糖罐王子，时光荏苒。从2014年到2019年，你已经5岁了，妈妈陪伴你的时间不多，一直计划把这本书送给你做生日礼物。还要感谢我的爱人，虽然人生有遗憾，但我感恩且知足。

2019年11月1日　于华北电力大学

图书在版编目(CIP)数据

互助型社会养老:乡土模式的理论与实践/刘妮娜著. -- 北京:社会科学文献出版社,2020.1
ISBN 978 - 7 - 5201 - 5926 - 5

Ⅰ.①互… Ⅱ.①刘… Ⅲ.①农村 - 养老 - 服务模式 - 研究 - 中国　Ⅳ.①D669.6

中国版本图书馆 CIP 数据核字(2020)第 004821 号

互助型社会养老:乡土模式的理论与实践

著　　者 / 刘妮娜

出 版 人 / 谢寿光
责任编辑 / 胡庆英
文稿编辑 / 马甜甜

出　　版 / 社会科学文献出版社·群学出版分社 (010) 59366453
　　　　　地址:北京市北三环中路甲 29 号院华龙大厦　邮编:100029
　　　　　网址:www.ssap.com.cn
发　　行 / 市场营销中心 (010) 59367081　59367083
印　　装 / 三河市尚艺印装有限公司

规　　格 / 开 本:787mm × 1092mm　1/16
　　　　　印 张:17.5　字 数:286 千字
版　　次 / 2020 年 1 月第 1 版　2020 年 1 月第 1 次印刷

书　　号 / ISBN 978 - 7 - 5201 - 5926 - 5
定　　价 / 98.00 元

本书如有印装质量问题,请与读者服务中心 (010 - 59367028) 联系

版权所有 翻印必究